大湾区建设国际教育示范区
研　究　丛　书

丛书主编　卢晓中

国家社会科学基金教育学一般课题
“锦标赛制视角下地方政府竞争与高水平大学建设研究”（BIA170170）研究成果
华南师范大学哲学社会科学优秀学术著作出版基金资助出版

从竞争到竞合：粤港澳大湾区高等教育集群发展

陈先哲 ◎ 著

广东高等教育出版社
Guangdong Higher Education Press
·广州·

图书在版编目（CIP）数据

从竞争到竞合：粤港澳大湾区高等教育集群发展/陈先哲著. —广州：广东高等教育出版社，2022.6（2023.3 重印）
（大湾区建设国际教育示范区研究丛书/卢晓中主编）
ISBN 978－7－5361－7278－4

Ⅰ. ①从… Ⅱ. ①陈… Ⅲ. ①地方教育－高等教育－发展－研究－广东、香港、澳门 Ⅳ. ①G649.286.5

中国版本图书馆 CIP 数据核字（2022）第 122343 号

CONG JINGZHENG DAO JINGHE：YUEGANGAO DAWANQU GAODENG JIAOYU JIQUN FAZHAN

出版发行	广东高等教育出版社 地址：广州市天河区林和西横路 邮编：510500　　营销电话：（020）87551597 http://www.gdgjs.com.cn
印　　刷	广东海洋印刷有限公司
开　　本	787 毫米×1 092 毫米　1/16
印　　张	14.25
字　　数	213 千
版　　次	2022 年 6 月第 1 版
印　　次	2023 年 3 月第 2 次印刷
定　　价	45.00 元

总 序

粤港澳大湾区建设是新时代国家重大战略，教育在这一重大战略中具有十分重要而特殊的使命和作用。2019年2月18日，中共中央、国务院印发的《粤港澳大湾区发展规划纲要》（以下简称《规划纲要》）在“打造教育和人才高地”一节中提出“推动教育合作发展”。这既是为大湾区教育建设走“合作发展”之路定向，也是对粤港澳三地教育关系定调。也就是说，在大湾区建设这一新背景下粤港澳三地教育关系是一个合作关系，通过新时代的教育合作，谋求大湾区教育的高质量发展。

实际上，由于地缘相近、人缘相亲及文化同源等因素，粤港澳三地的教育合作交流久已有之，过去教育合作交流的主要特征包括：第一，基于合作各方自身利益需要，着眼于“为我所用”的立场进行合作交流；第二，大多数由民间（教育机构和个人）自发自主地开展合作交流，三地官方介入还相对较少，更谈不上中央政府的强力主导；第三，合作交流相对比较零散，缺乏全局性和长远性规划，更多的是局限于某个项目的合作交流。当该项目完结，合作交流往往也随之结束，没有持续性，且合作层次与水平普遍不高，尤其是缺乏政府主导的制度性安排。即便是以上这样的合作交流，由于三地在教育观念、体系、制度、质量管理等方面的差异，甚至冲突，也使得实际推行起来仍然障碍重重，其推行成效自然也难尽如人意。如教育的区域错位发展和协同发展的统筹协调明显不足，区域内高校、科研机构、企业的良性协同创新格局尚未形成，技术资源配置能力偏低，科技成果转化渠道不够通畅，阻碍了创新体系整体效能的进一步提升，等等。

如何建立新时代粤港澳教育的新型合作关系，确立“湾区意识”，推动大湾区教育合作发展，助推大湾区建设，是新时代粤港澳教育合作的新阶段。对其时代的新内涵、新特征，我们可从以下五个方面来认识。

第一，粤港澳大湾区教育合作发展应当着眼于长远全局。

粤港澳大湾区教育首先要着力于合作发展的可持续性和长效性。大湾区建设是千秋功业，教育又是百年大计。而且，“世界级城市群”和“创新湾区”“科技湾区”“人文湾区”等大湾区建设的目标定位及性质特征，决定了教育在其中的极其重要的战略地位和特殊的功能作用。这便要求大湾区教育必须摒弃过去那些短视、自我的立场和做法，按照合作发展这一路向从长计宜，超前规划。同时，大湾区教育又须重视教育的全局发展，一方面，从教育自身而言，促使高等教育、职业教育和基础教育等各级各类教育的协调发展；另一方面，大湾区教育合作发展的全局性，不仅仅是要思考教育自身的全面和系统发展，更要突出教育在大湾区全局的建设与发展中的重要战略地位与作用，如《规划纲要》提出建设“国际科技创新中心”和“国际教育示范区”，这两者实际上有着其内在的关联。因为国际科技创新中心建设需要高等教育培养高素质的创新人才和提供高水平的科技创新产品来支撑。而国际教育示范区也在相当大程度上是通过高等教育为国际科技创新中心培养高素质的创新人才和提供高水平的科技创新产品来彰显其示范性，尤其是通过引进世界知名大学和特色学院，推进世界一流大学和一流学科建设，打造国际教育示范区，来更好地服务于国际科技创新中心建设。同时，更加公平和更有质量的大湾区基础教育对于吸引和留住高层次优秀人才也是必不可少的，这也是《规划纲要》把“打造教育和人才高地”一节置于“建设宜居宜业宜游的优质生活圈”一章的缘由所在。

第二，粤港澳大湾区教育合作发展应当着眼于优势互补。

粤港澳以往的教育合作更多的是合作各方立足于自身的利益，寻求对方的支持和帮助，这也是导致合作成效不彰且难以持续的重要因素之一。而粤港澳大湾区建设的重要意义就在于促进大湾区各方通过深度合作达成优势互补，从而取得最优的合作成效，在这个合作过程中参与各方都是受益者。这也是“湾区意识”的核心，那么，如何才能真正做到各方优势互补？这里首先必须清晰合作各方真正的优势和不足究竟在哪里、有哪些。如香港高等教育的国际化程度高，世界一流大学较多、整体水平较高，但科研成果的转化偏弱，科教融合、产教融合受到局限。澳门高等教育尽管体量较小、整体实力偏弱，但有一些适应区域需求的特色学科发展较好，澳门高等教育的“龙头”——澳门大学正呈现出良好的发展势头。广东高等教育的体量较大，层次类型较全，与产学研的关系比较密切，可拓展的市场空间较大，但整体水平有待提升，国际合作交流有待加强。在认清各自优势和不足的基础上如何才能通过适当的互补推动各自良性的发展，应当说，大湾区教育合作发展在当前及今后一个时期倾力于协同推动，对于各方优势的有效互补显得十分重要。所谓协同，指的是各方谐调一致、和合共同。当前大湾区教育合作发展的协同亟须“自上而下”的推动，即通过政府主导的“自上而下”的协同来提升大湾区教育合作发展的质量和水平。值得注意的是，在推动“自上而下”协同的同时，不可忽视来自于教育机构等基层的“自下而上”的协同，以及两者的相互呼应，尤其要主动促进两者的相互转化与协动，从而形成“自上而下”“自下而上”的协同效应，这对于深化大湾区教育合作发展具有更为重要的现实意义。

第三，粤港澳大湾区教育合作发展应当着眼于现代治理机制的创建。

粤港澳大湾区的一个突出特点是“一个国家、两种制度、三个关税区、四个中心城市”，这便决定了大湾区教育合作发展的治理机制也必有其特殊性，亟须创新，建立起符合大湾区特质的现代治理机制。如以契约精神引领体制创新。“契约”在拉丁文中的原义为“交易”，契约是人类在相互交往中产生的，是商品经济的必然产物，而契约精神是商品经济发展到一定程度所形成的一系列原则和规范所凝聚而成的精神，其中契约自由原则、平等原则、权利原则是其核心内涵。这些契约原则和精神在大湾区教育合作发展及其现代治理机制的创建中同样也是需要遵循的；还如建立风险防范机制，大湾区教育合作发展的各利益主体可能面临来自共同体内部和外部的各类风险（如协议不完备风险和知识产权风险等），这就有必要通过建立风险防范和管理机制，强化对各行为主体的硬约束和软约束，确保大湾区教育合作发展的顺利推进；再如强化知识产权的保护机制，依托粤港、粤澳及泛珠三角区域知识产权合作机制，全面加强大湾区在知识产权保护、专业人才培养等领域的合作。这也将大大改善大湾区的创新环境，激发高校创新活力，助推“活力湾区”建设。

值得指出的是，粤港澳大湾区教育合作发展的现代治理机制的创建，应当以相关法律法规的建立与完善为前提和基础。应当说，“一国两制三法域”制度是粤港澳大湾区建设与其他湾区的主要区别。从法律渊源的角度说，粤港澳合作的法律基础既不完全是国内法，也不是国际法或条约，而是包括港澳基本法、世界贸易组织框架制度、CEPA，以及被严格定义为行政协议的《粤港合作框架协议》和《粤澳合作框架协议》在内的复合型规则体系。对于教育而言，在这一大的法律制度框架下同样面临错综复杂的法律问题，因此，如何推动教育法律合作，对于大湾区教育建设和“法治湾区”建设来说，是一项十分繁重和紧迫的工作。

第四，粤港澳大湾区教育合作发展应当着眼于融合性发展。

所谓融合性发展，就是指两个或者两个以上的不同资源或者个体，相互协作完成某一目标，达到共同发展的共赢效果。这是一种共存共荣的生存与发展模式，核心在于“共生”，即着眼于大湾区教育命运共同体的建设。合作发展的融合性意味着大湾区各区域主体的教育发展（尤其是高等教育发展），不仅需要摆脱过往那种着眼于各区域主体自身利益目标、以取长补短为特征的“合作发展”，而且要超越现今，着眼于区域群体、以优势互补为特征的“合作发展”，它更强调大湾区各区域主体寻求优势互补的利益共同点，通过体制机制创新，搭建融合平台（政府、高校、社会互动模式，即UGS模式），形成一体化的利益共同体、发展共同体。并以深化科教融合、产教融合机制为抓手，以高质量的知识与技术资源为中心，依赖政策推动平台建设。这是一种构建以“高校集群—科创—产业”为主导的融合发展模式。高校集群的形成既有高水平研究型大学之间的合作，又有应用技术型大学之间的合作，还有高职高专之间的合作，以及三者之间的合作。这是由大湾区的多样化需求所决定的，尤其是大湾区的科技创新，特别是国际科技创新中心建设，对高等教育的需求也是多层面的，既需要通过科教融合推动研究型的科学创新，同时也需要通过产教融合促进应用型的技术创新。特别是通过产教融合、科教融合深度参与科技创新共同体、科技创新载体和平台的打造。值得提及的是，这一融合发展模式可充分运用现代信息技术尤其是大数据技术，促进高等教育融合发展的多样化、便捷化和精准化。

具体而言，大湾区教育合作发展的融合性可体现在以下三方面。一是交互性，指的是高等教育在融合“场域”关系中各高等教育发展主体在获取资源、发展自我的同时，更关注共同体建设，即兼顾多个主体的利益，强化优势互补，做到交互关系建构的合理化、增值化。如粤港澳高校合作办学，联合共建优势学科、实验室和研究中心。还如可充分发挥粤港澳高校联盟的作用，三地高校探索开展相互承认特定课程学分、实施更灵活的交换生安排、科研成果分享转化等方面的合作交流。二是开放性，指的是多样化的主体参与高等教育，如除大湾区内高等教育资源融合汇集外，对国内外优质且互补性强的高等教育资源的引入也十分重要。如近几年深圳在培养创新型人才主动而为、积极探路，筹建了一批特色学院，此类学院主要致力于培养深圳紧缺的高端创新型人才，吸引国内外一流高校资源来到深圳，依照“小而精”的原则办学。如科创体和高新产业以主体形式直接参与高等教育，无疑有助于推动大湾区的高科技产业成长和科技创新，以及各种资源进行高效聚集、整合和传播，真正实现参与主体快速发展。这也契合了大湾区高等教育的产教融合和科教融合的导向和趋势。三是共治性，指的是建立政府主导、高校自主、社会参与、依法办学的高等教育融合发展的现代治理体系，如联合成立具有权威性、专业性的粤港澳大湾区教育合作发展治理委员会，成员包括大湾区各区域政府、学校和社会等各方人士。

应当说，粤港澳大湾区教育的合作发展从协同到融合，把大湾区教育建设成为发展的共同体，最终成为命运的共同体。这是大湾区教育合作发展的新阶段，也是大湾区教育建设的全新境界和理想目标。

第五，粤港澳大湾区教育合作发展应当着眼于包容性成长。

粤港澳大湾区教育的合作发展应呈现一种多元、包容的合作样态，也就是教育合作发展必须遵循求同存异的原则，尤其要注重保护大湾区的多样性和鼓励大湾区各区域张扬个性。教育合作发展固然需要求“同”，即着力寻求大湾区各方一些共同的核心价值及共同的核心利益，这是合作发展的重要基础。但“异”又是大湾区的一种客观样态，这里所说的“异”并不就是一种对立，而更多地体现为一种多样性。面对大湾区教育这样一种客观样态，适当的存“异”对于推动教育合作发展来说，它是一种智慧、一种策略，更是一种胸怀、一种真诚、一种尊重，这对于大湾区教育的合作发展和共同体建设尤为重要。只有适当地存“异”，才能促使大湾区教育合作发展减少阻抗而得以顺利推进；只有适当地存“异”，大湾区教育的优势互补才有可能发生，发展共同体、命运共同体才有可能真正形成。这也就如费孝通先生在1990年所说的“各美其美，美人之美，美美与共，天下大同”。特别是存“异”也能为大湾区的创新提供适宜的人文环境，使得多样性真正成为大湾区教育合作发展及其共同体建设的“正资产”，这对于“创新湾区”建设具有极其重大的意义。在这样一种多元、包容的合作样态中，大湾区教育合作发展的整体有序与大湾区内部的丰富多彩相映成趣，最终形成一种和而不同的“马赛克”式的大湾区教育合作发展的新图景。

围绕以上认识，为了策应粤港澳大湾区建设这一国家重大战略，近年来华南师范大学粤港澳大湾区教育发展高等研究院对大湾区教育合作发展问题进行了系统、深入和持续的研究，承担了国家社会科学基金重点招标项目“粤港澳大湾区教育一体化发展的问题与制度创新研究”等多项国家级项目，取得了一批重要研究成果。为了集中反映这些研究成果，推动粤港澳大湾区教育发展研究走向深入，持续取得高水平的研究成果，我们组织出版了“大湾区建设国际教育示范区研究丛书”。目前丛书包括五册，它们分别是《粤港澳大湾区教育一体化发展的问题与制度创新》《从竞争到竞合：粤港澳大湾区高等教育集群发展》《粤港澳大湾区高等教育与社会互动机制研究》《粤港澳大湾区教育信息化研究》《粤港澳大湾区流动儿童教育：政策、实践与路向》，涉及大湾区的高等教育、基础教育、教育信息化等领域，这些研究不仅都是作者长期深耕的领域，而且根据本丛书研究确立的“在粤港澳大湾区教育发展有关领域的理论、政策、实践研究方面有所突破与创新”的定位要求，几本书都做出了值得称道的努力。本丛书的后续出版也将陆续推出，期待通过我们的这些努力，不断提升粤港澳大湾区教育发展研究的水准，并进而推动区域教育发展理论的发展。

卢晓中

2022 年 2 月

前　言

进入新时代以来，中国高等教育发展的一大明显特征是竞争激烈程度大大增加。这种竞争是多层面的：首先，国家层面的竞争越趋激烈，高等教育是提高国家竞争力和走向现代化的重要战略工具。其次，区域层面的竞争烽烟四起，锦标赛制对于地方政府的激励导向已经发生变化，软实力竞争已成为当前地方政府竞争的新动向。尤其是经济发达地区的地方政府，已经逐步从以 GDP 增长为主的竞争模式转向更加倚重科技文化和创新驱动的竞争模式，大力发展高等教育成为地方政府在竞争逻辑下的优选项。再次，城市层面的竞争越来越倚重高等教育，很多城市尤其是经济发达城市纷纷发力高水平大学建设，欲将之打造成为城市改革发展综合成果和经济社会进步的新“地标”①。最后，在大学自身层面，已从“985 工程”“211 工程”时代迈入“双一流”时代，“双一流”建设成为中国新时期高水平大学竞争和建设的主题，建设一流学科和建设一流大学并重，也令大学之间的竞争层层加码。

而在此时期，中共中央、国务院陆续批复或印发《河北雄安新区规划纲要》《中国（海南）自由贸易试验区总体方案》《粤港澳大湾区发展规划纲要》《长江三角洲区域一体化发展规划纲要》。重点建设若干区域并产生引领辐射作用，不但是新时代中国更好参与全球竞争的重大国家战略，也是新时代推动形成中国深化改革和全面开放新格局的新举措。在如今高等教育发展和经济社会发展高

① 谢维和. 高等教育：区域发展的新地标［J］. 中国高教研究，2018（4）：12－15.

度互动的情况下，区域高等教育集群发展问题也将成为当前和未来一段时期的一个具有重大现实意义的课题，无论是高等教育实践界还是研究界都应予以深切关注。在这样的宏观背景下，区域高等教育“组团”合作并参与竞争也成为新的发展动向。比如研究者所在的粤港澳大湾区，2019年2月中共中央、国务院印发《粤港澳大湾区发展规划纲要》，明确提出“推动教育合作发展”。但如上所述，从同样作为国家政策的“双一流”建设方案来看，又尤其强调高等教育“竞争发展”。也即从新时代的政策变迁背景来看，无论是单纯强调竞争的锦标赛制理论还是单纯强调合作的各种协同理论等，都很难更好地解释区域高等教育集群这种新样态，而且，竞争和合作两者之间既有价值冲突，又应存在融合空间。因此，本书试图以粤港澳大湾区高等教育集群为重点研究对象，重新审视新时代区域高等教育的发展逻辑：合作是凝聚各方共同愿景的应然逻辑，竞争是各方角力较劲的实然逻辑，但在竞争中合作、在合作中竞争的竞合模式应更加符合区域高等教育集群发展的超越性逻辑。

本书基于对粤港澳大湾区各相关政府发展高等教育的历史梳理和现实策略分析的基础上，试图从理论维度解释新时代区域高等教育发展如何从地方政府竞争逻辑走向区域竞合发展逻辑，并从实践维度以若干案例对此理论逻辑佐以分析。具体而言，本书的研究对象在区域层面选择的是作为新时代重要国家战略之一的粤港澳大湾区，以及与之作为国际比较对象的美国旧金山湾区；在地方政府层面选择在国家“双一流”政策出台前就大举推行“双高”建设战略的省级地方政府广东，处于“粤港澳大湾区”和“中国特色社会主义先行示范区”两大战略下形成“双区驱动”的特区政府深圳；在大学和学科层面，都选择了粤港澳大湾区的若干大学与学科，探寻其在《粤港澳大湾区发展规划纲要》与国家“双一流”建设政策的双重机遇和挑战下的博弈与转型。多个案例的材料来源都主要是实践性的调研材料，包括历史档案、政策文本、现状数据、访谈记录等多维度的材料。

在本书的上篇，拟从国家、区域、城市、大学与学科五个维度观照新时代高等教育竞争。“国家—区域—城市—大学—学科”的多重高等教育竞争，不同主体之间的利益捆绑和信念共识，使得中国高等教育发展产生了强激励，但也因此会带来激励扭曲甚至恶性竞争等方面的问题。2020 年中共中央、国务院印发了《深化新时代教育评价改革总体方案》，以破除“五唯”为导向，深化教育评价改革，全面提高办学水平和人才培养质量。在这样的大背景下反思高等教育竞争性发展所带来的成效和问题尤为必要，在区域高等教育发展的大趋势下，是继续“路径依赖”高举竞争大旗并接受发展代价，还是另有破局之路？

第一章关注国家层面的高等教育竞争，试图以历史和比较视角分析“新时代高等教育”能否助推中国开创“高等教育新时代”的命题。“新时代高等教育”具有两种叙事语境：一种是中国语境的叙事，指在改革开放 40 多年来中国崛起推力下产生的高等教育“中国模式”初具雏形；另一种是全球语境的叙事，主要指第四次工业革命将对未来高等教育产生颠覆性影响。“高等教育新时代”则侧重于全球语境的叙事，将各国高等教育模式置于全球竞争的背景中讨论，一国开创“高等教育新时代”必须贡献本土化价值和国际化价值兼备的思想体系。“新时代”下中国在开创“高等教育新时代”的路上机遇与挑战并存：中国语境的“新时代”赋予了中国高等教育本土价值和道路自信，但高等教育发展不平衡不充分的阶段性问题仍较突出；全球语境的“新时代”则有利于抹平高等教育竞争中的文化差异，但中国高等教育能否贡献本土化价值和国际化价值兼备的思想体系仍待考验。

第二章关注区域层面的高等教育“组团”竞争，国家层面的竞争加剧了区域层面的竞争，近年来中国一些重点战略区域规划纷纷出炉。在新时代，将从以往注重单个城市建设走向更加注重城市群和都市圈的培育与建设，尤其是作为国家战略的三大城市群建设——京津冀协同、长三角一体化、粤港澳大湾区建设将发挥重要引领作用。因此，高等教育领域也不可避免走向“组团”竞争。在粤港澳大湾区这个区域内部，各方“组团”竞争的动力和现实需求究竟如何？在“组团”竞争中各自扮演什么角色？已经做出什么战略行动？等等。本章将以粤港澳大湾区高等教育发展为例，重点分析在粤港澳大湾区如何利用国家重点区域建设战略和“双一流”高等教育政策的背景下，高等教育“组团”竞争有何利好以及面临何种瓶颈。

第三章关注城市层面的高等教育竞争战略，将粤港澳大湾区的四大中心城市之一深圳作为中国改革开放以来的一个城市典型，分析城市竞争阶段的升级如何决定高等教育与城市发展的关系产生变化，并导致城市高等教育发展战略随之发生转型。城市竞争理论将城市竞争力阶段划分为初级要素驱动主导型、投资驱动主导型、创新驱动主导型三个阶段。在初级要素驱动主导型城市竞争阶段，“深圳加工”占据主导，高等教育与城市发展呈“弱互动”状态，采取自办少量高校的高等教育发展战略；在投资驱动主导型城市竞争阶段，“深圳制造”占据主导，高等教育与城市发展之间的互动不断增强，采取引进外力建设大学城的高等教育发展战略；进入创新驱动主导型城市竞争阶段，“深圳创造”成为主导，高等教育与城市发展越来越呈“强互动”状态，采取自办高校与引进办学并举的高等教育跨越式发展战略。作为城市层面的高等教育竞争，深圳样本既有经验也有教训，而其在作为区域层面的粤港澳大湾区高等教育竞争中又扮演重要角色，对其分析和思考又需要超越城市层面。

第四章关注作为大学组织层面的高等教育竞争，考察中国从“985 工程”“211 工程”再到“双一流”建设的高水平大学建设之政策转变，试图挖掘这系列政策对竞争逻辑的主导机制及理论解释。在粤港澳大湾区战略规划出台之前，广东已经主推高水平大学建设和高水平理工科大学建设（简称"'双高'建设"），其动力机制主要来自何方？其建设效果如何？在新的区域发展背景下可能面临什么困局？曾对中国经济增长做出有力解释的锦标赛制理论为此提供了一种可能的解释视角。中国大学治理模式采用了多重"委托—代理"机制，符合锦标赛制的技术前提，因而具有典型的学术锦标赛制特征。中国学术锦标赛制的激励逻辑在于通过信念共识和利益联结，将国家宏观目标、大学组织中观目标和个体微观目标三者统一起来，产生强激励并推动大学高度竞争和发展。

第五章关注作为学科组织层面的高等教育竞争。学科评估价值导向是高校学科建设逻辑转向的风向标。首轮"双一流"建设启动后促使第四轮学科评估价值导向发生较大变化，《深化新时代教育评价改革总体方案》出台后促使第五轮学科评估价值导向发生重大转向。对在这两轮学科评估周期内一所大湾区大学三门学科建设开展案例研究，关注在此评估周期之间的学科竞争逻辑变化。从第四轮学科评估开始，学科建设逻辑从主要强调学术逻辑转向学术逻辑、政治逻辑和社会逻辑并举，不同学科根据自身情况倾向于采取差异化建设逻辑与行动策略。从第五轮学科评估开始，在破除"五唯"背景下学科建设逻辑发生根本性转向，长期被遮蔽的人才培养逻辑开始实质回归，学科建设面临对人才培养不够重视的共同困境。

而在本书的下篇，则试图寻找一条破解之路——竞合发展。区域协调发展与高等教育高度竞争之间的冲突应当如何中和并达致良性发展？新时代区域高等教育集群应当承载什么使命和如何成为高等教育变革的引领者？一方面用竞合理论解释区域高等教育集群的"竞合"关系、类型和发展模式；另一方面用集群理论解释粤港澳大湾区高等教育集群的内外互动关系——内部高等教育集群之间的层次、类型的竞争与合作关系，与外部产业集群之间的互动协同关系。区域高等教育集群作为一个新兴概念和发展动向，粤港澳大湾区高等教育发展如何既借力国家层面的“双一流”政策加大力度推进高水平大学建设，又结合自身经济产业特征和创新驱动需求推进以科产教融合发展为特色的高等教育集群发展？区域高等教育集群如何从“竞争”走向“竞合”，走出一条超越现状的路，是这个篇章所关注的核心命题。

第六章试图论述如何超越竞争，将竞合理论纳入对区域高等教育集群的分析中。本章认为在竞争中合作、在合作中竞争的“竞合”理论逻辑，对粤港澳大湾区高等教育集群发展具有较强理论解释力和实践指导意义。将粤港澳大湾区高等教育集群的发展逻辑置于双重叠加背景之下进行审视：一方面高等教育竞争成为新时代地方政府竞争的新动向，另一方面区域“组团”亦成为地方政府合作的新动向。在竞争与合作之间，到底是一种对立性的冲突还是能达至一种互补性的和谐呢？“合作”是凝聚各方共同愿景的应然逻辑，但在竞争中合作、在合作中竞争的“竞合”模式才更加符合粤港澳大湾区高等教育集群发展的实然逻辑。结合“竞合”逻辑的理论分析，将粤港澳大湾区高等教育集群分为两大类型并制定“竞合”战略：一种是同质高等教育竞合关系类型，一种是异质高等教育竞合关系类型。同质高等教育竞合关系类型适合长期竞争、短期合作战略，异质高等教育竞合关系类型适合长期合作、短期竞争战略。

第七章试图论述如何超越合作，在剖析粤港澳大湾区高等教育合作瓶颈的基础上，希冀以高等教育集群理论和构想破解局限。区域高等教育集群发展具有整体关联性、个体多样性、管理一体性的主要特征。粤港澳大湾区高等教育集群的整体关联性较高，但在规模、结构和质量上都还需进一步提升；在个体多样性上，集群架构已经基本成型并各有所长，但空间布局上以四大城市为中心的团块状发展与不均衡共存；在管理一体性上，集群具有共同目标愿景，但还需完善满足各方利益的合作共享机制，以有效发挥集群功能。

着眼未来，粤港澳大湾区高等教育集群发展在加强整体关联性上应明确打造“科—产—教”融合的高等教育集群发展模式，大力推进不同类型高校与不同区域、产业之间的衔接互动；在加强个体多样性上应大力构建中心城市以点带面、全面铺开的空间布局，大力推进大湾区创新型大学的建设，增加高等教育集群的多样性；在加强管理一体性上应充分利用“一国两制”优势和大湾区特色，大胆先行先试，积极探索高等教育合作办学的湾区道路。

第八章是国际比较研究，美国旧金山湾区作为粤港澳大湾区最常用的比较对象，其高等教育集群已经发展得比较成熟，其崛起和发展到底有何奥秘？本章通过技术、地域与组织的多重逻辑与互动机制的分析，试图更加全方位地揭开这个奥秘。技术驱动下斯坦福大学异军突起并成为新型大学的引领者，加上大量技术创新需求的涌现，带动了湾区多层次、多类型的高等教育发展并初步形成集群。湾区地域优势进一步促进了市场创新并带来大量人才集聚，促使高等教育集群继续扩张升级。为了适应技术创新和地域优势的需求，湾区高等教育发展出新的组织逻辑，表现出供应链、市场化、交互性的典型集群特征，湾区高等教育集群真正崛起并推动美国高等教育的升级。

第九章是在国际比较的基础上，对当前粤港澳大湾区的城市群布局、产业群优势以及多中心的发展定位进行分析，探析高等教育集群的发展定位和出路。作为为城市和产业提供主要人才支撑的粤港澳大湾区高等教育集群，其发展路径应当与多中心的发展定位相符。多中心的发展定位对高等教育集群的挑战主要集中于两大层面——创新与协同。粤港澳大湾区高等教育集群应当发挥“区域”“人才培养”“社会服务”“体制机制”等要素的组合优势，走竞合创新之路应对挑战。一方面推进“区域＋体制机制”的融合创新，高等教育配合区域分工进行错位发展，并建立共同体合作机制，支撑多中心的城市群发展定位。另一方面推进“区域＋人才培养＋社会服务”的竞合创新，支撑多中心的产业群发展定位：高水平大学走“开放式创新”之路，主要与珠江东岸的科创业和金融业同频共振；应用型本科和高职院校走产教融合创新之路，主要为珠江西岸制造业提供坚实支持。

第十章是从国际化的视角关注粤港澳大湾区高等教育集群发展，尤其是关注与其息息相关的一个政策行动——如何打造国际教育示范区。粤港澳大湾区高等教育集群发展不仅要注重内部的要素“组合”特色，更要置于全球视野与新发展格局中审视，打造成新的国际教育枢纽。国际教育枢纽主要包括三种模式：学生枢纽、技术劳动力枢纽、知识/创新枢纽。比较作为“学生枢纽”的马来西亚，作为“技术劳动力枢纽”的卡塔尔，作为“知识/创新枢纽”的新加坡和美国旧金山湾区，并在对粤港澳大湾区高等教育进行SWOT分析的基础上，认为中国粤港澳大湾区建设国际教育示范区应该定位于“知识/创新枢纽”类型。应打造“科—产—教”融合的教育高地，充分发挥中外合作办学与“一国两制”的制度优势，打造跨境教育与本土教育良性竞争互动的高等教育集群，并成为全球科创枢纽与区域产业集群发展的重要支撑。

陈先哲

2022年2月

目 录

上 篇
竞争围城：粤港澳大湾区高等教育发展之进与困

第一章 国家竞争：新时代高等教育与高等教育新时代 …………… 3

一、双重语境中的“新时代高等教育”：中国高等教育的崛起与挑战 …………… 3

二、全球视野中的“高等教育新时代”：世界强国的三个高等教育时代与界定依据 …………… 7

三、国家竞争：“新时代高等教育”之下中国能否开创“高等教育新时代” …………… 11

第二章 区域竞争：粤港澳大湾区高等教育“组团”竞争 …………… 20

一、区域高等教育“组团”竞争的时代背景与竞争转向 …… 21

二、区域“组团”竞争前的广东省高等教育发展策略 ……… 22

三、粤港澳大湾区发展政策演变与高等教育“组团”竞争发展态势 …………… 28

四、粤港澳大湾区各相关政府参与区域高等教育“组团”竞争的动力分析 …………… 33

第三章　城市竞争：城市竞争迭代与深圳高等教育发展战略转型 …… 38
一、初级要素驱动主导型城市竞争时代：“深圳加工”与自办少量高校发展战略 …… 41
二、投资驱动主导型城市竞争时代：“深圳制造”与大学城发展战略 …… 44
三、创新驱动主导型城市竞争时代：“深圳创造”与高等教育跨越式发展战略 …… 47
四、结论与讨论 …… 51
第四章　大学竞争：学术锦标赛制的激励逻辑与三所湾区大学发展战略 …… 54
一、理论基础：锦标赛制理论与学术锦标赛制 …… 55
二、案例研究：学术锦标赛制下三所湾区大学的制度供给与发展战略 …… 62
三、结论与讨论 …… 69
第五章　学科竞争：新时代学科评估与一所湾区大学的学科建设逻辑转向 …… 78
一、研究背景：新时代学科评估的价值导向变化 …… 78
二、案例研究：一所湾区大学三个学科的学科建设行动逻辑变迁 …… 82
三、结论与讨论 …… 86

下　篇
走向竞合：粤港澳大湾区高等教育集群发展突围

第六章　超越竞争：粤港澳大湾区高等教育的竞合发展逻辑 …… 95
一、粤港澳大湾区高等教育发展的竞争之困 …… 95
二、竞合理论及对粤港澳大湾区高等教育发展的适切性 …… 97

三、粤港澳大湾区高等教育的竞合类型与实践逻辑 ……… 101
四、结论与建议 ……………………………………… 104

第七章　超越合作：粤港澳大湾区高等教育的集群发展逻辑 ……… 107
一、合作之惑：粤港澳大湾区高等教育合作的三重瓶颈 … 107
二、集群突围：集群理论与粤港澳大湾区高等教育集群发展的意义 ……………………………………… 110
三、现实基础：粤港澳大湾区高等教育集群的现状与问题 ……………………………………… 115
四、升级发展：粤港澳大湾区高等教育集群的未来实践策略 ……………………………………… 121

第八章　国际比较：多重逻辑下的旧金山湾区高等教育集群发展 … 126
一、技术逻辑：技术创新之下的湾区新型大学崛起与高等教育集群形成 ……………………………………… 128
二、地域逻辑：湾区地域优势下的市场创新、人才集聚与高等教育集群扩张 ……………………………………… 132
三、组织逻辑：适应技术创新与地域优势的湾区高等教育组织集群化变革 ……………………………………… 136
四、结论与启示 ……………………………………… 141

第九章　竞合创新：粤港澳大湾区城市群、产业群与高等教育集群发展 ……………………………………… 143
一、粤港澳大湾区的多中心发展定位与高等教育集群面临的挑战 ……………………………………… 143
二、在竞争中融合创新：发挥高等教育集群优势的理论支撑及适切性分析 ……………………………………… 147
三、多中心之下的竞合创新：粤港澳大湾区高等教育集群的未来出路 ……………………………………… 150

第十章　教育枢纽：国际教育示范区建设助力粤港澳大湾区高等教育集群发展 ······ 156
一、研究背景："国际教育示范区"与"国际教育枢纽" ··· 156
二、全球视野：世界各国和地区打造"国际教育枢纽"的模式分类 ······ 159
三、战略定位：粤港澳大湾区高等教育集群打造为国际教育示范区的 SWOT 分析 ······ 165
四、中国特色：粤港澳大湾区高等教育集群打造为国际教育示范区的示范意义 ······ 171
五、本土行动：粤港澳大湾区高等教育集群打造为国际教育示范区的重点策略 ······ 173
六、教育枢纽：中国打造教育对外开放新高地的价值远景 ······ 178

结语 ······ 180

参考文献 ······ 183
一、中文文献 ······ 183
二、英文文献 ······ 194

后记 ······ 201

上篇

竞争围城：
粤港澳大湾区高等教育发展之进与困

改革开放以来，中国一直处于社会转型期，不但经济社会经历了快速的变革和转型，高等教育的变革和转型也是风起云涌。尤其是21世纪以来，我国高等教育通过以高校大扩招为标志的跨越式发展取得巨大成就，并逐渐呈现出一种不同于西方国家高等教育发展的“中国模式”①。与西方国家相对松散的高等教育发展模式相比，我国已经探索出一套计划和市场结合并行之有效的模式：在宏观体制层面更多采用计划和行政手段，而在微观激励机制层面则更多采取市场化手段。进入新时代，中国高等教育已经建立了相当稳固的基础，与世界传统的经济发达国家在各方面的实力差距已不断缩小，部分领域实现了并跑甚至领跑。

无论是跟跑、并跑还是领跑，都可以归结为一个关键主题词——竞争。长期以来中国高等教育发展表现出一种竞争性发展的主要特征，主要通过不同层级组织助推竞争性发展。尤其进入新时代以来，竞争性发展的趋势体现更加明显：在国家层面，高等教育作为提高国家竞争力和走向现代化的重要战略工具；在区域层面，大力发展高等教育是软实力竞争的加分项；在城市层面，大学与城市的关系被更加看重，很多城市尤其是经济发达城市纷纷发力高水平大学建设；在大学组织层面，大学排名的竞争游戏方兴未艾，排名决定大学声望和资源获得；在学科组织层面，是否进入“双一流”的学科行列，学科评估排名、ESI学科排名……越发成为兵家必争之地。所以，本篇拟从“国家—区域—城市—大学—学科”五个维度观照新时代高等教育竞争。在这五维之中，“城市”是中间之维：既承接国家和区域（尤其是省域）的发展精神和战略，又管理和助推身在其中的大学和学科贡献出更强的竞争力。在以“城市”为中枢的高等教育竞争性发展中，有何发展经验和教训反思？在区域协同战略的新发展趋势下，“城市”是继续坚守高等教育竞争性发展的围城，还是打破围城冲出去？在粤港澳大湾区这个颇具典型性的区域，其理论和实践探索如何助力中国由高等教育大国迈向高等教育强国的伟大目标？所以，本篇“竞争围城”之名，有一语双关之意。

---

① 杨东平. 关于高等教育的“中国模式”[J]. 江苏高教，2011（1）：6.

第一章

国家竞争：新时代高等教育与高等教育新时代

进入新时代，答好高等教育的“时代之问”[①]，要真正关切到“新时代”与“高等教育”之间的理论关系。进入新时代，世界处于百年未有之大变局，中国正日益迈近世界舞台中央，高等教育发挥着越来越重要的支撑作用。在此背景下，必须关注的一个重大命题是：“新时代高等教育”能否助推中国开创“高等教育新时代”呢？要回答这个重大命题，从根本上来说，我们要厘清“新时代高等教育”与“高等教育新时代”之间的深层关系。从逻辑分析上来说，首先要回答的是，“新时代高等教育”具有什么主要特征？其次要回答的是，如何界定“高等教育新时代”？回答清楚这两个问题，才能从国家竞争视角中准确洞察中国高等教育发展之路在何方。

一、双重语境中的“新时代高等教育”：中国高等教育的崛起与挑战

在展开讨论“新时代高等教育”之前，必须先对其叙事语境进行界定。因为“新时代高等教育”乃指“新时代的高等教育”，重点在于前

① 田学军. 深入学习贯彻党的十九大精神　努力答好新时代中国教育的“时代之问”［J］. 教育研究，2018（1）：4－10.

面的定语，更偏重于一种高等教育外部环境的理解。但是这种外部环境又可分为两大方面，一方面是前文所述的特指中国语境下的“新时代”，即在中国独特政治体制引领下的中国崛起背景下的新时代，更偏向于中国语境的叙事。但另一方面，高等教育外部环境不仅仅是政治环境，还有经济社会与生产技术变迁所带来的新环境，这个意义上的新时代则更具有普遍意义，更偏向于全球语境的叙事。因此，下文将尝试从这两个方面来理解“新时代高等教育”。

（一）中国语境下的“新时代高等教育”：改革开放40多年来的中国崛起经验与高等教育发展

中国语境下“新时代”话语体系的产生，来自于党的十九大所确立的“习近平新时代中国特色社会主义思想”，这也是中国治国理政以及各项事业改革发展的根本指南。也即按布迪厄的场域理论来解释，“新时代”的话语体系首先来自于政治、经济的“元场域”[①]，而其他场域更多是作为其附属场域并接受支配，教育场域亦不例外。因此理解“新时代高等教育”，首先应当放在中国特色社会主义制度引领下改革开放40多年来中国崛起的基础上所缔造的“新时代”这个外部环境中去理解。

党的十九大报告指出：“经过长期努力，中国特色社会主义进入了新时代，这是我国发展新的历史方位。”[②] 在改革开放40多年来持续崛起的基础上，进入新时代的中国在经济实力、科技实力、国防实力、综合国力都进入世界前列，国际地位明显提升。中国GDP不仅40多年来保持持续高速增长，而且在2011年赶超日本成为仅次于美国的世界第二大经济体。这种在世界范围内罕见的经济增长奇迹是在坚持中国特色社会主义制度的前提下，是坚持以不断发展着的理论指导新的实践的基础上实现的。中国改革开放的总设计师邓小平曾极具智慧地说道：“发展是硬道

① 皮埃尔·布迪厄，华康德. 实践与反思：反思社会学导引［M］. 李猛，李康，译. 北京：中央编译出版社，2004：327.

② 本书编写组. 中国共产党第十九次全国代表大会文件汇编［M］. 北京：人民出版社，2017：8.

理。”这句话放在世界范围内可能更有说服力——如今很多国家，出现各种各样的问题，都是发展短板造成的。因此，中国国家主席习近平在2017年5月14日“一带一路”国际合作高峰论坛开幕式上提出：发展是解决人类一切问题的总钥匙。而持续的发展，已经成为中国“新时代”最为鲜明的底色。而且，中国改革开放40多年来的发展，已经走过发展的不同阶段，从早期的“发展是硬道理”到“十三五”提出“创新、协调、绿色、开放、共享”五大发展理念，中国的发展观也一直在与时俱进。

伴随中国崛起和发展观的与时俱进，改革开放40多年来中国高等教育同样也走过了一段持续快速发展的历程，这也奠定了其进入“新时代”的根基：不但具备了体量巨大的发展规模，而且在质量上正向内涵式发展奋进。当今中国高等教育已经取得了相当稳固的基础，甚至在某些方面已经取得举世瞩目的巨大成就。如今中国高等教育已经迈入新时代：高等教育的舞台是世界舞台，坐标应是国际坐标，格局应是全球格局。[①] 因此，新时代中国高等教育的使命，除了从大众化发展阶段顺利迈入普及化发展阶段的内部使命之外，还更多被赋予一种外部使命或者说国家使命。这成为中国梦的一部分——“意味着中国从高等教育大国到高等教育强国、人力资源大国向人才资源大国的战略性转变，‘人口红利’向‘人才红利’的跨越，是历史的必然”。[②] 正因为高等教育之重要性的愈发突显，所以高等教育在“新时代”话语体系中也占据着重要分量。

（二）全球语境下的“新时代高等教育”：第四次工业革命对未来高等教育的影响

若将“新时代”置于一种全球语境的叙事之下，对高等教育影响深远的外部环境包括两大方面：一是国际形势，二是生产技术发展的全球趋势。近年来国际形势虽没有本质性的剧变，但是生产技术的发展却具

① 吴岩. 新时代高等教育面临新形势［N］. 光明日报，2017-12-19（13）.
② 管培俊. 新时代中国高等教育的使命［J］. 中国高教研究，2017（12）：17-19.

有颠覆性的趋势，尤其是集中于人工智能和虚拟现实等新技术发展的“第四次工业革命”。经济学家罗伯特·戈登将前三次工业革命划分为：第一次工业革命（1750—1830年）的科技创新成果是煤炭、蒸汽机、铁路和纺织品；第二次工业革命（1870—1900年）主要围绕着电力、内燃机、现代通信、娱乐、石油和化学品的研发；第三次工业革命（1960年以来）的主要研发领域是计算机和电信。[①] 如今，尽管第三次工业革命方兴未艾，但在此基础之上的第四次工业革命已接踵而至，2016年世界经济论坛（WEF）的主题即是“掌控第四次工业革命”。而且，第四次工业革命对教育尤其是高等教育的影响可能是前所未有的。因为真正颠覆性的高等教育革命来自于人类的生活和学习方式的本质变化，而人工智能和虚拟现实技术的发展则很大可能会导致这种质变的产生，这意味着一个“新时代”正在到来。

目前人工智能在运算技能、感知智能等方面在一定程度上超过了人类，认知智能方面也取得很大发展，当然在情感智能方面尚有很大的探索空间。人工智能所带来的影响是全方位的，首先是对经济自动化产生摧枯拉朽的影响。2017年麦肯锡的一份报告对800多种职业所涵盖的2 000多项工作内容分析得出结论：依工资计算，全球经济中有相当于15万亿美元的工作内容可以经利用现有技术而实现自动化。[②] 这对于高等教育的影响是深远的：在未来的一段时间内，很多技能性和知识性的工作都会被人工智能替代，人工智能迫使人类重新思考教育的意义，也迫使大学思考很多专业存在的意义。其次，人工智能将加剧全球化的进程，如人工智能将极大程度上消解语言和文化上的差异，人工智能翻译技术的更新换代。如今人工智能翻译不仅已在实时性上远胜同声传译，在翻译准确性上也非常接近，人类的翻译仅在语言的美感和情感等方面略占

① GORDON R J. The rise and fall of American growth [M]. Prenceton: Princeton University Press, 2016: 21-28.

② 麦肯锡全球研究院. 人机共存的新纪元：自动化、就业和生产力 [EB/OL]. (2017-02) [2022-03-02] http://www.mckin-sey..com.cn/wp-content/uploads/2017/02/MGI_人机共存的新纪元_简体中文-2.pdf.

优势。而且这种技术进步的速度之迅猛是难以估量的，人类在语言鸿沟上的局限将可能取得颠覆性突破。这对于高等教育最大的影响当然不是大学可以少开外语课，而是语言差异带来的文化鸿沟将有望被消弭，“地球村”将可能真正实现，高等教育全球化的速度也将前所未有地加快。

虚拟现实（virtual reality）研究的先驱翟振明则认为“虚拟现实比人工智能更具颠覆性”[①]。虚拟现实是一种综合计算机图形技术、计算机仿真技术、传感器技术、显示技术等多种科学技术的人机交互手段，目前已经能够实现在多维信息空间上创建虚拟信息环境、令体验者身临其境的技术。而当虚拟现实技术发展到一定程度后，拓展现实（expanded reality）将成为可能，拓展现实可将虚拟现实与物联网进行整合，打造人造环境，实现无缝衔接。首先，拓展现实给人类带来的颠覆性在于“边界的消失，人们无法判断到底是在现实世界还是虚拟世界，模糊边界的结果就是人很容易被控制”[②]。其次，未来将可能遭遇前所未有的技术伦理问题，如埃隆·马斯克（Elon Musk）成立的公司开始尝试人脑与计算机直接融合的探索。这种“脑机互联”的尝试一方面可能令人类不费吹灰之力就拥有机器“深度学习”的本领，但另一方面也极有可能将人类变成机器人，并抹除人类的自我意识，人类文明甚至面临被终结的危险。因此，对于人类而言，虚拟现实技术的发展可能会使得人类所面对的时空都发生颠覆，人类生存和劳动的意义也可能发生革命性的变化。这种未来可能的趋势对于高等教育而言，其影响更是颠覆性的，人类的认知、意识以及社会关系的变化都需要高等教育的适应和调整。

二、全球视野中的“高等教育新时代”：世界强国的三个高等教育时代与界定依据

“高等教育新时代”意指“高等教育的新时代”，也即这个“新时

---

① 翟振明. 虚拟现实比人工智能更具颠覆性［J］. 高科技与产业化，2015（11）：32－35.

② 翟振明. 迎接虚拟与现实共存的时代［J］. 环境经济，2017（23）：70－72.

代”应专指高等教育领域的新时代。因此，相比“新时代高等教育”而言，“高等教育新时代”强调的是一种高等教育内在本质的理解。那么，这种叙事语境不可避免要放在一种全球高等教育竞争的背景中来理解，也即“高等教育新时代”应该完全是一种全球语境的叙事。那么，中国高等教育能否在全球竞争中开创新时代呢？面对这个问题，我们首先要思考的是，在世界范围里称得上高等教育时代的有哪些？

（一）全球语境中的三个高等教育时代

谈论高等教育时代，很容易联想到高等教育中心，因此不得不提与之密切相关的科学中心转移论。最具代表性的是20世纪60年代日本学者汤浅光朝通过统计《科学技术编年表》所记载的16至20世纪的重大科学成果，描绘了世界科学中心转移的曲线图，指出世界科学中心大致历经了意大利—英国—法国—德国—美国5个国家之间的4次转移。[①] 很多研究者也以此类推将高等教育中心划分为5个中心，这当然有一定道理。不过高等教育中心与科学中心虽有密切关联，但并不是一回事，如当时意大利和英国的大学对科学技术贡献甚微。而且高等教育时代和高等教育中心又不是一回事：称得上高等教育时代，必须在世界范围内对高等教育发展具有划时代的贡献，或者说能够重新定义高等教育，才具备一个高等教育时代的资格。从这个意义出发，最能直接体现高等教育时代划分意义的，便是高等教育三大基本职能的发展和变迁。教学、科学研究、服务社会这三大高等教育基本职能的变迁史，对应的也正是高等教育时代变迁史。从这个准则来划分，意大利的高等教育更多是中世纪的辉煌，法国高等教育在这三大职能变迁中作用并不明显，而更能表征时代变迁的是英国、德国、美国高等教育。因此可以说，从17世纪以来，世界高等教育的变迁，经历了三个时代。

第一个时代属于秉承教学基本职能并将其发扬光大的英国古典大学。

---

① 汤浅光朝. 科学活动中心的转移［J］. 科学与哲学，1979（2）：53－73.

在16世纪“以希腊文化为基底的人文主义在剑桥生根落叶，声誉远播欧西”①，从而使得剑桥大学能与牛津大学并肩而立，成为在大学尚未生发出科研职能时代的代表。作为英语世界中最古老的两所大学，牛津大学、剑桥大学为世界所贡献的价值突出表现在将教学的理念发挥到淋漓尽致，正如弗莱克斯纳所说，“它们都是培养一种类型的人——英国绅士——的机构，这种类型的人注重的是道德和社会的内涵而不是知识的多寡。”②不仅如此，它们还以鲜明的制度和做法来实现这种理念——书院制和住宿制，这种十分昂贵的培养方式也作为一种大学的“英国模式”影响世界，尤其是后来的美国大学。以至于古典大学理念的坚定拥护者纽曼可以自豪地宣称：“假使给我两个大学：一个没有住院生活和导师制度而凭考试授予学位的，一个是没有教授和考试而只聚集着几辈少年过三四个年头的学院生活的，假使要我选择其一，我毫不犹豫地选择后者。”③

第二个时代属于旗帜鲜明提出科研职能的德国大学，以洪堡所创立的柏林大学为标志。如果说英国大学是教学时代高等教育的最佳阐释者，而德国大学则以科研重新定义了高等教育，19世纪也因此迎来德国高等教育时代。柏林大学以及效法柏林大学的其他大学，是与古典大学完全不同的新型大学，大学从此成为科学研究中心，研究高深学问成为大学的当然任务。德国大学的另外一个划时代意义在于使得大学成为民族国家崛起的重要支柱：大学竭尽所能从事尖端科研并为国家培养大量科研人才，而国家也给予大学充分的学术自由——“就总体而言，国家决不能要求大学直接地和完全地为国家服务；而应当坚信，只要大学达到了自己的最终目标，它也就实现了，而且是在更高的层次上实现了国家的目标”。④ 德国大学因此成为现代大学的典范，德国也因大量高端科研人

---

① 金耀基．一间中古大学的成长：谈剑桥的“变”与“守”［J］．大学（学术版），2009（10）：60－65．

② 弗莱克斯纳．现代大学论［M］．徐辉，陈晓菲，译．杭州：浙江教育出版社，2001：196．

③ 金耀基．大学之理念［M］．北京：生活·读书·新知三联书店，2001：19．

④ 洪堡．论柏林高等学术机构的内部和外部组织［J］．陈洪捷，译．高等教育论坛，1987（1）：93．

才的培养和贡献得以复兴，成为世界强国。

第三个时代属于美国大学，以主张大学为区域经济与社会发展服务的“威斯康星思想”为主要标志。1862 年，林肯总统批准了《莫雷尔法案》，联邦政府在每个州至少资助一所从事农业和机械技术教育的学院，赠地学院在美国全面铺开，美国高等教育也因此而掀开新的一页。“赠地学院通过培养大批实用的经济发展所急需的科学技术人才，为美国工农业现代化做出了卓越的贡献。”① 1904 年，查里斯·范海斯（Charles R. Van Hise）任赠地学院威斯康星大学的校长，提出“威斯康星思想”，不但使威斯康星大学成为服务区域经济与社会发展的州立大学典范而扬名海内外，而且真正使服务社会成为大学的第三个基本职能。更重要的是，美国在这种实用主义思想下建立的高等教育体系，能令大学最大程度上服务于社会发展。因此，高等教育的“美国模式”既吸纳了“英国模式”和“德国模式”的精英主义色彩，又具有浓重的实用主义和平民主义特征，很自然地成为 20 世纪高等教育大众化和普及化浪潮的推动者和引领者。

（二）高等教育新时代的界定依据

这三个高等教育时代，与世界强国的三个时代基本对应，再度说明大学和民族国家的崛起之间的联系并非偶然：18 世纪的英国、19 世纪的德国和 20 世纪的美国，也是世界强国的三个时代；而英国大学、德国大学和美国大学，也基本分别引领了这三个时代。那么，这三个“高等教育时代”有何共同特征呢？

首先，每个高等教育时代之所以能具有划时代意义，关键在于其能贡献出一套引领当时高等教育的思想体系。尽管纽曼不是生于英国大学最鼎盛的年代，但其高等教育理念却是对英国高等教育时代之思想体系的最好总结——认为大学是传授普通知识的场所，推行古典人文主义教

---

① 贺国庆. 从莫雷尔法案到威斯康星观念：美国大学服务职能的确立［J］. 河北大学学报（哲学社会科学版），1998（3）：91－97.

育思想和自由教育。德国高等教育时代之思想体系的代表，毫无疑问来自于洪堡精神——确立学术研究在大学的重要地位，研究与教学相统一，国家以保护学术自由来实现国家长远利益。美国高等教育时代之思想体系的代表则是“威斯康星思想”——主张高校应该为区域经济与社会发展服务，其主旨是应用性和民主化，并兼顾精英性和普及性。从纽曼理念到洪堡精神再到“威斯康星思想”，都称得上是世界高等教育史上具有划时代意义的思想体系。

其次，思想体系具有本土性。本土性在于其最大限度上符合了本国的国民理念：比如英国古典大学的教学传统与英国人培养绅士的理念是高度吻合的；德国大学对于尖端科研的重视和德国人严谨刻板的国民性格相符，也和德国当时战败后希望从高等教育寻找国家崛起出路的国情相符；美国大学对于服务社会的理念和美国人崇尚平等的国民性格相符，托克维尔认为美国人爱平等比爱自由更热烈和更持久，因此美国高等教育的宗旨就是为各个阶层的人在人生、事业的各个阶段提供教育服务，并由此发展出服务社会的第三大基本职能。正因为其本土性，因此对于民族国家而言，这样的高等教育思想体系具有旺盛的生命力。

再次，思想体系具有国际性。这三个国家的高等教育思想体系之所以具有划时代意义，乃在其影响范围之广。英国古典大学继承了中世纪大学注重人文主义的优点，又加入培养英国绅士的教育理念，并随着英国崛起而成为教学时代的大学模板。德国大学在鼎盛之时，西方和东方都根据德国模式改造大学——美国大学受德国大学影响很深，在20世纪初的中国，蔡元培等人也是仿照德国大学的模式来建设中国大学。而如今美国大学模式更是风靡全球，很多国家都是学习美国大学的做法，美国大学成为文化输出的佼佼者。

三、国家竞争：“新时代高等教育”之下中国能否开创“高等教育新时代”

综上所述，这三个高等教育时代不仅具有各自的思想体系，而且其思想体系都兼具本土性和国际性的价值。赵汀阳在《天下体系：世界制度哲学导论》中也指出，大国崛起就要担负起大国应该担负的责任，要想成为大国，中国本身需要一套世界理论的思想体系并为世界所接受。[①] 因此，中国能否开创“高等教育新时代”，其检验标准也不外乎此。首先，能否贡献新的高等教育思想体系，这个思想体系应建基于在“新时代”的外部环境下高等教育基本职能的生发。其次，这个思想体系要兼具本土性和国际性的价值，既要扎根中国大地，又要引领国际潮流。以下将围绕这两条检验标准，从“新时代高等教育”对于“高等教育新时代”的机遇和挑战这两大方面来分析这种可能性。

（一）“新时代高等教育”的机遇以及中国开创“高等教育新时代”的优势

1. 中国语境下“新时代高等教育”的本土价值：高等教育的“中国模式”与道路自信

在中国语境“新时代”背景下的中国高等教育表现出来什么主要特征，或者说是否已经存在一种相对成熟的高等教育“中国模式”，是回答能否开创“高等教育新时代”的一个最为基本的前提。

首先，高等教育的“中国模式”体现出强力的国家意志和政府主导。较多关于高等教育的“中国模式”的代表性研究，都指向这个特征。杨东平认为在“跨越式发展”阶段，高等教育“中国模式”有三大主要特征：一是效率优先的发展观，主要追求规模、数量的扩张；二是在实现方式上强烈的行政导向；三是用工程思维、科技攻关的方式提升学术水平和教育质量。[②] 郑文等人亦认为高等教育“中国模式”乃“坚持重点论原则，举全国之力，以试点方式，强有力地推动高等教育系统中重点

---

① 赵汀阳. 天下体系：世界制度哲学导论［M］. 南京：江苏教育出版社，2005：3.

② 杨东平. 关于高等教育的“中国模式”［J］. 江苏高教，2011（1）：5-8.

区域、重点项目、重点单位的快速发展”。[①] 这种以国家意志和政府主导的高等教育发展模式在“世界一流大学”和“双一流”建设中尤为明显，前耶鲁大学校长莱文曾高度评价中国自1998年以来关于世界一流大学的建设成就，并指出中国实现这个伟大目标的两个最重要优势：意志和资源。[②] 尤其是中国改革开放40多年来的经济增长奇迹，使得这种模式具备相当充足的底气。

其次，高等教育的“中国模式”又表现出相当灵活和开放的一面。改革开放40多年的历程，在很多领域都是经历了不断探索和开放的过程，高等教育领域也是如此。尤其是20世纪90年代以来，中国在促进高等教育发展上采取更多灵活有效的管理机制，比如在提升科研方面采用了具有明显市场化特征的锦标赛制，对大学组织和个体都形成强激励，产生了科研产量保持长期高速增长的“中国奇迹”[③]。因此，日本著名教育学者金子元久认为：“中国高等教育在研究和教育两方面正积极导入市场原理……可以说中国高等教育的市场化走在了世界的前列。换句话说，这就是高等教育发展的中国模式。”[④] 改革开放以来中国一直抱着一种开放的心态借鉴西方高等教育的成功经验，并将之化为己用。经过这些年的努力，中国通过向西方国家大规模派遣留学生、访学教师以及中外合作办学等方式，很好地提升了自身的高等教育实力。在此基础上，中国高等教育在对外开放方面已经发展到新的阶段：近年来中国本土高校已经迈出了“走出去”的步伐，中外合作办学从单纯的“引入”到“输出”，展现出中国高等教育模式国际化和自信的一面。另外，中国高等教育的吸引力不断增强：近几年中国出国留学回国人员增幅显著，多数留学人员学成后选择回国发展，其中大学是最主要的选择。尤其是中国近

---

① 郑文，陈伟. 中国高等教育发展的多维特色：中国模式探索［J］. 教育研究，2012（7）：71－76.

② 理查德·莱文. 亚洲大学的崛起［J］. 清华大学教育研究，2010（2）：1－7.

③ 陈先哲. 学术锦标赛制：中国学术增长的动力机制与激励逻辑［J］. 高等教育研究，2017（9）：30－36.

④ 金子元久，徐国兴. 高等教育发展的中国模式：来自日本的观察［J］. 教育发展研究，2006（9）：24－28.

年来实施各种引进海外高层次人才计划，在薪资水平、发展平台和工作条件越来越接近的情况下，越来越多的高端人才在中国大学与欧美大学的教职之间更加倾向于选择回国发展。

中国改革开放40多年来以来的高等教育实践与变革，既充分利用中国体制优势，又积极借鉴西方发达国家的高等教育发展模式，体现出海纳百川的道路自信。中国正在经历美国大学崛起前向德国大学学习的类似情况：向高等教育发达国家派遣大规模的留学生，学成之后回来建设本国的大学，并在和自身优势的结合中实现超越，而这正是建立在高度开放的政策和充分的道路自信的基础之上。

2. 全球语境下“新时代高等教育”的国际机遇：抹平语言和文化差异

很显然，前面所述的三个高等教育时代都属于西方的时代。美国社会历史学家沃勒斯坦认为，过去500年西方在世界占据主导地位的原因不在于这些国家的内部，而在于它们一直处于世界体系的核心位置。[①] 因为其主导地位，近代西方不但在经济上处于世界领先，而且长期扮演着思想输出者的角色。因此，作为国际语言的英文和西方文化都成为西方思想输出的主要工具，由于东方国家在语言和文化上的差异，决定了东方高等教育长期以来的边缘和依附地位。

而以人工智能和虚拟现实技术为前景的全球语境中的“新时代”，则有望很大程度上抹平这种语言和文化的差异。中国人工智能研究的代表人物王飞跃指出人工智能所代表的智能技术，实际昭示着以开发人工世界为使命的第三轴心时代之开始。如果说农业时代是第一轴心文明对物理世界的开拓，工业时代是资本主义对第二轴心世界的开发，那么，以人工智能为代表的技术将推动一个围绕智理世界而展开的平行社会的到来。[②] 其所说的“平行社会”与托马斯·弗里德曼（Thomas L. Friedman）

---

① 沃勒斯坦．现代世界体系：第1卷［M］．罗荣渠，等译．北京：高等教育出版社，1998：460－465．

② 王飞跃．人工智能：第三轴心时代的来临［J］．文化纵横，2017（6）：94－100．

的“世界是平的”[①] 正是一致的，随着人工智能的发展，科技进步与社会协定的交合将被进一步放大，“世界正被抹平”。而虚拟现实，则是西方和东方国家都将共同面对的新环境，这种新环境下人类共同体的性质会被放大，而东西文化的差异会缩小，因为那时现实和虚拟的交错才是人类要面对的最大差异和挑战。

长期以来，各种世界大学排名榜里面，占据世界前十名的顶尖级大学基本都被英美两个传统高等教育强国所垄断。但是，也应该注意到亚洲大学的崛起，榜单的前五十名里出现了越来越多的亚洲大学。除了亚洲国家在不断努力打造自己国内的世界一流大学和世界一流学科的主观因素之外，也必须注意到技术条件变迁所带来的这种相对平等的全球化环境。正如耶鲁大学校长莱文所认为：“在全球化过程中，亚洲大学的崛起是一个很自然的现象。当阻止人员、物资和资讯流通的壁垒日渐消退，经济发展的步伐继续向前迈进，亚洲国家将会获得更多的人力、物质和信息资源去创建一流的学院。假如亚洲的新型国家能把资源集中投放在一部分学院，吸引全世界的人才，实现言论和探索自由，他们就能成功地创建世界级大学。当然，这不会在一夜之间实现，而是需要数十年的努力，但是它有可能比历史上任何先例都要快。”[②] 当东西方语言和文化之间因技术环境的改变而差异越来越小之时，亚洲大学与欧美大学将站在更加接近的起跑线上进行竞争。而中国大学显然是其中最具有冲击力的代表。如今在人工智能和虚拟现实技术发展上，中国和西方发达国家可以说是处于并跑阶段，而在此基础上中国也更有机会成为全球语境下“新时代高等教育”的并跑者甚至领跑者。

① 弗里德曼. 世界是平的 [M]. 何帆，肖莹莹，郝正非，译. 长沙：湖南科学技术出版社，2006.

② 莱文. 亚洲大学的崛起 [J]. 清华大学教育研究，2010 (2)：1 -7.

（二）“新时代高等教育”的局限以及中国开创“高等教育新时代”的挑战

1. 中国语境下“新时代高等教育”的自身局限：现阶段的不平衡与不充分

党的十九大报告明确指出，中国社会主要矛盾已经转化为人民日益增长的美好生活需要和不平衡不充分的发展之间的矛盾。在高等教育领域，人民日益增长的高等教育需要和各级各类高校发展之间的不平衡不充分问题表现得更是尤为明显。这些现实问题尽管是阶段性的，但无疑目前仍然制约着中国对“高等教育新时代”的开创和引领。

首先是发展不平衡的问题。作为国家战略需求的中国高等教育必须保持着在全球化背景下更强的竞争力，因此，从“985 工程”“211 工程”到“双一流”，中国一直采取一种重点战略以参与到高等教育的全球竞争中去。但是，这种重点战略也因此带来高等教育体系的问题，中国高等教育体系呈典型的金字塔结构：最顶端是曾经的“985 工程”大学，现在的“双一流”中的“一流大学”；再往下是曾经的“211 工程”大学，现在的“双一流”中具有个别“一流学科”的大学；再往下就是很多的地方大学和新建本科院校，现在正往应用型本科高校转型；金字塔底座则是大量的高职院校。比起获得重点资源配置的“塔尖”大学而言，“塔身”大学和“塔基”大学所获得的资源分配的差距十分明显，也即发展不平衡的问题比较突出。尽管目前中国正在积极推进高等教育分类发展，试图通过构建现代职业教育体系将职业高等教育作为不同于普通高等教育的类别并纳入，但长期以来以分层为主的高等教育体系带来的发展趋同、缺乏特色问题很难在短期内得到解决。而且发展不平衡又还有东西部的区域不平衡问题，多种不平衡错综交汇。

其次是发展不充分的问题。相比发展不平衡，发展不充分问题则是普遍性问题，目前所有大学都存在不充分的问题：很多还在起步阶段的院校可能因为还是注重外延式发展而缺乏内涵式发展，获得重点支持的

“双一流”大学又可能因为过于投入科研竞赛而在教学上发展不充分。因此，中国外延式发展和内涵式发展依然是互相交错、长期并存的，目前正处于这两个阶段的过渡期。但是，从开创“高等教育新时代”的标准来考量，应当很大程度上来自于内涵式发展，且在内涵式发展已经进入比较深入的阶段并能在世界范围内取得较大影响和较好口碑的前提下，才足以谈论开创“高等教育新时代”。从这个角度来看，中国语境中的“新时代高等教育”虽然已在外延式发展上取得了巨大的成就并展现出“中国模式”的特征，但因为自身发展阶段的局限，目前更多是处于并跑阶段，真正要开创“高等教育新时代”还需付出更大努力和整体意义上的进步。

2. 全球语境下“新时代高等教育”的外在挑战：如何为人类共同体贡献新的思想体系

如前所述，过去500年都基本属于西方主导的时代。而决定其主导地位的，一是经济基础，二是思想体系。高等教育领域也是如此，如果说以上的不平衡不充分问题更多属于硬件层面的话，那么软件层面的思想体系建构问题才是中国开创“高等教育新时代”所面对的更大挑战。

一方面，在现代化和全球化不断加剧的“时空压缩”背景之下，贡献思想体系面临着更大的挑战。从英国、德国到美国的三个高等教育时代，一个明显的发展轨迹是其思想体系的外延是不断拓展的。以《大学》中的“修身齐家治国平天下”的几个阶段来衡量，英国大学的思想体系更多是修身齐家的阶段，以个人的求知明德为主要目标；德国大学则发展到治国的阶段，大学发展科学研究助力国家崛起；美国大学则已经发展到平天下的阶段，因此美国大学的国际化程度和思想输出目前是最强的。随着时代变迁和全球化的不断加剧，对于“高等教育新时代”思想体系的影响和辐射范围提出了更高的要求。换言之，开创“高等教育新时代”的难度系数又提高了一个层级。2017年，习近平总书记在联合国日内瓦总部发表题为《共同构建人类命运共同体》的主旨演讲，产生了广泛的世界影响，也为中国诸多领域如何在世界范围内引领“新时代”

提供重要的思想指引。人类命运共同体理念超越了以“民族国家利益”界定的国际合作目标，又有利于消解“平天下”阶段所带来的“中心—边缘”结构，有望成为高等教育国际合作的新价值坐标。① 因此，能否对人类命运共同体贡献新价值，乃是中国大学能否开创新时代的最重大挑战。或者说，哪个国家或地区的大学如果能对人类命运共同体贡献更大更被认可的价值，就将获得引领新时代的先机。

另一方面，中国大学或者说整体意义上的亚洲大学长期以来在为人类共同体贡献价值上又有着其先天的短板。西方一直是科技发达时代的引领者，其他地区包括亚洲一直扮演着跟随者的角色。而越是希望追赶和赶超，这种跟随和依附的文化便越积重难返，尤其是对于只有一百多年现代大学历史的中国而言。正如阿特巴赫的依附论所揭示的，西方长期作为高等教育的中心，基本掌控了评价标准和话语体系，而非西方地区要获得高等教育的发展，首先要寻求“接轨”，但过于追求“接轨”，却又失去自身文化的传统和活力。② 而且目前高等教育的“中国模式”，也更多是来自于政治、经济领域特征的延伸，而并未真正具备高等教育自身的特征。也即在中国高等教育的实践中，新的高等教育基本职能并未得到明显呈现，中国大学也尚未走出明显异于西方大学的独特模式。

当然，从另外一个角度来看，亚洲大学尤其是中国大学又有其优势所在。因为从西方高等教育发展史来看，西方大学很少真正吸纳东方文化的优势，在进入人类共同体时代，西方大学可能反而会受到更多羁绊，如今欧洲发展的缓慢以及其传统力量的对抗便是例证。但无论是对于中国还是中国大学而言，都有东西方文化荟萃的优势：以前更多是学习和借鉴，而在长期的本土化和国际化的冲突和交融中，中国和中国大学已经积累了更多的经验和资本，而当进入到人类共同体时代，这些曾经的

---

① 周作宇，马佳妮. 人类命运共同体：高等教育国际合作的价值坐标［J］. 教育研究，2017，38（12）：42 – 50，67.

② ALTBACH P G. Servitude of the mind? Education，dependecy，and neo-colnialism［J］. Comparative education，1984，79（2）：469 – 484.

磨难和冲突正变成一种优势，使其适应得更快，也更有机会占得先机。尤其是中国传统文化以及古代高等教育传统一直并未得到很好的改造和利用，也即如何实现“中国传统的创造性转化”[①]，将是中国及中国高等教育迈入新时代的重要优势。中国高等教育既要有面向本土和传统的文化自信，又要有心怀天下培养世界公民并进行思想输出的文化自觉，方能贡献出服务于人类共同体的思想体系。

---

① 林毓生．中国传统的创造性转化［M］．北京：生活·读书·新知三联书店，1988．

第二章

区域竞争：粤港澳大湾区高等教育“组团”竞争

进入新时代以来，中共中央、国务院陆续批复或印发《河北雄安新区规划纲要》《中国（海南）自由贸易试验区总体方案》《粤港澳大湾区发展规划纲要》《长江三角洲区域一体化发展规划纲要》。重点建设若干区域并产生引领辐射作用，不但是新时代中国更好参与全球竞争的重大国家战略，也是新时代推动形成中国深化改革和全面开放新格局的新举措。对教育而言，习近平总书记强调：“要立足服务国家区域发展战略，优化区域教育资源配置，加快形成点线面结合、东中西呼应的教育发展空间格局，提升教育服务区域发展战略水平。”① 尤其在如今高等教育发展和经济社会发展高度互动的情况下，区域高等教育发展问题也将成为当前和未来一段时期的一个具有重大现实意义的课题，无论是高等教育实践界还是研究界都应予以深切关注。本章将以粤港澳大湾区高等教育发展为例，重点探讨区域高等教育“组团”竞争问题。

① 习近平：在教育文化卫生体育领域专家代表座谈会上的讲话［EB/OL］.（2020-09-22）［2020-11-09］. http://www.xinhuanet.com/politics/leaders/2020-09/22/c_1126527570.htm.

一、区域高等教育“组团”竞争的时代背景与竞争转向

关于区域竞争或者地方政府竞争，研究界有不同的理论解释，其中锦标赛制是比较突出的一支，尤其是用于解释中国特定行政治理模式如何推动经济长期高速增长的问题。研究者们认为，在中国的政治制度下，以各地区的 GDP 增长率为地方政府官员晋升主要考核指标的制度安排下，会形成一种官员晋升锦标赛机制，晋升锦标赛和财政分权下的地方政府竞争是生成中国“增长奇迹”的主要动力机制，并导致地方政府经济发展的 GDP 主义。[①] 近年来，随着政府考核机制的变化，有研究者提出官员晋升锦标赛已从“为增长而竞争”转向“为和谐而竞争”[②]；并且晋升锦标赛的应用已拓展到科教文卫等非经济领域的官员激励中去[③]。尤其是进入新时代以来，锦标赛制对于地方政府的激励导向已经发生变化。事实上从当前的实践来看，尤其是经济发达地区的地方政府，已经逐步从以 GDP 增长为主的竞争模式转向更加倚重科技文化和创新驱动的竞争模式，而发展高等教育正好能从各方面满足这种竞争需求。所以当前出现一个新的趋势是：区域或地方的高等教育发展，尤其是地方高水平大学的建设与发展，已经逐渐成为中国不同区域显示其改革发展综合成果和经济社会进步的新“地标”。[④] 因此，地方政府竞争转向渐成趋势，大力发展高等教育成为地方政府在竞争逻辑下的优选项。尤其是在国家“双一流”战略主导下出现了新一轮地方高水平大学建设热潮，更反映出地方政府的激励转向和在此背景下的竞争行动选择。

但是，以上只是地方政府竞争内容的转向：软实力竞争已成为新动

---

① 周黎安. 中国地方官员的晋升锦标赛模式研究［J］. 经济研究，2007（7）：36－50.

② 陈钊，徐彤. 走向“为和谐而竞争”：晋升锦标赛下的中央和地方治理模式变迁［J］. 世界经济，2011，34（9）：3－18.

③ 李振. 作为锦标赛动员官员的评比表彰模式：以“创建卫生城市”运动为例［J］. 上海交通大学学报（哲学社会科学版），2014，22（5）：54－62.

④ 谢维和. 高等教育：区域发展的新地标［J］. 中国高教研究，2018（4）：12－15.

向。而几乎在同一个时期，地方政府竞争方式也开始发生明显的转向：区域“组团”竞争成为新潮流。中共中央、国务院于2019年2月印发了《粤港澳大湾区发展规划纲要》（以下简称《规划纲要》）。而在《规划纲要》出台后三天，国家发改委就发布了《国家发展改革委关于培育发展现代化都市圈的指导意见》，提出到2035年形成若干具有全球影响力的都市圈。这些重磅文件的密集推出，反映出的一个重要趋势是：在新时代，将从以往注重单个城市建设走向更加注重城市群和都市圈的培育与建设，尤其是作为国家战略的三大城市群建设——京津冀协同、长三角一体化、粤港澳大湾区建设将发挥重要引领作用。因此，在高等教育领域也不可避免走向“组团”竞争的趋势。在粤港澳大湾区这个区域内部，各方“组团”竞争的动力和现实需求究竟如何？在“组团”竞争中各自扮演什么角色？已经做出什么战略行动？……都需要根据区域的具体情况具体分析。

粤港澳大湾区作为一个特定区域规划，是珠三角九市与香港、澳门的特定区域组合。珠三角九市是地级市政府，但涉及大湾区的很多重要事务事实上又是由作为省级政府的广东在统筹运作，而香港和澳门作为中国中央政府直辖的地方性区域，也可以置于广义的地方政府概念范畴之下。那么要考察在区域高等教育“组团”竞争的新背景下粤港澳大湾区内部各相关政府动力需求和高等教育发展策略，一方面需要兼顾考虑省级政府与地级市政府：珠三角九市其实很大程度上是作为省级政府的广东在发挥作用，当然，作为地市级政府的九市内部也会有各自的算盘，因此应对两级政府都进行分析；另一方面又要考虑香港和澳门两个特区政府发展高等教育的特殊性：既有借力大湾区建设全面提升的动力需求，又有其高等教育发展的内部情况及策略。只有对这些情况进行具体分析，才能更科学判断各相关政府在高等教育集群发展中的动力需求和行动策略。

二、区域“组团”竞争前的广东省高等教育发展策略

广东省作为主导珠三角九市参与到粤港澳大湾区“组团”竞争的省

级政府，很有必要认真分析其在此前一段时期的高等教育发展策略，而其于2015年启动的高水平大学建设和高水平理工科大学建设（简称“‘双高’建设”）可以作为典型案例和事件进行分析。在国家“双一流”政策出台之前，长期以来在高等教育改革方面不温不火的广东就提前启动了“双高”建设。从“双高”建设前的广东所面临的背景分析，可以发掘出广东下定决心发展高等教育的需求和行动逻辑。一方面从高等教育服务于区域经济社会发展的外部背景来看，追兵不断迫近：就2014年全国GDP排名来说，广东尽管还是全国第一，但相比排名第二的江苏的领先优势已越来越小，紧追其后的山东、浙江增长率也高于广东。因此广东经济产业转型升级的需求更加迫切，但客观上又存在人才和创新的短板，尤其是区域内部高等教育又难以提供足够有力的支撑。另一方面从高等教育自身发展的内部背景来看：广东高等教育尽管在进入21世纪后发展较快，无论体量还是水平已经进入全国前列，但离前面的省市还有较大距离，长期以来都基本处于对京沪苏的苦苦追赶之中。尤其是高水平大学，从2014年的数据看，与北京、上海相比，广东的高水平大学太少，和江浙相比也仅仅比浙江略有优势。从图2－1可见，广东省“985工程”“211工程”高校占全省高校总量的比重为2.84%，江苏省“985工程”“211工程”高校占全省高校总量的比重为7.05%，比广东省高了4.21个百分比，是广东省的2.48倍。结合表2－1的数据可见，广东省高校综合实力进入前100名的仅5所高校，江苏省则有15所高校

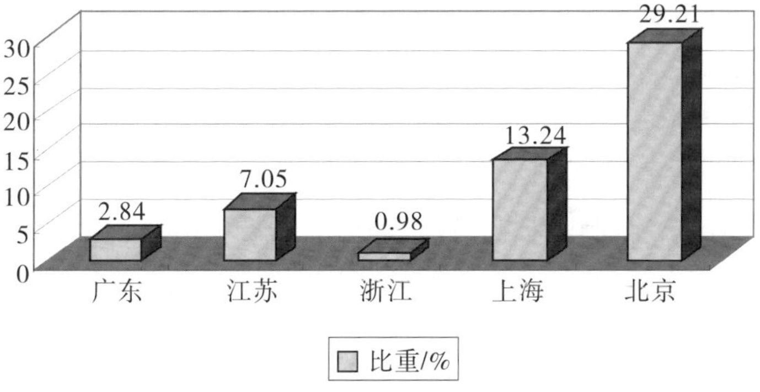

图2－1　京沪苏浙粤“985工程”“211工程”高校比重比较图（2014年）

进入前100名，是广东省的3倍之多。高水平大学的绝对数量上，广东省仅仅比浙江省具有优势，与其他几个省市差距都比较大，集中力量建设更多高水平大学应是当务之急。

因此，在这样的现实背景下，“双高”建设被提上政策议程，并在时任省委书记胡春华的大力推动下，广东高等教育从不温不火到突然发力，在“双一流”战略提出前就下了一步先手棋。随着国家“双一流”战略全面铺开后又顺势而为，“双高”建设在短短几年内便颇有成效，为广东新一轮改革发展提供了强有力的人才保证、智力支持和科技支撑。这个时期广东高等教育发展战略都更为积极主动，在多方面都持续发力，具体主要表现在如下几个方面。

表2－1　京沪苏浙粤高校综合实力排名榜前100位的数量统计

排名	省份（市）	数量/所
1	北京市	15
2	江苏省	15
3	上海市	9
6	广东省	5
9	浙江省	4

资料来源：武书连2015年中国大学综合实力排行榜。

（一）双管齐下，推动高水平大学群建设

广东高水平大学数量太少，这是打造南方高等教育高地的瓶颈，因此建设高水平大学群对广东而言具有重大而深远的战略意义。推动高水平大学群建设，广东采取了双管齐下的方式：一方面，采取重点资助战略，从广东高校建设和经济社会发展的实际需要出发，集中力量打造若干所具有较高水平和影响力的大学，带动全省高等教育整体水平实现新的跨越。“双高”建设方案明确总体发展目标，细化年度发展任务，以项目工程为抓手，旨在解决高水平大学建设中面临的突出问题。同时借鉴国外类似的“精英大学”计划等有益经验，设计定期考核及淘汰机制，

保持各大学的机会公平及持续竞争动力。“双高”建设实施几年后，不但入选高校在硬件、软件层面都有较大的改进，为广东省新一轮改革发展提供强有力的人才保证、智力支持和科技支撑；而且广东高等教育在全国的整体形象开始得到改观，其他省份也感受到广东发展高等教育的力度，竞争压力和投入力度也不断加大。

另一方面，广东大力支持有条件的地级市与国外知名大学合作办学，在短期内提升省内高水平大学的数量，并促进省内大学的相互竞争。《中华人民共和国中外合作办学条例》《珠江三角洲地区改革发展规划纲要（2008—2020年）》和《广东省人民政府关于深化教育领域综合改革的实施意见》等相关政策都支持国外合作办学，广东也具备社会需求和经济实力，通过引进国外名牌大学与研究机构到广东合作办学，可在较短时间内在高端人才培养上取得突破，提升省内高水平大学群的整体实力。而且广东的地方大学在全国一直保持不错的发展势头，广东的地级市政府近年来办高等教育的热情也一直高涨，尤其是经济相对发达的珠三角地区，都希望加大高等教育投入力度，一方面为本地经济社会转型培养更多合格人才，另一方面也希望通过办大学提升城市的整体声誉。因此，这个时期广东经过教育部审核通过的中外合作办学机构不断增加，其中绝大部分都是在大湾区内，比如深圳北理莫斯科大学、中山大学中法核工程与技术学院、中山大学—卡内基梅隆大学联合工程学院、暨南大学伯明翰大学联合学院等。而且中外合作办学定位都比较清晰，有利于进行新的办学模式和人才培养模式探索，自身具有较强竞争优势，同时也促进广东高等教育的竞争活力。

（二）注重结合区域产业特点，加大探索高水平理工科人才培养模式

由于历史原因，广东工科院校布局较少，全省本科高校理工类专业高于45%的本科高校只有19所，其中华南理工大学、广东工业大学是具有博士授予权的知名工科院校，佛山科学技术学院、东莞理工学院、南方科技大学等高校均为近20年新增的公办工科本科高校。对比湖北、江苏、陕西等高等教育强省，这些省份均建有10多所知名工科院校，特别

是江苏综合实力位于前十名的高校中，“以工科为主”的大学有7所，为江苏地方制造业高速发展和产业升级提供了强力支撑。无论是数量上还是质量上，广东的理工科大学均显不足，难以满足广东经济发展和产业转型升级的需要。广东理工类高校发展的不均衡与产业需求之间的矛盾，进一步加剧了学科结构与产业结构之间的失衡状况，促使高校要不断调整自身学科结构，变革自己的发展模式，以适应经济社会发展的需要。因此，大力发展理工科教育，加快广东省高水平理工类大学建设，对于实现广东创新驱动发展和产业转型升级，都具有重要的战略意义和现实意义。所以，从“双高”建设的对比来看，高水平理工科大学建设的投入比高水平大学建设还要高。并在此思路指引下，持续推进实施“创新性与应用型人才培养工程”，扩大高层次创新型人才和应用型、复合型、技能型人才培养规模，加大高水平理工科人才培养模式的探索力度。根据“扬优、助特、扶需”的原则，结合《广东省教育厅关于普通高等学校本科专业设置管理的实施办法》，引导全省高等学校主动适应广东经济发展战略和产业结构调整的需要，紧紧围绕全省重点发展的新兴产业、支柱产业和特色产业需求，调整和优化学科专业结构。加强人才规划和需求预测，定期发布急需紧缺人才信息，引导高校根据经济社会发展需要及时调整专业，在高年级灵活设置专业方向。大力扶持优势明显、特色鲜明的专业，积极培育急需的新兴专业，强化与战略性新兴产业紧密相关的学科专业建设，采用产学研联盟、国际合作等方式，重点加强电子信息、新能源、新材料、新医药、环保、软件、物联网等领域的人才培养。

（三）以“四重建设”为抓手，打造一批高水平优势学科群

2013年，广东省印发《广东省人民政府办公厅转发省教育厅关于加强高校“四重”建设实施意见的通知》，在全省高校力推重点学科、重点人才、重点平台、重大科研项目的“四重建设”：以重点学科为引领，着力建设一批高水平的学科平台；以重点人才为抓手，着力打造一支高层次创新型人才队伍；以重点平台为依托，着力培育一批高水平科研项目

与成果；以重大科研项目为突破口，着力解决一系列关系经济社会发展的关键性问题。并组织实施广东高校“南粤重点学科提升计划”“广东高校重点学科平台跃升计划”“广东高校重大科研项目提升计划”和“广东高校重点人才队伍建设计划”等高校优势学科建设工程，在凝练学科方向、构筑人才高地、培养创新人才、打造高端平台、提升创新与服务能力等方面下功夫，在政策、人才、项目、经费等方面向重点学科倾斜，建设一批高水平、有特色、具有较大国内外影响力的优势学科群。

（四）注重机制体制改革，持续推进协同创新

2015 年底，广东省政府发布了《广东省人民政府办公厅关于深化高校科研体制机制改革的实施意见》（以下简称《意见》），明确提出要深化广东高校科研体制机制改革，充分调动高校科研人员创新创业主动性、积极性和创造性，全面服务创新驱动发展战略。此《意见》对持续推进广东省“高等学校创新能力提升计划”带来积极效果，并以此为契机大力推进以机制体制改革引领协同创新。尤其是进一步探索确立协同创新中心长效运行机制，一定程度上更好地解决了人员招聘、考核及资质互认等问题。协同育人是高校协同创新的重要目的之一，是打破高校内部传统的体制机制障碍，是打破高校与其他创新主体之间的体制机制壁垒，探索形式多样的协同创新模式，促进学校内部各部门、各单位之间、校校之间、校所之间、校企之间、校地之间以及国际各种创新资源的协同共享和融合，实现内部资源的有效整合和外部资源的协同融合。而且以建立协同创新中心、协同育人平台为实施载体，立项建设了一批省级协同创新（育人）平台，实现人才培养、学科建设、科学研究三位一体的创新能力提升目标。

（五）探索推进“管办评”分离，不断落实和扩大高校办学自主权

虽然广东省政府围绕高水平建设已出台很多有力政策和措施，但建设高水平大学最关键是大学自身的积极性，而提升大学积极性最关键的又是落实大学办学自主权。中山大学原校长黄达人认为，落实大学自主

权，不在于要给大学多少权，而是应该明晰政府和大学的权力边界。借鉴负面清单的概念，就是政府在管理过程中应以“非禁即入”为原则，在大学自主权方面转变思路，从规定“大学可以做什么”到明确“大学不能做什么”[①]。政府不再给大学画圈，而是政府先把权力边界划好，把办学的空间留给大学。2013 年，广东省出台了《关于进一步扩大和落实高校办学自主权 促进高校加快发展若干意见》，推进落实和扩大办学自主权，建设依法办学、自主管理、民主监督、社会参与的现代大学制度，更加积极主动地系统梳理职责权限，并尝试列出“权力清单”和“责任清单”，深入推进“管办评”分离，提高行政效能。

三、粤港澳大湾区发展政策演变与高等教育“组团”竞争发展态势

（一）粤港澳大湾区发展政策演变与重点

广东高等教育发力追赶先进省市很快迎来了新的契机，2019 年 2 月中共中央、国务院印发的《粤港澳大湾区发展规划纲要》是粤港澳大湾区发展政策的关键节点，其后在中央和地方层面都比较密集地出台了一系列政策和方案，大力支持粤港澳大湾区建设世界级城市群和全球科技创新中心。广东以一省之力追赶的局面逐渐被打破，和港澳“组团”推动高等教育竞争也因国家区域协调发展战略的大力推进成为可能。

在区域发展和创新驱动战略方面，《规划纲要》提出科技创新促进区域合作与发展。如重点推进“广州—深圳—香港—澳门”科技创新走廊建设，加强创新基础能力建设和高水平创新载体与平台的建设，推动区域创新环境的优化升级，鼓励粤港澳大湾区间成果转化、科技服务业等领域开展深度合作，等等。[②] 这些关于科技创新层面的发展规划，促进了

---

① 黄达人. 与其给予，不如放权［N］. 中国教育报，2014－04－21（9）.
② 粤港澳大湾区发展规划纲要［M］. 北京：人民出版社，2019.

粤港澳大湾区产学研互动融合的加深，提升了区域合作发展动力，也有助于推进粤港澳大湾区高等教育集群发展。

在高等教育发展与支撑创新驱动战略方面，《规划纲要》尤为强调产学研深度融合促进，打造教育和人才高地。提出产学研要深入合作，建立区域间企业、高校和科研院间的协同创新平台，设立粤港澳产学研创新联盟；同时，推进教育的合作与发展，粤港澳高校间进行合作办学，联合共建优势学科、实验室和研究中心，打造教育和人才高地。这些关于产学研三位一体的相关规划有利推进教育领域、研究领域和产业领域的合作发展，密切大湾区高等教育集群间的联系程度，进一步通过校企合作、产教融合推进区域经济、科技创新等方面的发展。

其后，在 2019 年 7 月，广东省推进粤港澳大湾区建设领导小组印发《广东省推进粤港澳大湾区建设三年行动计划（2018—2020 年）》。这是在《规划纲要》基础之上的进一步行动方案，在科技创新和高等教育发展两方面都更有针对性，如强调加快创新平台建设，打造科研成果转化平台，推进成立名校—名企联合实验室，设立粤港澳产学研界创新联盟等都有利于推动今后粤港澳大湾区高等教育集群的深入发展。

2019 年 8 月，中共中央、国务院颁布了《关于支持深圳建设中国特色社会主义先行示范区的意见》（以下简称《意见》）。深圳是粤港澳大湾区四大中心城市之一，更是中国改革开放的前沿地，因此《意见》也在粤港澳大湾区发展系列政策中扮演着极其重要的作用，并与《规划纲要》有着高度的关联性和延续性。《意见》中提出为建设高质量发展要求的现代化经济体系，需要加快实施创新驱动发展战略，强化产学研深度融合的创新优势①，以深圳为主阵地建设综合性国家科学中心，推进创新平台建设，充分落实高等教育办学自主权，加快创建一流大学和一流学科，等等，都有力助推了粤港澳大湾区高等教育集群的建设发展。

2020 年 10 月，中共中央办公厅、国务院办公厅印发了《深圳建设中

---

① 中共中央国务院关于支持深圳建设中国特色社会主义先行示范区的意见［M］. 北京：人民出版社，2019.

国特色社会主义先行示范区综合改革试点实施方案（2020—2025年）》，方案中扩充了《意见》内容，提出完善科技创新环境制度，包括深化科技成果转化，推动知识产权保护，等等[①]；以及提出要探索扩大在深圳高等学校办学自主权，进一步扩展高校的发挥空间，推动高等教育在深圳的发展。

（二）粤港澳大湾区高等教育"组团"竞争发展态势

在以上系列政策大力支撑下，使得粤港澳大湾区高等教育"组团"竞争的动力更足。粤港澳三地拥有众多高水平大学，主要聚集在广州、深圳、香港、澳门四地。众多不同层次、水平和类型的高校不仅在地区空间上形成聚集区，而且高校之间、高校与政府、高校与企业之间的良好互动逐渐增强，产学研三者合作程度不断加深。[②] 作为人才培养的主力军和主阵地，大湾区各高校围绕新时期下人才培养的要求，积极开展教育教学的创新试验，大胆探索实践不同类型高校的不同人才培养模式，基本满足了湾区内产业结构需求。广东高等教育正在探索和形成贴近区域发展和产业优势的"科—产—教"融合育人模式，并逐渐在全国产生更大影响。[③] 主要呈现出以下几方面的发展趋势。

1. 以四大城市为中心的团块状发展

从2021年的数据来看：在粤港澳大湾区四大中心城市中，广州是拥有高等学校数量最多的城市，共有高校91所，内有广州大学城、钟落潭高校园区等2个大学城，中山大学、华南理工大学等高校具备了很强的综合实力。深圳共有高校16所，除了近年来崛起迅速的南方科技大学和深圳大学，中山大学、暨南大学、哈尔滨工业大学在此设有分校，及在国内具有一定影响力的深圳大学城和虚拟大学园。香港拥有香港大学、

---

① 深圳建设中国特色社会主义先行示范区综合改革试点实施方案（2020—2025年）［M］. 北京：人民出版社，2020.

② 许长青，郭孔生. 粤港澳大湾区高等教育集群发展［J］. 高教探索，2019（9）：5-13.

③ 陈先哲. 粤港澳大湾区高等教育集群：走出一条超越现状的路［N］. 光明日报，2018-8-7（13）.

香港科技大学、香港中文大学等5所高校位列世界大学排名前100强。澳门高校近年来发展迅速，尤其是澳门大学横琴校区的建立为其发展提供了新契机[①]；高校旅游服务等领域特色鲜明，是“中国与葡语国家交流的平台”。可见，大湾区高等教育“组团”是以广州、深圳、香港、澳门四大城市为中心向周边辐射，形成团块状发展的局面。

2. 人才培养基本满足区域产业结构需要

粤港澳大湾区高校每年培养近50万毕业生，大多数在粤港澳大湾区就业。据广东省教育厅数据，2018年珠三角地区共计128所高校输送了445 210位毕业生，分别占全省高校数量和毕业生人数的89.5%和82.0%。按学科门类分，珠三角地区理工农医类的本科毕业生数量分别为17 485位、66 313位、3 634位和14 033位，合计101 465位，占本科生数量的40.7%；理学类、工程类、农学类和药学类的研究生分别为2 550位、6 611位、1 023位和5 892位，占研究生数量的61.55%。广东高校毕业生中超过八成选择在珠三角地区就业，一半以上外省生源毕业生选择在广东就业；按就业职业类型大类分，专业技术人员占已就业毕业生数的52.61%。广东共有2 000余名毕业生选择创业，占全省毕业生人数的4‰，在珠三角地区创业占全省创业人数的七成以上。[②]

围绕培养高素质创新型、高水平应用型和高技能型人才的目标，大湾区各高校加大力度调整和优化专业学科结构，探索教学内容与课程体系新模式，努力为学生建立合理的知识、能力和素质结构。粤港澳大湾区高等教育已经初步形成了“研究型大学—应用型大学—高职院校”的架构。研究型大学的阵营主要包括位列世界大学排名前100强的几所香港高校，澳门的澳门大学，广州的中山大学、华南理工大学，以及深圳的南方科技大学，等等，这些大学在服务国家区域发展战略中起主要支柱作用。应用型大学则主要为大湾区的制造业和服务业提供人才和技术

① 郭芳燕．粤港澳大湾区高教协同发展的问题与出路［J］．东莞理工学院学报，2020（4）：119－124.

② 周振江，刘毅，苏瑞波，等．粤港澳大湾区高校科技创新人才培养探究［J］．科技创业月刊，2020（6）：18－22.

支持，近年来尤其在佛山、东莞、珠海等地市发展迅猛。高职院校则事实上早已形成各有特色的产学研合作模式，为社会提供了大量技能型人才。比如深圳职业技术学院早已起到先行示范作用，顺德职业技术学院、番禺职业技术学院等也因与当地产业有很好的人才培养对接而闻名全国。①

3. 以融合创新为主导的紧密产学关系发展

大湾区内地9市的产业体系比较完备，有着雄厚的制造业基础，被誉为世界工厂。香港是世界第三大金融中心和全球物流中心，并有着较强的金融服务、专业服务和人文交流优势，更是被视为中国连通世界的“超级联系人”。深圳市则在金融、科技创新、新兴产业、生态环境等领域具备超强的竞争力。广州市是著名的国际产业服务中心和全球性的物流枢纽，高校众多、科研资源丰富，交通便利，更具备完整的产业链。近年来，粤港澳高校和科研院所之间已有许多交流与合作，为高校集群的产学关系建设打下了很好的基础。深圳市积极引入哈尔滨工业大学、中国人民大学、清华大学、北京大学、中国科学院大学等中国一流大学在深圳设立校区或研究院。港澳高校强强联手，致力于构建粤港澳高校联盟，打造粤港澳大湾区高等教育共同体。各高校通过与腾讯、华为等科技企业共建实验室或科技人才交流项目，共同促进高校人才培养和粤港澳大湾区高新科技产业的发展需求动态对接。目前已有包括香港9所大学、澳门7所大学在内的26所粤港澳三地高校入盟，通过积极寻求教学与科研合作的突破，实现粤港澳大湾区高校重大创新平台和创新资源的开放共享。

另外，为了更好地响应和落实国家“大众创业、万众创新”的发展战略，大湾区高校在大学生创新创业能力培养教育模式变革体系构建、湾区高校的合作交流等方面进行了大胆的尝试，并且取得了很多新的进展。如深入推进高等教育创新强校工程、制定公布创新创业教育改革实施方案，

---

① 陈先哲. 广东高等教育的几次“先行一步”［N］. 光明日报，2020－11－3（13）.

其中华南理工大学等5所高校入选了全国首批深化创新创业教育改革示范高校名单，成为推进创新创业教育改革排头兵；此外粤港澳高校联合发起成立了“粤港澳高校创新创业联盟”，着力打造粤港澳大湾区创新创业共同体，为开展跨区域的校际间的创新创业教育合作提供了平台。

四、粤港澳大湾区各相关政府参与区域高等教育“组团”竞争的动力分析

当广东启动“双高”建设并通过推进以上一系列高等教育发展战略取得不错进展后，广东的主要发达区域又被纳入作为国家战略的粤港澳大湾区建设之中，通过高等教育“组团”并与更强对手竞争的情结会更浓。尤其是粤港澳大湾区高等教育“组团”中包括香港的几所顶尖大学，使得其与以北京为中心的京津冀以及以上海为中心的长三角高等教育进行比较成为可能。因此，当粤港澳大湾区的政策规划落地后，对于作为省级政府的广东而言，其高等教育“组团”参与对外竞争的动力更强。而这种竞争动力也对其内部高等教育发展战略产生重要影响：如在广东启动的“双高”建设和省市共建高校的核心文件中，明确要求地市政府配套同等甚至更高的经费，旨在通过经费投入竞争激发各城市发展高等教育的动力。当然，对内亦有合作的需求，但合作也是为了更好地竞争——通过集群内部的合作扩容区域优质高等教育资源，以便在区域外部的竞争中占据有利地位。

对作为省级政府的广东而言，其动力需求和行动战略前文已经做了较为详尽的分析，当区域“组团”的战略机遇来临后显然会进一步加大对此重点区域的政策支持与资金投入。因此，本节的重心将放在其辖区内的珠三角九市以及作为特区政府的香港和澳门。对于珠三角九市而言，在《规划纲要》中被定义为中心城市的深圳和广州因其特殊的地位应当予以单独分析。而其他七市——佛山、东莞、中山、珠海、惠州、江门和肇庆则被定义为重要节点城市，这七市的城市定位及其高等教育皆有颇多相似之处，可以放在一起分析。

（一）深圳与广州

尽管深圳高等教育近年来发展迅速，但目前在北上广深四个一线城市的高等教育规模比较来看，深圳还是具有明显的差距。2018 年，深圳在校大学生 10.38 万人，但相比之下，北京、上海、广州同期拥有的在校大学生数量分别为 58.1 万、51.8 万和 108.6 万。即便是与一些二线城市相比，深圳高等教育规模也处于劣势。另外，从高等教育质量要求来看，深圳建设先行示范区意味着需要自身高校培养出更多卓越人才，既包括大量的学术型人才，也包括大量的应用型人才。所以，提高深圳高等教育的规模和质量，比以往任何时候都显得更加迫切。另外，深圳高等教育对创新驱动的贡献度不足。城市的科技创新有两大重要来源，一为企业，二为大学。深圳近年来依托科技创新在互联网金融、电子商务等领域走在世界前列，但 90% 以上的科研人员、项目、成果都来自于企业，高等教育的直接贡献度非常低。如果要推进创新型产业集群向更纵深发展，高等教育的支撑力量至关重要。而且，在新的竞争阶段，深圳更加现代化、国际化，创新型城市发展道路再也不能主要依靠“外力”或“外脑”，而更加迫切需要充分发挥本地高等教育支撑作用。深圳高等教育也将更加迫切地面临着产学研合作需加强、高校科研成果转化率需提高、创新性颠覆性科技成果需不断涌现等诸多挑战。

因此，深圳高等教育的主要问题是规模不足，水平偏低，科学研究能力不足，与创新之城定位不够相称。近年来通过大力度的投入和创新机制建设，这些短板已经在很大程度上得到补强。但因为较早设立的清华、北大研究院等规模太小，其后重点支持的南方科技大学也是主打精尖路线，尤其是高科技人才培养的规模还是远远难以满足深圳作为一线城市的需求。所以深圳在这个时期产生了大量借助外力合作发展的需求，包括香港中文大学的深圳校区，深圳北理莫斯科大学，以及中山大学的深圳校区，都是深圳对于人才集聚的强烈需求并倾力投入支持的体现。因此，深圳高等教育“组团”竞争的动力是非常强的——出于自身的竞争需求而寻求外力合作，尤其是中共中央、国务院先后印发《粤港澳大湾区发展规划纲要》和《关于支持深圳建设中国特色社会主义先行示范区的意见》两个重要文件后，深圳也因此迎来了“双区驱动”的新历史机遇。这意味着要站在一个新的高度来要求深圳高等教育，也必将给其带来更大更多的新挑战。

相比深圳，广州的情况则几乎相反。《规划纲要》对广州的定位是“国家中心城市和综合性门户城市”，以及“培育提升科技教育文化中心功能”。尽管其高等教育水平难以和香港相比，但相比珠三角其他城市，广州高等教育资源集中，各种类型的高校众多，高等教育基础和底蕴明显更强。当然，事实上从地市的角度来看广州市属的高校实力整体并不强，只是因为长期作为省会的原因，众多部属和省属高校集中于此并成为城市优质高等教育资源的主要提供者。而且，也因为这些历史优势，广州高等教育“组团”竞争欲望显得并不太强烈。但也因其资源丰富和省会地位，会更加愿意扮演提供资源和支持的输出者角色，加上珠三角其他城市基本和广州实现了便捷的互联互通，其输出合作的需求也更容易实现。

（二）珠三角其他七市

珠三角其他七市的高等教育有颇多相似之处：基本都得益于20世纪80年代的中心城市办大学时期，佛山科学技术学院、肇庆学院、惠州学院和东莞理工学院以及江门的五邑大学等陆续建立，成为地方大学的重要力量；而珠海其后也通过吸纳外力，以大学园区的方式吸纳了北京师范大学、北京理工大学和吉林大学等校在珠海办分校。另外，这些地市也各有几所公办和民办高职院校，一并构成了当地的高等教育版图。广东在“双高”建设中，也充分考虑到充分调动地方政府的办学积极性和能动性，并加大地方财力对高等教育的投入力度和省级财政的配套力度。在高水平理工科大学建设的思路上，便是采取“省市共建”模式，充分调动各市进行资金配套投入。比如首批进入高水平理工科大学行列的有佛山科学技术学院和东莞理工学院，既和这两所学校的理工科特色有关，也与当地政府的积极投入有关。在入选“高水平理工科大学建设”之后，佛山市政府计划在2015—2020年投入佛山科学技术学院建设资金30亿元，主要用于学院领军人才引进、高层次教学科研平台建设、学科专业建设、国际合作办学、校内体制机制改革等工作；佛山市政府还将投入25亿元，用来支持学院建设新校区，以融资代建方式加快推进建设进度，强化建筑质量监控。东莞市政府则明确，在保持学院现有拨款方式和标准基础上，2015—2020年东莞市财政投入“高水平理工科大学建设”专项资金15亿元；与省教育厅共同申请用地指标，安排360亩土地用于学院“高水平理工科大学建设”。在“十三五”期间，广东一直力推这种“省市共建”的模式，通过两级政府财政大大加大了高等教育投入力度。

但从高水平大学建设的角度来看，这七市还是明显不足。尽管东莞理工学院和佛山科学技术学院因为广东启动“高水平理工科大学建设”之故并入选其中，但与国内真正高水平大学阵营还差距颇大。比如佛山科学技术学院本身工科基础还相对比较薄弱，在入选“高水平理工科大学建设”前，学校工科专业占比不到30%。因此，学校对那些与地方产业需求联系不大的非工科专业，采取“停招、合并、撤销”等方法，砍掉（或停招）了十几个专业，减少分母，提高工科比例。同时，依据地方产业发展需要，新增地方产业急需的理工类专业。但是，因为专业调整幅度很大，又带来一系列的矛盾和问题。其他地市的主要大学也都有类似的情况，既在“组团”竞争中看到机遇和获得利益，但也带来新的冲突。因此，从这七市的现实情况来看，既缺乏广州这样的高等教育基础和底蕴，又缺乏深圳这样发展高等教育的充足动力和财政力度。但是，这些城市也有强烈的竞争需求：尤其是很看重其内部竞争，都强调自己在广深之后的排位。同时，也很渴求借助参与“组团”竞争以增加省市两级的财政投入，比如不少地市都希望引入世界一流大学和特色学院在本地办学，迅速提升当地大学水平并打造新的城市“地标”[①]。

（三）香港与澳门

对于香港和澳门而言，必须了解两地在国家战略中的真实诉求和兴

① 谢维和. 高等教育：区域发展的新地标［J］. 中国高教研究，2018（4）：12－15.

奋点，很多政策和举措才能落到实处。香港和澳门的高等教育国际化程度都很高，尤其是香港，多所大学已经进入世界大学100强行列。这两地高等教育发展既有合作需求，也有竞争需求，但是和珠三角九市的情况又有较大差异。首先，从合作需求层面来分析：一方面，两地更加希望从内地尤其是珠三角九市中获得更好的生源，以满足本土人口基数太小而高等教育发展受到局限的需求；另一方面，就是通过便捷的合作进一步提高科研成果产出水平以提升其大学排名。目前大湾区背景下交通互联互通确实为此带来更大的便利，加上粤语文化区的同根同源，更加增加了两地与珠三角城市合作的行动积极性。其次，从竞争需求层面来分析：两地对于合作“组团”竞争的需求并不强烈，但并不意味着两地高等教育缺乏竞争需求，只是其兴奋点和广东不一致而已。尤其是香港，随着内地经济科技水平的持续快速发展，曾经与之差距甚远的上海和深圳等城市不断在追赶甚至反超，已经成为香港在各个领域都暗中较劲的竞争对手。加上内地高等教育国际化程度不断提高，香港曾经作为“亚洲教育枢纽”[①] 的优势和功能正慢慢消退。香港几所高水平大学尽管进入世界百强之列，但因为受困于规模扩张的局限，已经产生了“天花板效应”。

因此，对于香港而言，在大湾区背景下进一步提升整体大学排名并向世界性区域高等教育中心进发才是其兴奋点。而如今，大湾区建设也正契合了这种现实需求，尤其是《规划纲要》提出建设“国际教育示范区”的目标，和港校建设成为世界性区域高等教育中心的心理期待是一致的。当前港校纷纷与珠三角城市合作办学，正是基于“组团”竞争发展需求之下的行动战略选择。

---

① 莫家豪．打造亚洲教育枢纽：香港的经验［J］．北京大学教育评论，2016，14（4）：89－104，187．

第三章

城市竞争：城市竞争迭代与深圳高等教育发展战略转型

支撑区域高等教育“组团”竞争发展的核心力量是城市，城市层面的高等教育竞争将是本章重点论述的内容。本章选取了粤港澳大湾区的四大中心城市之一深圳作为典型，分析城市竞争阶段的升级如何决定高等教育与城市发展的关系产生变化，并导致城市高等教育发展战略随之发生转型。从中国改革开放以来，高等教育发展可谓波澜壮阔，尤其是呈现出国际化与地方化并举的趋势。一方面，不断从西方发达国家中借鉴经验，发展越来越与国际接轨，并且近年来开始注重高等教育中国模式的提炼和输出；另一方面，“省域高等教育系统崛起”[①]，“地级城市发展高等教育”[②]，中国高等教育地方化的趋势也不断增强。尤其是发达地区的城市，越来越将高等教育发展和办高水平大学作为城市发展的“地标”[③]。高等教育与城市发展之间呈现出越来越强的互动关联，很多城市都根据不同阶段的目标和定位调整其高等教育发展战略，这也吸引了研究界对此问题投入更多的关注。

① 陈伟. 省域高等教育系统的崛起：动力分析和路径选择［J］. 高等教育研究，2017，38（11）：39－45.

② 王保华，张婕. 高等教育地方化：地级城市发展高等教育研究［M］. 北京：人民教育出版社，2005.

③ 谢维和. 高等教育：区域发展的新地标［J］. 中国高教研究，2018（4）：12－15.

美国哈佛大学的迈克尔·波特（Michael E. Porter）是著名的战略研究专家，他的竞争研究三部曲——《竞争战略》《竞争优势》《国家竞争优势》长期占据战略研究的高地。尤其是在20世纪90年代出版的《国家竞争优势》一书，主要探讨了以国家、州（省）等地域为对象的“产业集群”与整体竞争力构建问题。无论是国家还是城市的竞争，波特都尤为强调微观的经济基础和企业的作用，认为最为重要是建构有利于竞争的环境，这一环境可以用类似钻石四面体的四个因素有机组成——生产要素、需求条件、相关产业以及公司战略、结构和竞争对手。① 在不同的竞争阶段，这四个因素的构成和侧重并不相同。根据城市竞争的动态演进特征、竞争力影响因素组合演替规律特征等，将城市竞争阶段依次归纳为三个阶段：初级要素驱动主导型、投资驱动主导型和创新驱动主导型阶段。② 后来的研究者根据波特的竞争力理论，以区域经济为研究对象，继续深化对城市竞争力问题的探讨。③ 也有研究者在总结其理论的基础上，对这三个阶段进行了高度的概括。④ 具体如表3－1所示。

表3－1　城市竞争不同阶段的主要特征、主导模式与关键要素

序号	城市竞争阶段	竞争阶段主要特征	城市竞争主导模式	城市竞争关键要素	典型城市
1	初级要素驱动主导型阶段（Factor-driven）	原材料密集型、劳动力密集型生产要素驱动阶段	商品经济发展阶段，物资流竞争为主导	低成本的初级要素的比较优势为主	如资源型城市

① 沈建法. 全球化世界中的城市竞争与城市管治［J］. 城市规划，2001（9）：34－37.

② 波特. 国家竞争优势［M］. 邱如美，李明轩，译. 北京：华夏出版社，2002：533－544.

③ SIMMIE J. Innovative cities［M］. London：Routledge，2001.

④ 于涛方，顾朝林. 论城市竞争与竞争力的基本理论［J］. 城市规划汇刊，2004（6）：16－21，95.

续上表

序号	城市竞争阶段	竞争阶段主要特征	城市竞争主导模式	城市竞争关键要素	典型城市
2	投资驱动主导型阶段（Investment-driven）	资本密集型和部分技术密集型生产要素驱动阶段	货币经济阶段，资金流竞争为主导	主要源于资本要素，以“资本积累”为核心的竞争	如东部沿海、经济发达的地区的中心城市
3	创新驱动主导型阶段（Innovation-driven）	包括技术密集型和知识、人才密集型生产要素阶段	知识经济阶段，人才流竞争为主导	主要取决于技术、知识、人才等关键资源	包括“创新城市”“基于知识的城市”“学习型城市”“柔性城市”等

深圳是观察中国改革开放以来城市竞争阶段变化的一个典型，建市40余年基本完整地经历了波特所归纳的三个城市竞争力阶段——初级要素驱动主导型、投资驱动主导型和创新驱动主导型阶段。曾任深圳市副市长的经济学者唐杰曾将改革开放以来深圳的发展分为三个阶段：20世纪80年代至90年代初的“深圳加工”阶段，20世纪90年代中期到2004年的“深圳制造”阶段，2005年至今的“深圳创造”阶段①。这三个阶段的划分依据主要从深圳产业转型升级的发展历程来划分，较好地概括了深圳从模仿式、跟随式创新向竞争性创新、自主创新的转变历程，其实践逻辑与波特的城市竞争力三阶段理论逻辑非常契合。另外，在此期间深圳的高等教育发展战略调整是与城市竞争发展转向相适应的。作为新兴城市，深圳并无北京、上海、广州、南京、武汉等传统高等教育资源丰富的优势，因此走的是另外一条道路。也即高等教育发展战略更体现出城市“主动作为”的特征，而非仅仅依赖在计划经济体制所划定的格局中发展惯性即可。其采取战略的依据高度取决于所处的城市竞争阶

① 唐杰．“新常态”增长的路径和支撑：深圳转型升级的经验［J］．开放导报，2014（6）：11－18．

段。并因城市竞争阶段的不同，高等教育在城市发展中所扮演的角色也不同，与城市发展的互动关系也明显不同。因此，本研究在立足波特的理论框架的基础上，借鉴唐杰对深圳发展阶段的划分，并结合这三个阶段的高等教育战略变化，建立起一个分析框架（如图 3－1）。在下文中将使用此框架，对深圳在不同的城市竞争阶段为何采取不同的高等教育发展战略进行理论解释，以及对其所取得的成效进行分析。

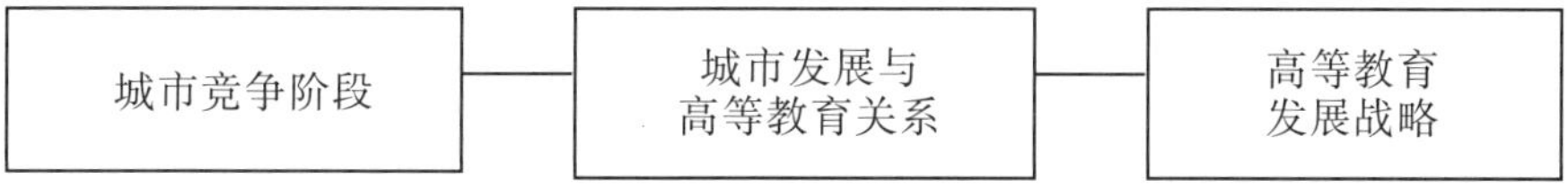

图 3－1　城市竞争阶段与高等教育发展战略的分析框架

一、初级要素驱动主导型城市竞争时代："深圳加工"与自办少量高校发展战略

20 世纪 80 年代至 90 年代初，这个时期无论是全国范围还是作为单个城市的深圳，基本都属于初级要素驱动主导型城市竞争时代。1979 年 3 月，国务院正式批复：同意将宝安县改设为深圳市；随后不久的 1980 年 8 月，深圳市被正式确立为经济特区，深圳作为一座城市开启了"深圳加工"阶段。波特认为："在经济发展的最初阶段，几乎所有的成功产业都是依赖基本生产要素。这些基本生产要素可能是天然资源，或是适合农作物生长的自然环境，或是不匮乏且又廉价的劳动力。"① 深圳在一个小渔村的基础上建立城市，从一开始就不具有资源型城市的特征。因此其生产要素的最大优势在于充分利用"特区"的优势吸引了大量廉价的劳动力。深圳建市后尤其是 1985 年之后，基本确定了"以外商投资为主、生产以加工装配为主、产品以出口为主"发展工业的方针，凭借廉价的土地和劳动力，深圳与香港形成了"前店后厂"的关系，吸引了大

① 波特. 国家竞争优势［M］. 邱如美，李明轩，译. 北京：华夏出版社，2002：535.

量劳动密集型产业进驻，主要发展“三来一补”（来料加工、来料装配、来样加工和补偿贸易）加工业和转口贸易。改革开放之初的这种发展模式有其自洽性逻辑，即在开放经济条件下，深圳通过集中生产更具效率或资源优势的劳动密集型产品并进行交换，并积极承接来自发达地区和国家的产业转移，尽快实现经济起飞。[①]

在当时的背景下，作为一个刚建立不久的并有着鲜明“经济特区”标签的城市，迅速实现经济发展并在全国站稳脚跟是其第一要务。对于高等教育而言，这个阶段的深圳面临着两方面的冲突性需求：一方面，既面临着建市之初经济社会发展对高级人才的迫切需求；另一方面，走上以“三来一补”加工业为主的初级要素驱动主导型发展之路后，城市发展对受过高等教育的人才需求并不大。因此，这时深圳采取的高等教育战略主要体现出两个特征：一是在建市之初创办了城市的第一所大学——深圳大学；二是城市发展在全国取得优势之后主要利用经济优势吸引外地高校培养的人才。

1983 年，深圳市委、市政府向上级部门明确提出要创办一所本地高等学府的构想，并获得了教育部和广东省委、省政府高度重视和大力支持。1983 年 5 月 10 日，教育部发文，正式传达国务院批准成立深圳大学。在深圳大学创办过程中，深圳市委、市政府秉承“破釜沉舟，背水一战，下定决心把深圳大学建起来”的口号，积极动员各方力量，全力支援深圳大学的建设。[②] 从 1983 年 1 月提出申请到当年 9 月招收第一批学生开学，仅用了 8 个月的时间，体现出邓小平同志所说的“深圳速度”。加上这个时期，国家层面开始酝酿推行中心城市办大学战略，可以说深圳当时的高等教育发展战略和国家意图也不谋而合。1985 年 5 月 27 日，《中共中央关于教育体制改革的决定》提出：“为了调动各级政府办学的积极性，实行中央、省（自治区、直辖市）、中心城市三级办学的体制。”全国开始兴起中心城市办大学的热潮。深圳大学的创办，一定程度

---

① 唐杰．“新常态”增长的路径和支撑：深圳转型升级的经验［J］．开放导报，2014（6）：11－18.

② 张耀荣．广东高等教育发展史［M］．广州：广东高等教育出版社，2002.

上可以说是拉开了中心城市办大学的序幕。但是，建立深圳大学之后，深圳并无再大刀阔斧地投入新办高校。直到 1993 年才创建了另一所高校——深圳职业技术学院，主要是出于制造业的发展需要大量的经过专业训练的职业教育人才。这和当时深圳刚刚建市把发展经济作为第一要务，还并未能腾出更多的精力和经费对科教文卫领域进行重点建设有关。还有一个重要原因，是和深圳经济特区建立后迅速发展并开始对全国人才产生虹吸效应有关。当时国家和广东省对特区工资水平的主要原则是“高于内地，低于港澳”①，因为港澳的工资水平远高于内地，因此特区的工资标准相对处于较高水平。加上这个时期深圳由于加工业的发展，已经进入了高速发展轨道，平均工资收入比全国平均水平要高很多，收入渠道也更多，分配机制也更灵活。因此，作为经济特区的深圳有充足的经济优势吸引全国的精英人才，加上其体制机制更具开放性——“来了就是深圳人”，越来越成为全国大学毕业生的优选地。深圳的城市发展也带动了这个时期人才流动的风潮，出现了全国人才从内陆地区向沿海地区大范围流动的“孔雀东南飞”现象。

审视这个阶段深圳城市发展与高等教育战略选择之间的关联，两者之间实质上处于一种“弱互动”状态。一方面，从城市竞争力发展阶段看，刚刚建市和成为经济特区的深圳处于典型的初级要素驱动主导型城市竞争力阶段，大量从事“三来一补”的廉价劳动力是其生产要素的最大优势，产业发展和劳动力补充对高等教育依赖性很低。另一方面，从高等教育发展阶段看，当时在全国范围都处于精英高等教育阶段，高等教育和区域经济发展的关系并不密切。城市高等教育格局更多是延续了计划经济时代形成的格局，也即东西南北中五大区的中心城市获得了先天的优势，比如北京、上海、广州、武汉、西安这些城市。高等教育培养的毕业生更多接受国家分配，高校科研无论是成果转换意识还是转换率都很低。这两大因素决定了此阶段深圳所采取的高等教育发展战略：

---

① 高程德. 深圳经济特区劳动工资管理的初步调查［J］. 经济科学，1983（4）：76－80.

一方面，自办少量高校以支撑城市发展对高级人才的急需，也为其后高等教育发展建立了一定基础；另一方面，依靠经济发展速度和收入优势从全国范围大量吸引毕业生。深圳经济高速发展后自然形成了收入高地，加上20世纪80至90年代人员流动性比较强，全国范围内都出现了“孔雀东南飞”的现象，深圳形成了一种依靠外力培养即可满足人才需求的观念。

二、投资驱动主导型城市竞争时代：“深圳制造”与大学城发展战略

波特认为，进入投资导向阶段后，企业投资行动频繁，它们会大量投资兴建现代化、高效率与大量生产的机器设备厂房，并努力在全球市场上取得最佳的技术，也常以付专利费、合资或其他途径找寻更精密的外国产品和工程技术。这个阶段的企业不单单应用外国的技术和方法而已，同时也致力改善外来的技术。[①] 唐杰认为深圳在20世纪90年代中期到2004年进入这个阶段——“随着低附加值的加工贸易项目更多投向特区外或深圳周边地区，特区内的企业则逐渐向资本和技术密集的方向发展，深圳经济逐渐进入第二阶段的转型发展。”[②] 当“处于投资导向阶段时，竞争优势主要来自基本的生产要素和投资意愿。政府在此一时刻的角色也很重要。政府可以引导有限的资本流入正确产业、鼓吹冒险精神、提供暂时的保护措施以鼓励新企业加入国内市场。”[③] 而深圳在20世纪90年代中期出现了经济发展和政府决策的重要节点，尤其是1995年上半年深圳经济增长速度出现了大滑坡，学界和民间产生了“特区不特”的大量争论，迫使深圳急切反思过往以初级要素驱动为主导型的路径依赖。

---

① 波特. 国家竞争优势［M］. 邱如美，李明轩，译. 北京：华夏出版社，2002：536.

② 唐杰. “新常态”增长的路径和支撑：深圳转型升级的经验［J］. 开放导报，2014（6）：11－18.

③ 波特. 国家竞争优势［M］. 邱如美，李明轩，译. 北京：华夏出版社，2002：539.

"这个重大节点主要是城市发展目标发生了重大变化，即深圳经过几年探索，在经济结构调整的艰难时刻开始全面转向发展高新技术产业……这一时期，以电子信息产业为主的高新技术产业和优势传统产业实现了快速发展，使深圳经济总量保依然保持了平稳的增长态势，'九五'和'十五'时期，GDP平均增速仍达到16%，深圳市高新技术产品产值从1995年的225.8亿元增加到2003年的2 480.6亿元，年均增长34.9%。"①

"当企业进入投资导向阶段时，外国技术和方法大多仅供内部参考，主要依靠的是自行改良行动。由外国协助兴建的一体化作业工厂，此时已不能满足企业的需要。"② 深圳进入投资导向阶段后，主要产业从加工贸易转向资本密集型和部分技术密集型产业并重的阶段。尽管这个阶段，很多产业和企业还缺乏真正的核心研发竞争力，主要是凭借模仿形成大规模生产能力的初级工业化过程，这个阶段深圳尤其是华强北的电子信息产业"山寨产品"曾经闻名一时。但这也是城市进入这个阶段的典型特征——"这个阶段的企业努力争取到的技术仍滞后国际领先厂商一代左右（原因是各厂商保留了最先进技术），但至少是公开渠道中的最进步技术"③。在全球化竞争的发展链条中，这样的"山寨"阶段很难避免。而且，这个阶段也对深圳后来的自主创新发展起到了重要的基础作用——"包括华为、中兴、招商和平安等很多深圳企业的著名品牌都崛起于那次大转型"④，因此这个阶段也可称为"模仿性创新时代"⑤。

波特认为，无论是国家还是城市，进入这个阶段后竞争优势需要延伸到花费不高但更高阶段的创造型生产要素上面，对更专业和具有技术含量的人力资本的需求大大增加（如大学程度的工程师），也要求教育、研究机构与产业之间的连接机制运作得更顺畅。⑥因此，高等教育与城市发展之间的关系也从上一阶段的"弱互动"向"强互动"开始转轨，这

①⑤ 唐杰．"新常态"增长的路径和支撑：深圳转型升级的经验［J］．开放导报，2014（6）：11－18.

②③⑥ 波特．国家竞争优势［M］．邱如美，李明轩，译．北京：华夏出版社，2002：537.

④ 唐杰，戴群，李战杰，等．深圳经济增长的理论研究［J］．中国经济特区研究，2010（1）：13－43.

也明显影响到深圳这个时期的高等教育发展战略的选择。一方面，新的发展阶段的到来对高技术人才的需求显著增加，但上一阶段深圳高等教育的基础不足以支撑这种迅速发展的需求——“深圳速度”无法等待新建地方高校经过几十年甚至上百年的建设发展，来满足特区经济对于一流大学培养拔尖人才、推动科技创新、开展产学研合作的全面要求。[①] 另一个方面，随着20世纪90年代中期全国其他区域和城市的发展，深圳对外来高级人才的吸引力开始趋于减弱，主要依靠外地引进人才显然难以长期保持领先优势。两相作用之下，深圳采取借助高水平的高等教育外来资源建设大学城的战略。1999年9月，深圳市委、市政府创办了“深圳虚拟大学园”，作为当时深圳科教兴市战略的重要“创举”。[②] 其后更加明确了通过与名校合作建设研究生教育层次大学城的思路：2001年创立了清华大学深圳研究生院和北京大学深圳研究生院，2002年创立了哈尔滨工业大学深圳研究生院。深圳大学城在较短的时间里，在高层次人才培养方面取得超常规的进步，形成了“高等教育特区”。[③] 深圳市政府充当了总体规划和主要投资方的角色，负担大学城的主要建设资金的筹措与分配，从一开始就明确要将其建设成为区域产学研合作的重要基地，以符合深圳进入新的城市竞争力阶段的需求。深圳大学城也因此成为“一个有着高起点、高目标定位、寄托着地方政府较高期待的教育实验窗口”[④]，希冀短期内将其建成区域高新科技研究的集聚地和服务区域产业发展的高层次人才培养基地。加上这个时期深圳市政府陆续与华为、中兴、清华同方等几百个企事业单位合建研究机构、研究生实践基地或开展技术研发合作，这个时期高等教育和城市发展的互动得到了明显的升

---

① 马陆亭. 深圳大学城发展模式探讨［J］. 现代教育管理，2012（5）：5－10.

② 张龙. 虚拟大学园：深圳科教兴市的又一创举［J］. 高科技与产业化，2001（5）：24－26.

③ 蔡文慧，陶伟，戴吾三，等. “高等教育特区”：以深圳大学城与苏州高教园区典型异地办学高校为例［J］. 教育教学论坛，2013（20）：4－7.

④ 詹春燕. 案例二：深圳大学城［J］. 教育发展研究，2009，29（9）：49－52.

级——“这些跨越式创举对深圳高等教育和经济社会发展产生了巨大效应”[①]。

因此，从20世纪90年代中期到2004年，深圳开始进入以投资驱动为主导型的城市竞争力阶段。这个阶段出现之初，深圳陷入“特区不特”的强烈城市发展危机感之中。深圳市政府也及时调整战略，开启了城市和产业发展的转型——从依靠外资的“三来一补”向激活本土投资活力的“深圳制造”阶段转型。高新技术产业企业开始得到迅速发展，并具有能吸收和改良外国技术的能力，同时也需要大量的高技术人才的支撑。因此，深圳采取借助外来高水平的高等教育资源合作建设大学城的战略，以快速满足大量人才的迫切需求以及初始阶段的产学研发展需求。深圳大学城的建设和后期的持续发展，成为“深圳高等教育、高科技机构和高新技术产业的重要组成部分，是深圳建设国家创新型城市的战略选择”。[②] 更重要的是从20世纪90年代中期开始，深圳就坚持鼓励和推动企业广泛与大学、研究机构建立长期的研究开发合作关系，这也为深圳步入其后的创新驱动主导型城市竞争力阶段做好了充足的准备：“是2004年以来，深圳国际专利申请爆炸性增长的重要制度性因素。”[③]

三、创新驱动主导型城市竞争时代：“深圳创造”与高等教育跨越式发展战略

在波特的竞争理论体系中，当一个国家或城市进入创新驱动主导型阶段后，其产业集群会进一步升级：一方面向垂直深化发展，上下游产业相互作用的力度更强，更加集中于高新技术的竞争；另一方面由纵向转为横向的水平式发展，形成更新更大的产业集群。[④] 这两者叠加会使得

---

① 贾秀险．中心城市高等教育发展模式研究：以深圳为例［J］．教育评论，2019（5）：14－17.

② 马陆亭．深圳大学城发展模式探讨［J］．现代教育管理，2012（5）：5－10.

③ 唐杰，王东．深圳创新转型的理论意义［J］．深圳社会科学，2018（1）：25－36.

④ 波特．国家竞争优势［M］．邱如美，李明轩，译．北京：华夏出版社，2002：542.

更多企业注重全球竞争战略并进入投资国外阶段，掀起国家或城市的国际化风潮。唐杰认为，深圳从2005年至今进入从“深圳制造”向“深圳创造”的跨越阶段，也即迈入波特所言的创新驱动主导型城市竞争时代。深圳在这个阶段形成了著名的科技创新领域“4个90%”现象——“90%以上的研发机构设立在企业、90%以上的研发人员集中在企业、90%以上的研发资金来源于企业、90%以上的职务发明专利出自于企业”[①]。

尤其是2010年前后，深圳开始了新的创新驱动转型。与日益强大的企业创新能力相结合，深圳开始走向全球创新的前沿，从世界著名的“山寨工厂”成长为著名的“创新温室”。如波特所言，“这个阶段的企业除了有自己的全球化战略、逐步铺设国际货销与服务网络之外，还搭配已有国际知名度的品牌活动，并采取国外设厂制造方式以降低成本，并加强对当地市场的影响”。[②] 这个阶段华为、腾讯这些科技型企业进一步奠定了国内的龙头地位，以云计算、大数据模型等新技术加剧了创新研发和应用，并更加着重全球化市场的布局以及核心技术的竞争。而且带动了更多跨产业的扩散反应，产业集群得到进一步扩大和升级，深圳以市场需求为导向、产学研一体化的自主创新模式已经基本成形，真正进入创新时代。与产业集群升级伴生的是从单个城市竞争升级到城市群竞争——“全球化时代的国际竞争格局中，一个国家的综合竞争力越来越取决于，是否有若干综合经济实力强大的城市群与全球城市区域，它们是一国国民经济的制高点”[③]。而长三角、珠三角和京津冀作为中国成熟度最高的三个城市群，相继被纳入国家战略的规划之中。2019年2月18日，中共中央、国务院印发了《粤港澳大湾区发展规划纲要》，明确深圳的城市发展目标是“努力成为具有世界影响力的创新创意之都”；2019年8月9日，中共中央、国务院印发了《关于支持深圳建设中国特

---

① 唐杰.“新常态”增长的路径和支撑：深圳转型升级的经验［J］.开放导报，2014（6）：11－18.

② 波特.国家竞争优势［M］.邱如美，李明轩，译.北京：华夏出版社，2002：542.

③ 张学良，李培鑫.城市群经济机理与中国城市群竞争格局［J］.探索与争鸣，2014（9）：59－63.

色社会主义先行示范区的意见》，更是以“社会主义先行示范区”的定位进一步突出了深圳特殊的城市地位。两个国家级文件的出台，深圳也因此迎来了“双区驱动”的新历史机遇。

在波特的理论体系中，进入创新驱动主导型城市竞争时代后，需要有更为理想的科技和教育支撑——“大环境中，更高级的基础建设、研究机构与更具水平的大学体系也在形成中。这些新机制不但保持自我强化状态、创造高级而专业化生产要素，同时也与特定产业形成联系，塑造出锐不可当的气势”①。也即进入创新驱动主导型城市竞争阶段后，高等教育与城市发展越来越呈“强互动”状态，比如旧金山湾区的发展与其高等教育集群的关系。审视深圳在此阶段的状况，已经形成产学研紧密结合的科技创新体系，初步形成国际科技、产业创新中心架构。尽管前面两个阶段高等教育的发展战略基本满足了当时的城市竞争发展需要，但进入到此阶段则开始暴露出明显的不足，尤其是缺乏高水平的研究型大学以及世界级的基础性、前沿性研究平台，难以匹配世界级科技、产业创新中心的科技创新和人才培养需求。上一阶段发展起来的深圳大学城主要集中在研究生教育，但体量太小，对整体的城市发展和产业支撑颇为有限。因此，这个阶段深圳高等教育战略进行了大调整，开始进入跨越式发展阶段。

这个时期深圳高等教育跨越式发展战略主要来自两条路径的支撑——自办高校与引进办学并举。一方面是自主办学，2010 年南方科技大学筹建，2017 年深圳技术大学筹建，根据《深圳市建设中国特色社会主义先行示范区的行动方案（2019—2025 年）》，深圳还将计划筹建深圳师范大学、深圳音乐学院、深圳创意设计学院等高校。比起过去 30 年，这个时期的自主办学可谓呈井喷之势。另一方面，引进办学的力度比以往任何时期更大。引进办学是在上一阶段的合作办大学城模式基础上开启的新篇章，不但合作模式多样化，既有中外合作办学，也有国外知名大学的异地合作办学；而且突破了原有的研究生教育的小规模，获设独

① 波特．国家竞争优势［M］．邱如美，李明轩，译．北京：华夏出版社，2002：541.

立招生代码招收本科生。2012 年之后，香港中文大学（深圳）、中山大学（深圳）、哈尔滨工业大学（深圳）、深圳北理莫斯科大学等多所合作办学高校获教育部批准正式设立招生。根据已公布的规划，未来还将加快推进清华—伯克利深圳学院、天津大学—佐治亚理工深圳学院、深圳墨尔本生命健康工程学院等特色学院建设。2016 年深圳出台《关于加快高等教育发展的若干意见》，已经明确了在 2025 年深圳将形成国际化开放式创新型高等教育体系和建设成为南方重要的高等教育中心的目标。2019 年，"社会主义先行示范区"的国家文件和城市定位之后，推进此目标的措施和进度又得到更为强有力的支撑。在引进办学中，中外合作办学成为深圳首选。一方面，近年来教育部对高校异地办学政策开始收紧，2017 年教育部办公厅印发《关于进一步加强高等学校基本建设管理的通知》，明确要求审慎决策建设新校区，原则上不支持、不鼓励跨城市、跨省建设新校区，特别是具有本科教学功能的新校区。而且近年来，地方政府的锦标赛制竞争开始转向，从主要依赖 GDP 增长拓展到科教文卫等非经济领域的竞争中去。① 因此高等教育发展也成为地方政府竞争和博弈的重要版图之一，"地方政府竞争成为高等教育发展的重要驱动力量"②。因此，高校跨省异地办学虽然在部分意图扩张的高校与财力雄厚的地方政府实现了利益"共谋"行为，但也带来高等教育区域发展更加不均衡的问题。③ 因此，深圳试图引进国内名牌大学建设深圳校区的一些项目不得不终止，而将重心更多放在中外合作办学上。另一方面，《粤港澳大湾区发展规划纲要》明确提出在大湾区建设"国际教育示范区"，更有国际化意味的中外合作办学显然更加符合这个区域的教育发展目标和定位。因此，在深圳最新的规划方案中，提出高标准规划、高起点建设西丽湖国际科教城，并作为深圳推动"双区驱动"的重大战略平台之一。

---

① 李振．作为锦标赛动员官员的评比表彰模式：以"创建卫生城市"运动为例［J］．上海交通大学学报（哲学社会科学版），2014，22（5）：54－62.

② 张应强，彭红玉．高等教育大众化时期地方政府竞争与高等教育发展［J］．高等教育研究，2009，30（12）：1－16.

③ 刘晶．高校异地办学的"共谋"行为与跨行政区治理［J］．高等教育研究，2020，41（3）：28－35.

可以预见，未来将有更多的高水平大学尤其是中外合作办学进驻科教城，深圳也有望通过这轮持续发力逐步打造成一个开放性、国际化的高等教育资源集聚高地。

四、结论与讨论

深圳作为一个伴随着中国改革开放的步伐而产生和发展的城市，在改革开放40余年间经历了不断升级的过程：从特区到先行示范区，从国内领先城市到国际性大都市，从单个城市竞争到城市群联动竞争……这种升级既是和深圳作为一座创业型城市所具有的城市精神有关，“深圳之所以一枝独秀是因为它不是追赶思维的产物，而是突围思维的产物”①。更和深圳在每一个城市竞争的时代都能够相当有前瞻性地进行战略布局和转型有关。根据波特的国家和城市竞争力阶段理论划分，可分为初级要素驱动主导型、投资驱动主导型和创新驱动主导型三个阶段，城市竞争力阶段的升级决定了高等教育与城市发展的关系产生变化，并导致城市高等教育发展战略随之发生转型。而深圳作为中国改革开放以来的一个城市典型，其案例较好地解释了两者之间的互动变迁。在初级要素驱动主导型城市竞争力阶段，“深圳加工”占据主导，高等教育与城市发展呈“弱互动”状态，采取自办少量高校的高等教育发展战略；在投资驱动主导型城市竞争力阶段，“深圳制造”占据主导，高等教育与城市发展之间的互动不断增强，采取引进外力建设大学城的高等教育发展战略；进入创新驱动主导型城市竞争力阶段，“深圳创造”成为主导，高等教育与城市发展越来越呈“强互动”状态，采取自办高校与引进办学并举的高等教育跨越式发展战略。从每个阶段来看，高等教育战略更多是一种适应性的战略，相对于经济发展和产业转型的“深圳速度”甚至有一定的滞后性。但按照波特的城市竞争理论分析，又有其合理性。另外，也

---

① 马化腾，等. 粤港澳大湾区：数字化革命开启中国湾区时代［M］. 北京：中信出版社. 2018：23.

产生了一种“迟发展效应”[①]，从城市高等教育整体发展来看，深圳更容易借助其经济优势和特区制度优势，借鉴甚至直接引进当时最为先进的办学经验，在很短的时间内迅速提升高等教育的规模和质量，第二和第三阶段的高等教育发展战略即证明了这点。另外，从高校发展的层面来看也能得到证实，比如南方科技大学在短短不到十年的建校时间内已经迅速成长为一所创新型大学，在2019和2020年泰晤士高等教育世界大学排名中连续两年进入中国内地高校前十名。

作为中国改革开放以来的城市发展典型，深圳完整经历了波特所归纳的三个城市竞争力阶段——初级要素驱动主导型、投资驱动主导型和创新驱动主导型阶段。因此，深圳案例是适切于波特理论解释的“理想类型”，这也决定了其具有一定的特殊性。比如，中国很多城市至今未能发展到创新驱动主导型阶段，尤其是一些资源型城市，还长期停留在初级要素驱动主导型阶段的路径依赖中。但是，本书主要探讨的是城市竞争力阶段和其高等教育战略之间的关系。从这个角度来看，深圳案例又具有很强的代表性，因为其不但经历了不同的城市竞争阶段，而且根据不同阶段的特征和需求制定了不同的高等教育发展战略，这对处于不同竞争阶段的城市而言都有各自的借鉴和反思意义。本研究所建构的“城市竞争力阶段—城市发展与高等教育关系—高等教育发展战略”的分析框架也因此而具有更加宽泛的理论推论意义。每个现代城市制定高等教育发展战略不但要评估城市发展的基础，还要对所处的城市竞争力阶段进行评估，而在不同阶段城市发展与高等教育关系呈现出不同的样态。尤其是近十余年来，“高等教育发展与城市化和城市现代化互为前提、互相推动”[②]，高等教育与城市发展越来越呈“强互动”状态。这也凸显出本研究所建构的理论框架的实践指导价值，要求城市要更加客观全面地评估城市竞争力阶段以及城市发展与高等教育的互动关系，再进行“量

---

① 陈伟. 论高等教育的迟发展效应：以1978—2008年间的广东为例［J］. 复旦教育论坛，2009，7（6）：5－8.

② 阎堃，顾培亮. 中国城市化进程与高等教育发展［J］. 教育研究，2003（11）：21－25.

身定制”的高等教育发展战略规划。比如有些城市财力有限，如果跟风模仿深圳如今第三阶段的跨越式发展战略，显然不适宜并具有较大危机。又比如有些中西部中心城市，武汉、兰州等，本身高等教育资源具有先发优势，但因为城市、产业发展难以吸纳和吸引大量的人才，因此只能更多作为高级人才的“培养站”，为其他更有产业需要和吸引力的城市培养人才。也即这些城市发展和高等教育还未形成“强互动”状态，因此不但要从高等教育发展战略进行优化，还要从城市整体发展战略层进行反思和改进。当前中国城市中，处于三个阶段的情况都普遍存在。一些传统工业区的资源型城市还长期停留在初级要素驱动主导型阶段的路径依赖中，但这类城市又往往并不具备深圳处于第一阶段时对外来人才的强大吸引力甚至人才流失严重。因此，可以主要考虑加大对应用型高校的投入和建设，增强高等教育对当地产业的支撑，减缓本土人才流失并寻求发展转型。而一些中西部中心城市目前多处于投资驱动主导型城市竞争力阶段，而其本身又具有高等教育先发优势，如何优化城市和产业布局并不断增强与高等教育发展的互动，应是这些类型城市重点考虑的问题。否则可能只是更多成为高级人才的“中转站”，为其他更有产业需要和吸引力的城市培养人才。而东部沿海地区的一些发达城市已经进入创新驱动主导型阶段，其城市发展和高等教育也已进入“强互动”状态。如前所述，深圳在这个阶段采取高等教育跨越式发展战略具有较浓的“补课”性质，尽管能较快满足城市发展需求但也带来不少问题。因此，高等教育跨越式发展战略显然并非进入这个阶段的战略模板，而更重要的是要紧扣“强互动”主题做文章，思考如何围绕创新型城市建设推动高等教育发展转型。进入这个阶段的城市高等教育发展更应走“开放式创新”① 之路——走出高等教育发展的封闭式系统，在一个融合大学、政府、市场等多元创新需求的开放性系统中实现螺旋上升发展，以积极回应城市发展和高等教育之间“强互动”关系的需求。

---

① 陈先哲，陈雪芹．多中心之下的融合创新：粤港澳大湾区高等教育集群的挑战与出路［J］．苏州大学学报（教育科学版），2019，7（2）：13－19.

第四章

大学竞争：学术锦标赛制的激励逻辑与三所湾区大学发展战略

无论是国家、区域还是城市的高等教育竞争，其根本的发力点还是依靠作为基层组织单位的大学具体推动。因此本章关注作为组织层面的大学竞争，考察中国从“985 工程”和“211 工程”到“双一流”建设之政策转变，试图挖掘这系列政策对竞争逻辑的主导机制及理论解释，并在这样政策背景下选择粤港澳大湾区三所不同类型大学开展案例研究，分析其政策机遇及面临困境。

20 世纪 90 年代以来，中国推行“985 工程”与“211 工程”，向“高水平大学建设”的目标进发。进入 21 世纪以来，中国大学治理模式也因此发生变迁：一种以激励科研产出效率为目标，并以科研产出数量、等级与利益分配挂钩的绩效主义模式逐渐取代以往的计划经济色彩较浓的平均主义模式。新近的一些代表性研究用锦标赛制来解释这种绩效主义模式：在锦标赛制下，相对业绩排名更好的地方和大学将获得更多资源配置，这种资源分配方式的改变也全面影响了地方和大学的发展行动。2016 年后，中国“高水平大学建设”又发生了战略性调整——一流大学和一流学科建设齐头并进的“双一流”政策成为新时代的主题；而地方政府在新型城镇化和知识经济的推动下，也越来越重视高水平大学和学科对于区域创新驱动的支撑。在这样的双重背景下，锦标赛制的特征和机制将产生什么变化？如何解释此过程中政府与大学之间的互动和博弈？

不同类型的大学是否会做出不一样的战略选择？对这些问题的探讨具有重要理论和现实意义。

一、理论基础：锦标赛制理论与学术锦标赛制

（一）锦标赛制理论与学术锦标赛制

威廉·伊斯特利（William R. Easterly）曾指出，增长需要提供合适的激励，因为人们会对激励做出反应并影响增长。[①] 也就是说，无论是中国经济增长奇迹，还是“学术生产数量的繁荣”[②]，其背后一定有与之相对应的激励和提供这些激励的制度安排。而关于中国的经济增长奇迹，经济学家周黎安曾使用一种很具有竞争力的理论来进行解释。他认为，从 20 世纪 80 年代开始的地方官员之间围绕 GDP 增长而进行的晋升锦标赛模式是理解政府激励与经济增长的关键线索之一。晋升锦标赛由上级政府甚至中央政府推行和实施，行政和人事方面的集权是其得以实施的基本前提之一，而晋升锦标赛本身可以将关心仕途的地方政府官员置于强力的激励之下，因此，晋升锦标赛是将行政权力集中与强激励兼容在一起的一种治理政府官员的模式。[③] 他试图提供一种关于中国经济增长制度上的解释，特别强调中国解决政府官员激励和经济增长之间的关联。实际上，这一解释来自锦标赛制理论，该理论最早由爱德华·拉泽尔（Edward P. Lazear）和舍温·罗森（Sherwin Rosen）提出，系指企业委托人通过建立绩效薪酬制度，将经理人的相对业绩排名与其报酬联系起

① WILLIAM E R. The elusive quest for growth: economists' adventures and misadventures in the tropics [M]. The MIT press, 2005.

② 杨光钦. 高校学术生产数量繁荣与学术制度的内在逻辑 [J]. 教育研究，2015 (7): 49 - 56.

③ 周黎安. 中国地方官员的晋升锦标赛模式研究 [J]. 经济研究，2007 (7): 36 - 50.

来，以达到激励经理人并改善企业效率的目的。[①] 锦标赛制最初在企业管理领域得到广泛应用。理查德·兰伯特（Richard A. Lambert）等研究者使用多国的企业高管薪酬数据进行计量分析，证实了高管薪酬锦标赛制的客观存在[②]；在此基础上，托尔·埃里克森（Tor Eriksson）等研究者进一步证实了高管薪酬差距与各种企业绩效指标之间具有正相关关系。[③] 其后，锦标赛制研究逐步从企业管理延伸到行政管理领域，并被用来解释中国特定的行政治理模式如何推动经济长期高速增长的问题。在周黎安发表官员晋升锦标赛制的代表性研究之后，运用锦标赛制解释中国经济增长的研究更是大量增加和拓深，不少研究已经用数据验证了省级和市级的政府官员晋升与辖区经济绩效存在着显著关联。[④] 这也证明了该理论对于中国经济增长奇迹的解释具有很充分的适切性。近年来，随着政府考核机制的变化，有研究者提出官员晋升锦标赛已从“为增长而竞争”转向“为和谐而竞争”[⑤]，更加注重地方公众满意度；并且，晋升锦标赛的应用拓展到非经济领域的官员激励中去。[⑥]

中国这种行政治理模式不仅在经济领域取得成功，也被广泛应用到科技、文化、教育等领域，尤其是大学治理领域。但直到 2012 年才开始有研究者借助锦标赛制理论分析中国的“学术锦标赛制”状况，为研究中国大学治理模式和大学竞争问题提供了一个新的视角。研究者认为锦标赛制更符合大学场域的有关特点，因为大学场域通行的规则基本上是

---

① LAZEAR E P, SHERWIN R. Rank-Ordered tournaments as optimal labor contracts [J]. Journal of political economy, 1981, 89: 841－864.

② LAMBERT R A, LARCKER D F, WEIGELT K. The structure of organizational incentives [J]. Administrative science quarterly, 1993 (38): 438－461.

③ ERIKSSON T. Executive compensation and tournament theory: empirical tests on danish data pr [J]. Journal of labor economics, 1999, 17 (2): 262－280.

④ 姚洋，张牧扬. 官员绩效与晋升锦标赛：来自城市数据的证据 [J]. 经济研究，2013 (1): 137－150.

⑤ 陈钊，徐彤. 走向“为和谐而竞争”：晋升锦标赛下的中央和地方治理模式变迁 [J]. 世界经济，2011，34 (9): 3－18.

⑥ 李振. 作为锦标赛动员官员的评比表彰模式：以“创建卫生城市”运动为例 [J]. 上海交通大学学报（哲学社会科学版），2014，22 (5): 54－62.

回报与晋升等级对应。[①] 也有研究者通过数理分析或案例分析指出，学术锦标赛制促进了中国近年来科研产量的高速提升[②]，但也会带来激励扭曲的代价[③]。还有研究者认为大学和学术人员都会积极寻租于学术锦标赛，出现关系胜过成绩的局面。[④] 尽管锦标赛制借鉴到大学治理领域的探索刚刚开始，但已颇显适切性和启发性。而在此之前，学界也曾对中国学术产量迅猛增长的现象予以一定程度的关注和讨论，提出比如“学术 GDP 主义”和“学术绩效主义”等说法，但遗憾的是相关研究大都停留于对表象的描述，缺乏对现象背后机制的深层解释。引入锦标赛制理论对此问题进行解释，显然更具有学理性和理论魅力。而且锦标赛制理论对这一问题的适切性并不亚于其对经济增长的解释——在学术场域，由于学术专业门类众多，绝对业绩不易确定，国家便扮演了企业委托人的角色，大学和学术人员则扮演了受托的经理人的角色，国家为了达到自己的预期收益，于是便倾向于通过建立绩效薪酬制度，将大学和学术人员的相对业绩排名与其报酬联系起来，以达到激励和提高效率的目的[⑤]。当然，将锦标赛制理论引入学术领域的探索才刚刚开始，尤其是其目前还面临着尚未解决的两个主要问题：一是对于中国大学治理模式到底是否具备学术锦标赛制的特征还缺乏学理性的解释与专门的论证；二是学术锦标赛制在激励逻辑上到底有何奥秘，足以令中国的学术组织和人员获得足够的激励，从而最终使得中国高校科研成果持续高速地增长？对这两个问题做出回答，也正是本章的重点。

---

① 阎光才．学术等级系统与锦标赛制［J］．北京大学教育评论，2012，10（3）：8－23，187.

② 卢晓中，陈先哲．学术锦标赛制下的制度认同与行动逻辑：基于 G 省大学青年教师的考察［J］．高等教育研究，2014，35（7）：34－40.

③ 刘海洋，郭路，孔祥贞．学术锦标赛机制下的激励与扭曲：是什么导致了中国学术界的高数量与低质量？［J］．南开经济研究，2012（1）：3－18.

④ 王晋．教师专业成长的晋升锦标赛制度探究：从吉尔兹的地方性知识理论说开去［J］．教育发展研究，2013，33（22）：43－49.

⑤ 陈先哲．捆绑灵魂的卓越：学术锦标赛制下大学青年教师的学术发展［J］．教育发展研究，2014（11）：12－18.

（二）中国学术锦标赛制的特征分析

在鉴别是否符合锦标赛制特征并有效实施的问题上，锦标赛制理论提出了几个明确的技术前提。比如，官员晋升锦标赛制所需要的技术前提是：第一，上级政府的人事权力必须是集中的，它可以决定晋升和提拔的标准，并根据下级政府官员的绩效决定升迁；第二，存在一种从委托人和代理人的角度看都可衡量的、客观的竞赛指标；第三，各参赛主体即政府官员的竞赛成绩是相对可分离和可比较的；第四，参赛的政府官员能够在相当程度上控制和影响最终考核的绩效；第五，参赛主体之间不容易形成攻守同盟。① 因此，尽管已经有了学术锦标赛制的提法，但我们还是首先要从上述技术前提入手，审慎地判断中国大学治理模式是否具备学术锦标赛制的典型特征。

由于中国的学术组织主要由大学和科研院所构成，其中大学占据主体地位，二者除了职能上有所侧重和不同之外，在体制机制上都基本一致。因此，下文将主要以大学组织作为分析对象。依照以上锦标赛制理论的技术前提，可做分析如下：第一，尽管一直在改革，但中国大学的行政化色彩还是较浓，中央或上级政府具有集中的人事权，有权任命作为高等教育机构主体的公办大学的校长。并且从资源分配体制来看，中央或上级教育主管部门的权力也是集中的，可以通过评估决定哪些大学有资格进入“985 工程”“211 工程”或“双一流”建设阵营，大学或学科的相对业绩排名与资源分配密切挂钩。这两大条件都有利于锦标赛制的形成并在全国范围推行。第二，从作为委托人的国家和作为代理人的大学来说，二者都认为科研绩效是可以用评价指标来衡量和比较的。第三，由于传统“单位制”的存在，各校理所当然地将其学术人员的绩效归为单位的成绩，因而大学作为参赛主体，其总绩效是可以相对分离并容易进行相互比较的。第四，作为参赛主体的大学对整个组织的效率和

① 周黎安. 中国地方官员的晋升锦标赛模式研究［J］. 经济研究，2007（7）：36－50.

绩效有着很强的控制力，常常通过内部学术制度安排对学术人员的学术绩效产生很大的影响。第五，由于资源分配的差异性很大，比如，无论是之前的“985 工程”与“211 工程”，还是如今的“双一流”建设，重点大学和普通大学、一流学科和普通学科之间所获得的资源都相差巨大。因此，大学之间不太可能形成攻守同盟，反而是高度竞争已成为常态。

按照以上技术前提来分析，中国在大学治理模式和宏观学术制度上确实具有明显的学术锦标赛制特征，并相应地对大学产生组织层面的激励。而且，很多大学为了追求更好的总体绩效，往往会建立内部学术锦标赛制，尤其是研究型大学或以研究型大学为奋斗目标的大学一般都倾向于层层加码，对学术人员根据其业绩尤其是科研业绩来进行晋升考核或论功行赏，这与企业高管薪酬制十分类似。当然，这种内部学术制度安排是否符合锦标赛制特征，也可对照以上技术前提进行分析：第一，学术人员在晋升和学术资源的获得方面都严重依赖于所在大学，大学对此具有决定权；第二，学术绩效可以用评价指标如论文、课题、奖励的数量和级别等来衡量和比较，而且无论是组织还是个体，客观上都认为需要有这样一种评价指标体系，尽管二者可能在某些评价标准上很难取得一致意见；第三，以作者排名等方式来实现每个学术人员业绩的分离，有利于进行比较；第四，考核指标与学术人员的努力之间存在足够大的关联，学术人员的努力程度对学术绩效具有重要影响；第五，“当两者差异足够大时，单个参与人会产生偏离合谋的激励，因为当其他人遵守合谋下的表现的情况下，一个人的努力工作将很容易脱颖而出，独得优胜奖”①。目前中国对学术人员的奖励分不同的等级并扩大等级之间的利益差距，因而参赛的学术人员愿意接受激励而不会产生合谋。而且，学术人员只是这个场域中的一个典型群体。现在很多大学纷纷设立二级单位的绩效等级考核和分配激励制度，二级单位的整体表现影响到身在其中的所有人员的绩效收入。事实上，不仅是教学科研人员，包括行政管理

---

① 周黎安. 中国地方官员的晋升锦标赛模式研究［J］. 经济研究，2007（7）：36－50.

甚至后勤人员，尤其是二级单位的行政领导，基本都明显受到锦标赛制的激励和制约。

由此可见，中国的大学治理模式具有典型的锦标赛制特征，称之为学术锦标赛制经受得住学理上的检验。相较于官员晋升锦标赛制而言，学术锦标赛制不但更明显地具备以相对排名进行绩效激励的特征，而且通过层层转包甚至任务加码还体现出多重“委托—代理”的特征：在宏观层面的学术锦标赛制中，国家或政府扮演的是委托人角色，大学组织扮演的是代理人角色；在中观层面的内部学术锦标赛制中，大学实施任务转包，扮演委托人的角色，其组织内部的学术人员则扮演代理人的角色。

（三）学术锦标赛制下大学组织制度供给的要素分析

制度学派认为，组织决策通常取决于所面对的两种环境：技术环境（technological environment）与制度环境（institutional environment），它们对组织有不同的要求。“技术环境要求组织有效率，按最大化原则组织生产。……制度环境要求组织服从‘合法性’机制，采用那些在制度环境下‘广为接受’的组织形式和做法，而不管这些形式和做法对组织内部运作是否有效率。”[①]

1. 技术环境

新制度经济学认为，技术的进步和经济的增长会改变收入的规模和分配，情况积累到一定程度，旧制度会变得不适应，并导致制度绩效不断降低，由正转负，制约技术变迁的进行。此时，技术环境便客观上要求有更能适应当时生产力状况的新制度来替代旧制度，从而再推动新的技术变迁。[②]

尽管中国早在20世纪90年代就具有学术制度变迁的迹象——把国外已经成型的评价体系引入到国内学术界，更具体地说就是把由美国科

① 周雪光．组织社会学十讲［M］．北京：社会科学文献出版社，2003：72－73.

② 格鲁奇．比较经济体制［M］．北京：中国社会科学出版社，1985：5.

学情报研究所（ISI）建立的 SCI、SSCI、A&HCI 三大科学引文索引系统引介到国内；其后，人文社会科学领域也开始效仿自然科学评价体系的方式，将 SSCI 和 CSSCI 作为人文社会科学的主要评价标准。但令这种评价体系产生连锁反应，国内各大学和学术人员都纷纷卷入一种学术竞赛的氛围之下，还是主要归功于“985 工程”和“211 工程”的全面启动。尤其是具有旗手意义的北京大学于 2003 年启动以提升学术绩效为目的的改革方案，被视为这轮学术制度变迁中的标志性事件。当时北京大学改革方案的提出，很大程度上是出于对生产效率提高和技术创新需求的回应，说明当时由技术环境变化引起的制度变迁已经具备条件。从北京大学改革这一标志性案例便可以看到技术环境对大学组织制度供给的影响力量。当时中国已经进行了多年市场经济改革，并在 21 世纪初加入 WTO，这种外部技术环境的变化自然要对高等教育提出新的要求，大学依然想依靠旧学术制度偏安一隅已不太可能，因此旧学术制度出现了“合法性危机”。罗燕等人将此“合法性危机”归结为三大方面：市场体制要求整合学术领域的诉求，市场体制对目前大学机构低效性的质疑，自由流动与竞争的市场机制对大学组织绩效低下的质疑。[①] 这正是对作为中国研究型大学佼佼者的北京大学所面对的技术环境的客观说明。因此，当国家层面的制度文件精神表现出强烈的“学术产出的激励制度”[②] 倾向时，北京大学也顺应了这种趋势，扮演制度的中间扩散者角色。北京大学改革当时因各方意见不一并未取得彻底进展，但关键的是这场具有试验意义的改革释放出了重要的信号，各大高校纷纷推进学术制度变革以应对技术环境对大学带来的挑战。

2. 制度环境

不过，基于技术环境的解释并不能完全解释教育组织制度的选择现象，因为经常会出现这种现象：明知道某种制度不会提升效率甚至降低

---

① 罗燕，叶赋桂. 2003 年北大人事制度改革：新制度主义社会学分析［J］. 教育学报，2005（6）：14－22.

② 李猛. 如何改革大学：对北京大学人事改革方案逻辑的几点研究［J］. 学术界. 2003（5）：45－64.

效率，但不少组织还是会坚持采用。后来，组织社会学的代表人物迈耶用“制度环境”的解释为这种现象提供了一个全新的视角：制度环境要求合法性，应付合法性虽然可能降低效率，但是合法性本身能够提高组织的生存能力。因此，“合法性”机制使得组织不得不接受制度环境里建构起来的具有合法性的形式和做法，制度化的过程即是这样的一个不断采纳制度环境强加于组织之上的形式和做法的过程。① 每个组织为获制度环境认同，都采用了类似的机构和做法，并且会直接导致组织的趋同。

如前所述，中国学术制度变迁是在国家发展总体行动框架设计下进行的，并通过北京大学这样具有“神话符号”的大学对制度的响应起到了巩固和扩散作用，使制度环境对各大学的制度供给同样起到重要影响作用。因为中国大学长期以来都高度依赖于政府所提供的资源，其他经费来源乏善可陈，国家的法律法规和政策规定通常都能诱导大学的资源获取需求，顺利实现自上而下的贯彻效果。一般而言，大学为争取更多的资源配置和取得更多的生存发展空间，都基本倾向于遵守这些法律法规和政策规定。因此，国家为推动学术制度变迁而出台的制度规则无论是刚性的还是柔性的，事实上都对各大学追求制度环境“合法性”起到强制或诱导作用。比如，在此期间国家的拨款制度和绩效评价标准，都看似柔性，但从绩效评价标准上看，国家基本是采用统一的标准来衡量所有的大学，而并不以类型、层次、水平来区分。但每一场评估后面，都涉及巨大的资源分配，这使得不同的大学组织为了从评估中获得更多办学资源、经费等利益，都不得不接受这些统一评估体系和评价指标。

二、案例研究：学术锦标赛制下三所湾区大学的制度供给与发展战略

如周黎安所言：“中国的高速增长的背后一定有与之相对应的激励和

---

① MEYER J W, ROWEN B. Institutionalized organizations: format structure as myth and ceremony [J]. American journal of sociology. 1977, 83 (2): 340 – 363.

提供这些激励的制度安排。问题的关键在于，在中国，提供这些激励的制度与西方意义上的标准范式并不相同，为了解释中国的经济增长，我们需要寻找出这些具有中国特色的制度因素。”① 同样，对于21世纪以来中国高等教育的高速发展，我们也需找出这种具有中国特色的制度因素并加以解释。从“985 工程”“211 工程”再到如今的“双一流”建设，不间断的工程只是不同历史时期的载体，其背后的本质是大学竞争锦标赛的不断深化和升级，尤其是“双一流”建设更加强调学科的竞争。加上一轮又一轮学科评估的加持，这种竞争显得更为白热化。以下将在锦标赛制理论的观照下，选择粤港澳大湾区三所不同类型大学进行多案例研究，审视大学在竞争中的制度供给与策略应当。

（一）研究背景与研究聚焦

从20 世纪末至21 世纪初开始，中国学术制度经历了一场持续变迁的过程，这个动态的过程处于中国社会转型的大背景之中，并伴随着中国高等教育波澜壮阔的发展。20 世纪 90 年代以来，中国推行“985 工程”和“211 工程”，明确提出“建设高水平大学”的战略目标：1995年，原国家计委、原国家教委和财政部联合下发了《“211 工程”总体建设规划》，正式启动“211 工程”；1999 年，国务院批转教育部《面向 21世纪教育振兴行动计划》，正式启动“985 工程”。这两大工程的启动成为这场学术制度变迁的发端，其后国家又分别通过下发系列文件以强化项目制的资源分配方式和促进各高校之间的竞争。一种以激励科研产出效率为目标，并以科研产出数量、等级与利益分配挂钩的绩效主义评价制度逐渐取代以往的计划经济色彩较浓的平均主义评价制度，并全面影响着中国各高校的发展行动。

林毅夫曾将制度变迁分成诱致性制度变迁与强制性制度变迁，指出诱致性制度变迁是指现行制度安排的更替以及新制度安排的创造，是由

---

① 周黎安. 中国地方官员的晋升锦标赛模式研究［J］. 经济研究，2007（7）：36 - 50.

个人或群体在响应获利机会时自发倡导、组织和实行；与此相反，强制性制度变迁则是由政府命令和法律引入和实行的。[①] 杨瑞龙则进一步指出，“强制性制度变迁实际上是一种供给主导型制度变迁”[②]。梳理国家大力推动这两大高等教育工程的系列政策、制度和配套文件不难看出，这场学术制度变迁属于典型的供给主导型制度变迁。因为这场学术制度变迁，是在国家发展总体行动框架设计下进行的。进入到20世纪90年代后期，不断增长的“经济奇迹”使得中国希望继续在科技、文化、教育等领域也能复制奇迹。尤其在大学建设上，对竞争和发展的强调超过以往任何时期，并将科研产出作为追赶和发展的最主要行动逻辑。在这样的背景下，以“建设世界一流大学”和“建设高水平大学”的“985工程”和“211工程”应运而生，引发并主导这场学术制度的变迁。

供给主导型制度变迁往往侧重于政府层面的制度供给，但在实践操作中很容易陷入过分依赖“顶层设计”。而任何改革和制度变迁，不仅依赖自上而下的“顶层设计”，同时还要依靠自下而上的“基层创新”。[③] 而若要让“顶层设计”和“基层创新”之间达到“上下协同”的效果，尤需对连接上下的中层组织给予足够的重视。中层组织往往扮演着衔接上下、传递指令并调和矛盾的重要角色。张静曾使用“国家—单位—个人”[④] 的三级结构关系来解释社会参与行为。在其三级结构中，单位是关键性的中介要素，是协调上下利益平衡，防止冲突扩展，维持稳定秩序的基础性建制。中层组织研究的理论源头来自于默顿提出的“中层理论”——“中层理论原则上应用于对经验研究的指导……介于社会系统

---

① 林毅夫. 关于制度变迁的经济学理论：诱致性变迁与强制性变迁［M］//科斯，等. 财产权利与制度变迁产权学派与新制度学派译文集. 上海：上海三联书店，1994：371－418.

② 杨瑞龙. 论制度供给［J］. 经济研究，1993（8）：45－52.

③ 卢晓中. 深化高教领域综合改革的“自上而下”与“自下而上”［J］. 中国高教研究，2016（6）：51－55.

④ 张静. 阶级政治与单位政治：城市社会的利益组织化结构和社会参与［J］. 开放时代，2003（2）：109－119.

的一般理论和对细节的详尽描述之间”。[①] 其学术导向即为弥合侧重自上而下的理论研究和侧重自下而上的经验研究之间的鸿沟，曾对社会学乃至整个社会科学都产生了极其重要的影响。

因此，本章的研究旨趣在于试图考察不同类型的大学组织在这场学术制度变迁的实际学术制度供给。以往很多研究一般都只是将制度供给作为一种宏观共性设置看待，忽略了宏观制度经由组织选择之后产生的差异。实际上中层组织在参与制度活动的个体行动者的实践同宏观制度之间通常起中介作用，不同组织因立场和利益追求的不同，会对宏观制度进行选择并形成实际制度供给。在这个过程中，影响中层组织做出选择的关键要素是什么？中层组织的实际制度供给又遵循什么逻辑？这都是本部分希望解决的问题。此外，从现实意义来说，如今高等教育改革风起云涌，“211 工程”和“985 工程”已成为过去，取而代之的是“双一流”建设方案。知史可鉴今，只有对过去的制度实践进行认真回顾和客观评价，才可对今日之制度设计和改革提供参考价值。

（二）三个个案的比较分析

从以上理论分析可见，制度变迁并不是仅靠政府决策层面进行“顶层设计”便大功告成，更要分析中层组织的实际制度供给，而制度环境和技术环境便是影响中层组织做出反应的两大要素。因此，本研究试图通过多案例比较法，选择大湾区三所不同类型的大学进行对比研究，梳理和对比这三所大学在这轮学术制度变迁中的学术制度实际供给情况。当然，此研究开展之时，《粤港澳大湾区发展规划纲要》尚未发布，湾区概念尚未成型，更准确来说是珠三角的三所大学。考虑到“985 工程”和“211 工程”是这轮学术制度变迁的引擎，因此在研究个案选择上，选择了一所“985 工程”大学（以下称为“A 大”）、一所“211 工程”大学（以下称为“B 大”）和一所地方新建本科院校（以下称为“C

① MERTON R K. Social theory and social structure [M]. New York: Free Press, 1968: 39.

大”）。这三所大学，因其不同的办学基础和目标定位在这场学术制度变迁中恰恰代表了三种不同的角色类型。

A 大：“985 工程”大学，进行了较为鲜明的学术制度改革以保持优势，在学术制度变迁中处于传统强者位置；B 大：“211 工程”大学，急欲通过加大学术制度的激励效力来促进学术发展，在学术制度变迁中处于追赶者位置；C 大：新建地方本科院校，在学术制度变迁中处于跟随者位置。

1. 一所“985 工程”大学的实际学术制度供给

自进入“985 工程”之后，“建设世界一流大学”的宏伟目标也被正式纳入 A 大的发展战略。进入 21 世纪，A 大便开始谋划启动学术制度改革。一方面顺应国家推动学术制度变迁的要求，另一方面也希望以此激活人才能量，推进建设高水平研究型大学的目标。

2003 年，北京大学推行人事制度改革，并引发整个中国学界的大讨论。几乎同一时间，A 大出台《A 大教师编制核定、职位设置与职务聘任规程》（以下简称《规程》），亦旗帜鲜明地推行以强化激励为主要特征的学术制度改革。如北京大学变革的初衷一样，A 大也将大学效率低下主要归因于旧的教师人事管理制度的计划经济属性——旧的教师聘任与晋升制度对组织成员缺乏激励，是导致大学组织绩效不佳的主要原因。① 并希望从学术制度改革和建设一流的师资队伍来入手，以应对竞争日益激烈的技术环境的挑战。因此，《规程》最大的改革在于将教师职称评审制改为职务聘任制，试图通过“非升即走”的制度改革打破“铁饭碗”：教师职务的聘任分为“有固定期聘任”和“无固定期聘任”两种，一般助教、讲师和副教授职务为“有固定期聘任”，在一定聘期内无法完成学术职务晋升就需要分流或转岗，教授职务则为长期聘任职务。为实现“非升即走”，《规程》亦建立了退出机制，而且真刀实枪地严格推进制度运行，光是 2012 年就有 100 多人因为聘期已满达不到考核要求而实

---

① 张维迎. 关于《北京大学教师聘任和职务晋升制度改革方案（征求意见稿）》及第二次征求意见稿的说明［Z］.

行了分流。

A 大的学术制度变革，虽有应对技术环境挑战的客观原因推动，但也应看到其在步步追随制度环境的“合法性”的另一面。这个时期，国家和政府实施的各类教育工程对学术制度变迁起到了主导作用。以 2001 年“985 工程”一期经费投入为例，A 大获得教育部专项经费 3 亿元和广东省投入的重点专项经费 9 亿元，共计 12 亿元，建设期限为 3 年。因此，为了顺利地从“985 工程”中获得巨额的办学经费支持，A 大不得不接受其绩效考核的要求，尤其是对于学科建设和学术成果的指标要求。因此，这也客观上成为 A 大 2003 年推行改革的主要原因，只有出台更能激励学术产出的学术制度，才能达到绩效考核的要求并更富竞争力。在《规程》出台后几年，A 大更是陆续推出一系列配套制度：一方面，拉大不同等级学术岗位之间的津贴差距，凸显高等级岗位的资源和声望；另一方面，在推行国家、当地政府和校内的各种人才项目上不遗余力，希望以带有等级性的各类人才项目系统来更进一步激发教师的学术发展动力。① 因此，A 大的实际学术制度供给，是在国家学术制度变迁精神基础上的进一步扩散和巩固，甚至加码，并建立了一种由职务聘任、人才项目、学校奖励共同营造的内部强激励机制。

2. 一所“211 工程”大学的实际学术制度供给

B 大是一所省属师范大学，于 1996 年成功入选“211 工程”。和“985 工程”大学 A 大不一样的是，B 大所面临的技术环境与制度环境既存在共同之处，又存在矛盾之处：一方面，从科研竞争上来看，尽管 B 大进入“211 工程”后获得大量学科建设经费，在科研平台建设和科研产出增长上都成绩斐然，但其优势学科主要集中在教育类学科专业，其他学科和研究型大学相比差距巨大。因此，急切提高科研竞争力乃是 B 大所面临技术环境和制度环境的共同点。但另一方面，在人才培养上也面临很大挑战，因为在扩招过程中，B 大开设了大量的非师范类专业。这些专业上马多少都有些仓促，除了个别就业市场需求量比较大的专业

---

① 阎光才. 学术等级系统与锦标赛制［J］. 北京大学教育评论. 2012（3）：8－23.

外，很多专业的就业情况都不太理想。而即便是曾经作为就业王牌的师范专业，也面临越来越大的挑战：一是综合性大学参与教师培养，二是各大师范院校培养的毕业生越来越多，向来不愁就业的 B 大已经开始感受到就业市场上的危机迫近。因此，从人才培养和本科教学的角度来看，B 大所面临的技术环境又是与制度环境相冲突的：若在科研竞争中“放手一搏”，将有可能面临教师教育特色失守的困境。

因此，B 大在学术制度供给上，不能像研究型大学一样在学术竞赛中一路狂奔，自身技术环境中存在的诸多挑战令其不得不分心面对。但其天平显然还是倾向于出台鼓励绩效的学术制度，因为不但可以回应技术环境中科研竞争的要求，也可以回应制度环境中对于提高学校排名和争夺资源的迫切渴望。因此 B 大也根据自身的条件，启动了一系列的学术制度改革，试图调动教师的学术工作积极性，提高学校的整体科研产出，希望能借此加快追赶研究型大学的步伐。当然，和 A 大旗帜鲜明的学术制度改革相比，B 大选择的是不断加大激励刺激力度的方式，在十余年间，《B 大科研成果与业绩评价方案》随着国家评价指标风向标的改变而做了多次重大修订。每次修订，成果要求级别和成果奖励金额都大幅提升，一举将原来相对平均主义的激励改为差距性较大的激励。在制度实际执行过程中，B 大也算做到积极兑现：论文、项目级别越高，数量越多，所得奖励越为丰厚，其奖励条件还是令大部分教师较为心动。但在惩罚机制方面，B 大则更流于形式。虽然也建立了所谓的退出机制，但限于学校还尚无足够的底气吸引足够多的优秀人才，因此在惩罚方面并无多少力度。总体而言，B 大的实际学术制度供给的特征为奖励机制强而惩罚机制弱，制度运行的效果一般。

3. 一所新建地方本科院校的实际学术制度供给

C 大是一所地方新建本科院校，于 2000 年获批升格为本科院校。在中国，类似 C 大的大学数量最为庞大，基本上每个地级市都有一所甚至更多。对于这类学校而言，毕业生就业常常面临“高不成低不就”的困境：既没有“985 工程”“211 工程”大学毕业生的文凭光环，又缺乏高职院校毕业生的技术特长。因此，毕业生的稳定就业就是技术环境对这类学校提出的最大要求。这也要求C大提高应对效率，而最好方式显然是面向就业市场需求，千方百计提高教学质量和挖掘人才培养特色。因此对于C大而言，其所面对的制度环境与技术环境显然并非是一致的：国家在高等教育资源配置方式上，仍然延续了以往的重点扶持战略，并体现出强烈的科研导向，教学方面的资源配置十分之少。

因此，C大的实际学术制度供给体现出对这种矛盾进行“技术性处理”的特征。一方面，在制度安排上保持与国家政策导向的“合法性”一致，出台鼓励学术产出的相应学术制度。因为当年国家并未明确提出这类大学应向应用型本科转型，因此从制度环境的角度看，跟风出台与国家政策相应的学术制度是最安全的做法，如果旗帜鲜明提出只重视教学而不顾科研，不但会显得颇为另类，而且政策风险系数很高。因此，相比作为“985工程”大学的A大和“211工程”大学的B大，C大出台的制度多是随着国家或省里的要求而变动，主要是数额规定上的一些变化，并无多少突破性的或者是在一定时期引起较大震动的学术制度出现。另一方面，在制度运行上，其传播和执行的力度都是较弱的，很难起到较好的激励作用。但因为这并非学校的实际工作重心所在，C大的定位是教学型大学，教学工作量繁重，学校更多的精力需要放在教学工作和毕业生就业率上。因此，尽管C大出于应对国家政策的要求，出台了一些貌似激励学术产出的学术制度。但在运行过程中，实际上是对国家层面的学术制度变迁进行了消解，采取了一种“上有政策下有对策”的做法。

三、结论与讨论

（一）研究结论

以往的组织研究常常有一种刻板印象：对偏重生产性的组织如企业更偏重技术环境的分析，而对偏重非生产性的组织如教育组织则更适用于制度环境的分析。迈耶等人使用制度环境的“合法性”机制来解释教育组织的制度供给，但却过于强调制度环境的作用，以至于后续研究者往往忽略了技术环境的作用，甚至动辄将技术环境与制度环境对立起来。但实际上随着教育的市场化和国际化的兴起，教育组织系统的竞争也越来越激烈，教育组织的技术环境属性也越来越强，其所面临的技术环境和制度环境常常具有一致性。因此，考察教育组织的制度反应，必须打破以往的刻板印象，从两个因素共同出发进行分析。尤其要注意其面对的制度环境和技术环境是否一致，才可以更为准确地对组织的实际制度供给做出判断。

在以上认识基础上，通过三个研究个案的比较，可以发现在中国学术制度变迁过程中大学组织的实际学术制度供给具有如下逻辑机制（见图4-1）。大学组织的实际学术制度供给可以分为制度安排和制度运行两个层面：在制度安排上主要受制度环境影响，遵循“合法性”机制出台与国家层面学术制度变迁要求相符的制度；在制度运行上则主要受技术环境影响，一般只积极扩散与组织目标相符的制度——“教育组织越来越只愿意制定和传播那些被证明是有效率的规则，而不再是大量制定那些只有着合法性的规则”①。因此在制度安排上，三所不同类型大学都出台了符合制度环境需要的类似学术制度；在制度运行上，偏于研究型大学对学术制度进行了不同程度的扩散，放大了制度激励效果；偏于教学型大学则对学术制度进行消解，削弱了制度激励效果。当然，必须予以说明的是，个案研究的推论通常具有一定的情境性和局限性。②

从理论观照现实的角度来看，以“985工程”和“211工程”为发端的这轮学术制度变迁取得了很大进展，但也确实存在不少需要引以为鉴的政策弊端。特别是基本没有对高校进行分类指导，而是将所有的高校都纳入到以科研竞赛为主的评价指标体系中，是不合适的，尤其是大量的地方新建本科院校。比如C大这类新建本科院校会出于技术环境的考

① ROWAN B, MISKEL C G. Institutional theory and the study of educational organization［M］//阎凤桥. 组织理论与高等教育管理阅读资料. 2007：100-102.

② 陈先哲. 学术制度变迁下学术人员的行动逻辑：理论框架与多案例研究［J］. 教育发展研究，2016（7）：9-16，30.

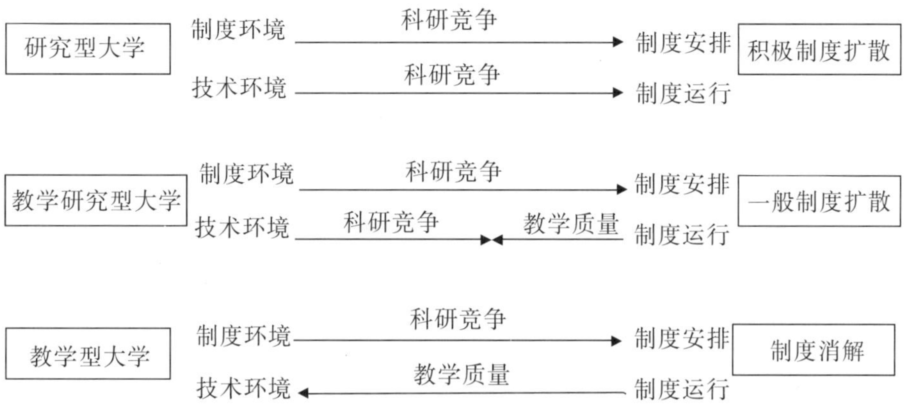

图 4－1　不同类型大学实际学术制度供给的逻辑机制

虑，对学术制度进行制度消解，使得实际的制度供给没有产生明显的激励效果，但又囿于制度环境的要求而无法特色办学且举步维艰。如今"双一流"建设成为新一轮高等教育大发展的推手，也必将会将延续至今的学术制度变迁推向新的进阶。无论哪个阶段的学术制度变迁，都是政府与大学组织之间利益博弈的过程，政府的意愿制度供给往往可能会和作为变革主体的大学组织产生供需上的不匹配。因此，要使大学组织的实际制度供给与政府的意愿制度供给趋于一致，应在尊重各变革主体的利益差异的基础上进行分类指导和统筹改革。近年来高等教育改革有一个重要进步之处在于分类指导的思路明显增强：在推出"双一流"政策的同时，教育部等三部委也联合发布了《关于引导部分地方普通本科高校向应用型转变的指导意见》。"双一流"建设与推动应用型本科转型并举，其实是对以往学术制度变迁中所出现问题的一种纠偏和修正。通过分类指导和分类管理，可以避免所有不同类型的大学参与同一学术评价指标体系的比拼，也可以减少更多的制度消解现象。坚持这个思路走下去，才更利于各类大学合理定位和办出特色，从而产生更多各具特色的一流院校。

（二）讨论与反思

在之前的理论基础部分已经从技术前提下证明中国大学治理模式符

合学术锦标赛制的特征，而案例分析部分又回答人们关切的第二个主要问题：即这种机制对中国偏研究型大学产生了强激励，并推动中国高校科研产量高速增长。

锦标赛制最早来自于企业管理领域，其研究重点是组织激励机制，其制度激励的重点是让个体积极贯彻和响应组织目标。但在中国，无论是官员晋升锦标赛制还是学术锦标赛制，其更进一步的意义在于成为一种具有中国特色的国家治理模式，其激励效力不仅只是贯穿“组织—个体”之间的两重关系，更要贯穿“国家—组织—个体”的三重关系。因此，仅就学术锦标赛制而言，要解释其激励逻辑，必须寻找中央政府、大学组织和学术人员个体三者之间是否存在接受激励并形成积极行动的交叉点。也即此部分不再是解释学术锦标赛的运行机制，而是需要解释作为国家治理模式的学术锦标赛制对于大学组织和学术人员个体产生强激励的作用原理。因此，应当从共性的制度理论出发，解释学术锦标赛制这种特性的制度安排是如何对组织和个体的行动产生激励的。制度理论流派众多，但通常的解释路径来自这两个方面——行动者是否能够形成足够强烈的信念集合、是否得到足够的利益驱动。本书无意在此对此话题展开讨论，而且客观而言，无论是组织还是个体的行动选择，其实受二者的影响皆有。因此，以下主要从信念共识和利益联结两个维度出发来解释中国学术锦标赛制如何在中央政府、大学组织和学术人员个体三者之间找到交叉点并产生强激励的奥秘。

1. **信念共识**

主张“作为信念的制度”的新制度主义代表人物阿夫纳·格雷夫（Avner Greif）曾分析了信念在组织和行动者之间所起的作用：“制度中的规则元素界定了规范性行为，信念则为行动者提供了遵守规则的激励，而组织则产生和传播规则、使信念持久化、影响可行的行为信念集。”[①]也就是说，学术锦标赛制要使大学组织和学术人员都愿意接受激励，必

---

① 阿夫纳·格雷夫. 大裂变：中世纪贸易制度比较和西方的兴起［M］. 北京：中信出版社，2008：27.

须从信念上最大限度地形成各方共识。

中国宏观层面的学术锦标赛制的启动，始于20世纪90年代，是采取了国家“顶层设计”方式推动的。所启动的标志是以“建设世界一流大学”为口号，并以“985工程”与“211工程”为重要抓手，同时也旗帜鲜明地提出了追求“一流”和“卓越”的理想信念。首先，从国际背景来看，当时国际高等教育市场竞争的势头正在兴起，“大学教育进入了一个横向的市场竞争体系，它与民族文化的纵向联系开始松弛，它的社会责任感和文化使命感衰微，而竞争意识逐渐增强——它追求在竞争中创‘一流’”[①]。其次，从国内背景来看，由于当时的中国已经依靠连续高速的增长在经济上挺直腰杆，迫切希望其他领域尤其是科教领域也能复制经济上的奇迹。因此，在这样的双重背景之下，再也没有比追求“一流”和“卓越”更适合的话语能起到凝聚共识的作用。

首先，从大学组织层面来看，“一流大学”这种具有理想导向型的信念具有极大的鼓舞作用。陈学飞认为，以“985工程”为例，国家在制定“985工程”政策时带有明显的理想导向，而“理想导向型政策目标往往长远而宏大，能够起到宣传引导、鼓舞人心、推动社会前进的作用”[②]。因此，很多大学在入选“985工程”或“211工程”之后都将“建设世界一流大学”或“建设国内一流大学”的宏伟目标纳入学校发展战略，并积极顺应国家推动学术锦标赛制的要求，制定各种具体措施以激发人才能量，向“一流”和“卓越”的目标进发。比如，北京大学于2003年发动人事制度改革，尽管当时引发学界大辩论，最后改革似乎也不了了之。但那场改革依然被视为中国顶尖大学积极回应国家提出“建设世界一流大学”目标的标志，而且其后确实几乎所有的重点大学都开始为达致“一流”和“卓越”而开足马力。比如，时任中山大学校长黄达人在2007年学校发展战略动员会上便以“卓越”为主题进行鼓舞人心的内部激励：“追求卓越意味着要去不断地超越自我，意味着我们要尽

---

① 郭军．“废墟”之上，怎建大学［J］．中国社会科学报．2009（3）：10.

② 陈学飞．理想导向型的政策制定：“985工程”政策过程分析［J］．教育发展研究，2006（5）：83－84.

可能地做到更好。不追求卓越，就不会对历史和现实进行反思；不追求卓越，就不能对以往工作进行创新；不追求卓越，大学就不能为国家、为社会贡献最大的力量，而且还有可能偏离这个方向。”① 因而就大学组织层面而言，“一流”和“卓越”信念符合大学组织的愿景和理想导向，学术锦标赛制也借此最大限度地凝聚共识，并使大多数大学主动接受制度激励。

其次，从学术人员个体层面来看，“一流”和“卓越”的理念作为国际学术竞争的通则有利于学术人员形成信念共识。国际上以诺贝尔奖为代表的各种学术奖项，以及爱思唯尔发布的年度“高被引学者”等，都是标榜“一流”和“卓越”，并令众多学者趋之若鹜。因为无论“一流”还是“卓越”，都是一种被建构出来的概念，通过数量、级别、效益等指标进行类比，个体或组织则从这种类比中获得意义和体现价值。② 学术锦标赛制正是借助了这一概念对学术人员的吸引力，将激励效力发挥到极致。尤其在中国，更加结合了中国人注重家国情怀和集体主义的文化性格，而使得个体更加自觉地接受与国家和组织目标一致的信念。因为从中国百年教育历程而言，无论是中华人民共和国成立前之“教育救国”，还是之后的“科教兴国”到“教育强国”时期③，通过这种个体之“卓越”达致集体乃至国家之“卓越”的方式对教育和学术工作者进行信念激励，基本上都行之有效。

2. 利益联结

当学术上升为中央政府主导的一项锦标赛性质的行动后，学术发展就具备了鲜明的“社会工程学”④ 特征，“政府主导”成为最鲜明的特色。与西方国家相对松散的大学治理模式相比，中国模式更有利于国家

① 黄达人. 黄达人校长在2007年发展战略研讨会上的讲话［EB/OL］.（2007－04－03）［2017－09－09］http://news2.sysu.edu.cn/theory06/124922.htm.

② 郭军. “废墟”之上，怎建大学［J］. 中国社会科学报. 2009（3）：10.

③ 陈伟. 学海勤耕百年灯：王承绪先生的比较教育研究［J］. 教育研究，2011，（4）：55－59.

④ 波普尔. 开放社会及其敌人：第1卷［M］. 陆恒，译. 北京：中国社会科学出版社，1999.

和政府对高等教育进行工程式的“整体规划”。由于在各种涉及资源分配的排名和考核中，大学组织的排名主要来自于政府主导的各种评价指标，而评价指标的最重要部分则是学术（科研）指标，这部分则来自于大学内部学术人员的总体学术业绩，而学术人员的学术业绩又主要从政府主导的各种课题、奖项的评比中得到体现。因此，在这个一环套一环的过程中，各级政府、大学组织和学术人员之间产生利益联结，从而在行动上更容易形成合力。

一方面，作为在国家层面的学术锦标赛制中扮演代理人角色的大学组织，其是否接受制度激励并产生制度所期望的行动，在很大程度上取决于是否有足够的利益驱动。因为中国大学长期以来都高度依赖于政府所提供的资源，政府通过资源分配政策和制度引导大学的发展，从而实现不同时期的目标。而大学为争取更多的资源，取得更大的生存发展空间，基本都会接受制度激励。比如，当年以“985 工程”和“211 工程”为主要载体的各种高等教育工程，几乎都将科研放在更为突出的位置，各种配套评价指标无一例外地都加大科研的比重，巨额的经费投入也向科研大幅度倾斜。在这个从平均主义到绩效主义的资源分配方式改革过程中，大学组织的角色和定位都发生了巨大的变化：从以往是“大锅饭”式的被动等分配的“单位”角色，逐步转变为主动接受激励的“代理人”角色。而当前正在实施的“双一流”建设则进一步强化了大学作为学术锦标赛制中的代理人的角色。因为在“双一流”建设背景下，“委托—代理”的组织层面不仅仅是大学，更进一步下沉到代表着“学科”的基层学术组织，在学术锦标赛制下，相对业绩排名更好的大学和学科都将获得更多的资源，这种资源分配方式的改变也全面影响大学组织和基层学术组织的行动。

另一方面，从作为代理人角色终端的学术人员个体层面来看，他们需要通过提升学术产出的速度和质量，以获得更快的学术晋升和更多的学术利益，从而累积个人的“文化资本”[①]，其主要途径则来自各级政府设立的课题、奖项和人才项目等。在20世纪末至21世纪初，与“985工程”和“211工程”相应的是，对学术人员的评价与激励制度也发生了重大变化，政府通过设立一系列选拔性的人才工程、计划和项目的方式，对在激烈竞争中脱颖而出的教师给予重点支持。比如，来自中央政府层面的新世纪优秀人才、国家杰出青年基金、百千万人才工程、长江学者、千人计划、青年千人计划、万人计划等，以及各地方政府和大学设立的优秀人才支持计划。“这种新的头衔或等级系统，其所带来的地位、声誉和影响远远盖过了既有的常规性头衔（等级）体系，并因此而带来了学术锦标赛制的泛化。”[②] 究其原因，一方面由于这些头衔体系直接或间接与政府所提供的资源密切相关，而且在很大程度上成为学术人员晋升和流动中的“硬通货”，因而对于累积个人的“文化资本”而言具有重要意义；另一方面从学术人员与大学组织的关系来看，大学组织需要更多的具有显示度的“人才”来提升大学的排名和绩效，而学术人员能否脱颖而出成为“人才”又与所在的学术平台实力以及是否能够获得所在大学的推荐等因素有着重大关系。因此，从利益的角度来看，学术锦标赛制也实现了个体、大学和政府之间的利益联结。

阎光才曾从大学教师尤其是研究型大学教师“偏好研究”的事实出发，试图挖掘其背后的“组织与个体行为逻辑”[③]。本书则试图在个体微观层面和组织中观层面的基础上将作为宏观层面的国家大学治理模式加入以进行分析。如今的中国大学已经渐渐走出一条与西方大学不同的道路，既不是“欧洲大学的凯旋”[④]，亦非美国大学模式的翻版。其中，中

---

① 皮埃尔·布迪厄，华康德．实践与反思：反思社会学导引［M］．李猛，李康，译．北京：中央编译出版社，2004．

② 阎光才．学术等级系统与锦标赛制［J］．北京大学教育评论，2012，10（3）：8－23，187．

③ 阎光才．学者还是教师：关于研究型大学的学术聘任标准［J］．高等教育研究，2017（4）：43－51．

④ 许美德．中国大学1895—1995：一个文化冲突的世纪［M］．许洁英，译．北京：教育科学出版社，2000：32．

国大学治理模式扮演了重要角色，成为“中国模式”的一个重要注脚。中国大学治理模式采用了多重“委托—代理”机制，符合锦标赛制的技术前提，具有典型的学术锦标赛制特征。中国学术锦标赛制在国家“顶层设计”的总体行动支撑下，通过信念共识和利益联结，将国家宏观目标、大学组织中观目标和相关人员微观目标三者统一起来，产生强激励并推动了中国大学的高度竞争和快速发展。

第五章

学科竞争：新时代学科评估与一所湾区大学的学科建设逻辑转向

2020年10月13日，中共中央、国务院正式印发文件《深化新时代教育评价改革总体方案》（以下简称《总体方案》）。第五轮学科评估随后正式启动，其中很多指标与第四轮相比发生了重要变化。其根本原因，正是因为《总体方案》的基本定位是坚持以立德树人为主线，以破除“五唯”为导向，“指挥棒”的重大改变促使学科评估价值导向随之发生重大转向。而学科评估价值导向又是高校学科建设逻辑转向的风向标，学科评估价值导向的重大变化必然会引发高校学科建设逻辑的连锁反应。那么，中国学科评估从开始至今经历了什么样的发展变迁历程？新时代学科评估价值导向发生了什么重大变化？引发高校学科建设逻辑发生什么转向……本章将聚焦一所粤港澳大湾区大学的三个学科建设案例，对这一系列问题进行重点研究，并思考湾区高等教育在学科竞争层面面临的机遇和挑战。

一、研究背景：新时代学科评估的价值导向变化

中国目前已经完成了四轮学科评估：第一轮学科评估于2002年启动，教育部学位与研究生教育发展中心依据国务院学位委员会和教育部颁布的《学位授予与人才培养学科目录》，按照自愿参评的原则与方式，

对除军事学门类以外的具有研究生培养和学位授予资格的一级学科进行整体性水平评估。其后，第二轮评估于2006—2008年完成，第三轮评估于2010—2012年完成，第四轮评估于2016—2017年完成。学科评估虽然已经成为教育部的一项常规性工作，但其价值导向转变的根本性力量不在于这项工作本身，而应将其置于更为宏观的时代背景中观察。改革开放以来，中国在国家战略层面统筹推进学科建设，大概可以划分为三个阶段：最早可以追溯到20世纪80年代教育部开展的国家重点学科评选工作，90年代后期又相继实施“211工程”建设和“985工程”建设，再到2015年实施“双一流”建设。从国家重点学科建设到“双一流”建设，都主要涉及学科建设甚至以学科建设为核心，但各阶段的侧重点不同。第一个阶段是国家重点学科建设阶段，开始明确学术价值导向。教育部于1987年开展高等学校重点学科评选工作，共进行了三轮评选。入选的学科无一例外都是学术底蕴深厚、学术团队和科研水平位居国内同类学科前列的。第二个阶段是“211工程”和“985工程”建设阶段，继续强化学术价值导向。“211工程”于1995年11月经国务院批准后正式启动，建设对象为高校和学科；“985工程”于1999年正式启动建设，主要以高校为建设对象，并通过高校建设促使一批学科达到或接近国际一流学科水平。无论是“211工程”还是“985工程”，学科建设都继续强化学术逻辑，入选的学科以国家重点学科为主，一部分科研实力突出的学科也得以入选。第三个阶段是“双一流”建设阶段，2015年国务院印发《统筹推进世界一流大学和一流学科建设总体方案》，以高校和学科同时作为政策符号为建设重点，提出推动一批高水平大学和学科进入世界一流行列。有别于国家重点学科、“211工程”和“985工程”建设阶段的是，“双一流”建设阶段不仅依然秉持学术价值导向，而且更强调学科对国家政治、经济、文化和社会建设的支撑作用和贡献程度，为此根据“双一流”建设专家委员会确定的标准认定了一批学术水平上乘、支撑国家发展有力、体现中国特色的学科为建设对象，此外部分高校根据标准自定一批在服务国家经济社会发展中有突出贡献的学科进入建设范畴。

因此，从时间节点来看，第一、二、三轮学科评估事实上是在国家推行“211工程”和“985工程”的大背景下进行的。在这个阶段，中国整体科技实力和经济社会发展水平与西方发达国家差距还比较明显，国家发展高等教育的策略主要以追赶为主，因此学科评估的价值导向也尤为强调学术导向。无论是国家重点学科建设抑或“211工程”还是“985工程”学科遴选，都更看重学校的历史底蕴和学科江湖地位，入选学科整体科研水平比较高且变化不大，身份固化现象也比较严重。而第四轮学科评估则是在进入新的时代背景下进行，中国与世界传统发达国家在各方面的实力差距已不断缩小，部分领域实现了并跑甚至领跑。因此，自2015年以来国家启动强调一流大学与一流学科建设并举的“双一流”建设，第四轮学科评估也随后启动。“双一流”建设尤为强调高校和学科要在支撑国家创新驱动发展战略、服务经济社会发展、弘扬中华优秀传统文化、培育和践行社会主义核心价值观、促进高等教育内涵发展等方面发挥重大作用。而第四轮学科评估，“社会服务”也开始成为一级指标，与“科学研究”“人才培养”旗鼓相当。① 张继平等也认为中国前四次高校学科评估经历了从工具主义价值取向到多元主义价值取向，再到中国特色价值取向的变迁历程。② 因此可以说，“双一流”建设之后的第四轮学科评估的价值导向发生较大变化，打破了前三轮以学术科研为主的价值导向，以学术科研、中国特色和社会需求三重价值并重。

但无论如何，在这一系列的政策变迁中，学术导向一直是前四轮学科评估的主旋律。尽管人才培养也一直在各种政策文件中出现甚至强调，并作为一级指标在评估体系中长期存在，但因其难以量化比较以及显示度的缺乏，一直并未被各高校予以足够重视甚至选择性忽略。因此，这也导致了“学科评估窄化为学科排名”③。科学研究尤其是科研论文似乎与学科的本质更相契合，因此这也成为学科评估中更被倚重的指标，长

---

① 麦宇红．教育部学科评估发展维度探析［J］．上海教育评估研究，2020，9（5）：12－16．

② 张继平，徐桑梓．“双一流”建设视域中学科评估价值取向的变迁与冲突［J］．现代教育管理，2019（11）：37－42．

③ 翟亚军，王晴．“双一流”建设语境下的学科评估再造［J］．清华大学教育研究，2017，38（6）：45－51．

期以来演变成科研至上甚至是“唯论文”。随着量化评估和竞争的加剧，整体上的教育评价也继而衍生出“唯职称”“唯学历”等系列性的“五唯”问题。因此，在2018年全国教育大会上，习近平总书记提出要破除“五唯”顽瘴痼疾。而《总体方案》的出台，也正是基于以上背景。《总体方案》明确指出：改进学科评估，强化人才培养中心地位，淡化论文收录数、引用率、奖项数等数量指标，突出学科特色、质量和贡献。随后启动的第五轮学科评估中，“人才培养”也成为排在首位、最为重要的导向性的一级指标，并且明确了学科评估的价值导向转变：以“立德树人成效”为根本标准，以“质量、成效、特色、贡献”为价值导向，以破除“五唯”顽瘴痼疾为突破口。

学科评估的目的是为了更好促进高校学科建设，学科评估只是手段，而并非目的本身。但在高等教育行政化、市场化、全球化的今天，学科评估所涉及的行政逻辑、市场逻辑、组织逻辑与学术逻辑往往混为一谈，遮蔽了学科评估的真实样态。① 因此，很有必要厘清在新时代学科评估的价值取向变化以及学科建设的实践逻辑随之发生什么转向。在首轮“双一流”建设及第四轮学科评估启动之后，关于学科评估与学科建设的研究不断增加，但多数都是理论思辨式的。新时代教育科研更加强调问题导向和真正助力于教育实践，显然仅仅依靠理论思辨或者政策文本分析是不足以提供足够支撑的，需要开展更多更深入的实证研究。尤其是对于被评估对象——具体的高校和学科而言，其对学科评估价值导向变化的认知以及所引发的学科建设逻辑行动反应和变化是最为真实的。从以上分析来看，从首轮“双一流”和第四轮学科评估开始到第二轮“双一流”建设动态调整和第五轮学科评估之间，刚好历经一个评估周期，并且学科评估价值导向先后都发生了较大变化。因此，观察这个周期之间高校和不同学科之间的应对，可以更为清晰理解其如何捕捉学科评估的价值导向变化及产生学科建设行动逻辑变化。

---

① 蔡运荃．中国学科评估研究三十五年：主题、特征与展望［J］．黑龙江高教研究，2020，38（9）：30－35.

二、案例研究：一所湾区大学三个学科的学科建设行动逻辑变迁

本研究选取了粤港澳大湾区一所高校作为典型案例——X 大学位于广东省省会广州，是一所省属重点建设大学，曾先后入选“211 工程”建设高校和“双一流”建设的世界一流学科建设高校。X 大学在“双一流”开始后便提出建设“国内一流、世界知名的综合性行业大学”的发展目标，希望经过一段时间努力，使若干优势学科达到世界一流水平、综合实力跻身世界高水平大学行列。X 大学虽有雄心壮志，但也有现实困境：一是学校预算收入并不充裕，财力难以支撑所有一级学科全面均衡发展；二是学校高峰学科少，获评第四轮教育部学科评估“A”以上的学科仅 1 个，获评“A－”和“B＋”的学科也为数不多，距离学校“国内一流、世界知名”的发展目标有距离。在学科评估背景下，这样的大学颇具典型性，受国家政策导向影响很大，希冀在捕捉学科评估风向标中更灵活地调整学科建设策略。而所选取的三个案例学科，正是在第四轮学科评估的价值导向发生变化后，X 大学加强学科顶层设计并制定分层分类发展策略后，从学校层面希冀重点冲“A”或“A－”的学科。这三个学科因其学科基础和特色不同，因此在捕捉学科评估价值导向变化并产生的学科建设逻辑又明显不同。

（一）甲学科：学科建设突出学术逻辑

甲学科是 X 大学的世界一流学科建设学科，但在第四轮学科评估中又并未入选 A 类学科。作为 X 大学唯一的世界一流学科建设学科，甲学科获得了学校在学科建设资源上的各种倾斜。但是为应对新一轮“双一流”建设动态调整，甲学科又面临着巨大压力，因为如在第五轮学科评估无法入选 A 类学科的话则有掉出“双一流”的风险。甲学科属于理学学科门类，学术底蕴和学科声誉俱佳，加上入选世界一流学科建设学科也令其成为 X 大学学科建设中的一面旗帜。因此第四轮学科评估后，该

学科更加突出学术逻辑，在学科建设过程中对标世界一流，强调学术至上，对标第四轮学科评估的评价指标，全力冲“A”。首先，在学科队伍建设方面，甲学科基于学术水平至上、科研潜力优先的原则，制订了“外引内培”计划，打造了一支很有学术竞争力的学科团队，其中中外籍院士、“国家杰青”、“长江学者”等各类高层次人才超过10人，形成每个研究方向均由著名学者领头、知名学者为中坚力量、在学术界崭露头角的后起之秀为后备军的梯队结构。其次，在学科方向凝练方面，摸清家底，凝练了在国内外均有重大影响的三个学科方向。提出了“做最尖端的学问，引领学术前沿”的建设目标，明确“凝练优势方向—组建大团队—打造大平台—承担大项目—产出大成果”的建设思路。最后，在学科平台建设方面，瞄准学科前沿，努力打造省部共建国家重点实验室、教育部“111”引智基地、国家实验教学示范中心等重大科研教学平台。并依托大团队和大平台，承担了一批国家和省重大重点科研项目以及国际联合攻关项目，在*Nature*及其子刊上发表了一批高质量的学术成果，获得了一批省部级科研成果奖励。

由于突出学术逻辑并全力推进，甲学科在巩固和提升科学研究水平方面可圈可点，但与之相比人才培养却多少有些着力不够。人才培养之不足突出表现在以下几个方面：一是专任教师参与本科教学工作的积极性有待提高，尤其是近年来新引进的很多人才都是研究岗，科研任务较重，难以兼顾甚至不做教学工作；二是教材建设成效不明显，近五年整个学科出版教材寥寥无几；三是课程建设成效并不突出，近五年获批省级以上荣誉称号的课程仅两门。因此，当第五轮学科评估的价值导向尤其强调人才培养实质性回归时，甲学科就出现了应对不及的窘境，在填写学科评估简况表中人才培养部分时实在是巧妇难为无米之炊。在这个学科建设周期，与科学研究相比，甲学科在人才培养方面明显处于弱势和从属地位，而且科研育人及科研反哺教学机制没有得到有效构建。

（二）乙学科：学科建设突出政治逻辑

乙学科属于哲学社会科学范畴，在第四轮学科评估中评为“A－”，近年来在全国同类学科中声名鹊起，已成为X大学学科建设的新锐，学校对其在第五轮学科评估的目标是保“A-”冲“A”。新时代以来，中国对强化马克思主义中国化和宣传党的路线方针等方面愈发重视，相关哲学社会科学学科在此背景下受到前所未有的重视。乙学科抢抓机遇，将学科建设与中国共产党治国理政紧密结合起来，突出政治逻辑，强化中国特色学科的打造。首先，在学科团队组建方面：一是确定了政治过硬、业务精湛的学科带头人，该带头人是“长江学者”特聘教授，入选国家“万人计划”、中宣部“四个一批”人才培养计划等各种重大人才项目，在马克思主义理论中国化研究、中共中央重大决策方针和中国共产党治国理政方略方面成果丰硕，学术水平有口皆碑；二是按照政治强、业务精、作风正的要求，打造了一支主攻中国特色社科研究的学科团队。其次，在科学研究方面：一是积极打造中国特色社会主义理论体系研究基地、党的建设研究院重点智库等高端平台和智库，为政府部门提供决策咨询报告；二是围绕“建设什么样的马克思主义政党、怎样建设党”等治国理政重大课题和关键命题开展研究，近五年承担国家社科基金重大项目近十项，一批成果发表在“三报一刊”上，被《新华文摘》《中国社会科学文摘》全文转载或摘要转载的论文20多篇，获得教育部中国高校人文社会科学优秀成果奖等省部级科研奖励10多项。最后，在学科平台建设方面：依托平台基地，主动走出去传播好党的声音，讲好中国故事，教师们分赴政府机关和企事业单位宣讲党的各类会议精神和路线方针，面向地方政府公务员、事业单位党政干部、高校辅导员等群体持续开展量大面广的培训活动，在社会服务方面形成了鲜明特色，树立了品牌。

第四轮学科评估后，乙学科更加强化政治逻辑，主打中国特色，在师资队伍、科学研究和平台建设等方面成效凸显。但在人才培养方面也多少面临和甲学科类似的窘境：一是在课程建设方面起步较晚，尚未培育出国家一流课程；二是对教学改革的投入有待加强，在省级以上教学成果奖等方面少有斩获；三是对教学激励有待强化，教师普遍缺乏足够热情参与教学工作，不少教师热衷于培训，而主动参与人才培养工作的主观能动性有待增强。因此，尽管从表面上看发展势头很好，但面对第五轮学科评估时也还是略显被动。当然，其比甲学科有利的地方在于学科主打中国特色，因此在学科评估简况表填写中关于立德树人方面还是在一定程度上可以做些弥补。

（三）丙学科：学科建设突出社会逻辑

丙学科属于工学门类，有较好的学科基础和发展特色，学校对其在第五轮学科评估的目标是冲“A－”。由于在历史底蕴、发展基础、学术力量、平台条件等方面还很难与现有的世界一流建设学科或A类学科抗衡，丙学科在准备第五轮学科评估的周期中，转变思路主打社会需求逻辑，致力于科技成果转化及服务区域创新驱动发展，坚定走产学研结合的道路。首先，在学科团队组建方面，丙学科确定了以社会需求为导向，积极打造扎根行业、服务产业的师资队伍。一是选聘了有多年行业工作经历、科研成果转化比较突出、与企事业单位联系比较紧密、服务社会需求意愿比较强烈的学科带头人；二是在学科师资队伍的组建方面，优先聘任有企业工作经历、取得发明授权专利较多、外向活跃的青年才俊，同时鼓励教师承担横向课题、开展应用研究、技术开发和新产品研制，着力解决行业产业共性的关键技术难题，目前学科团队七成以上教师都是企业的技术顾问，社会服务敏锐度高，科研工作也很接地气。其次，在科研方面，根据学科发展基础，结合区域行业产业需求，凝练具有鲜明特色的方向领域，在人才引育、平台搭建、经费投入等方面配置优质资源，汇聚了一批省级人才团队，搭建了省级工程研究中心、高校重点实验室等科研平台。最后，在科研平台建设方面，利用学校与地方政府和工业界联合建立的产业研究院、产业化基地、创新研究院等平台，充分发挥学科长期参与企业生产研发和技术攻关、服务地方产业科技发展的传统优势，积极承担地方政府及企业委托的横向课题研究，着力解决产业和企业遇到的实际技术难题、研发课题和前沿问题，年均获授权专利数十件，成功转化了一大批科技成果，与地方企业建立了互动密切的合作关系，学科在产业界赢得了良好的口碑。

但囿于学科底子不厚和基础不强，与社会服务相比，丙学科在科学研究和人才培养方面稍逊一筹。一方面，学科带头人和骨干队伍学术影响力有限，承担国家级和省级重大科研项目实力不足，难以融入主流学术圈和紧跟学术新前沿，虽有社会服务立地的转化技术，但缺少顶天的标志性科研成果。另一方面，虽然通过产学研合作让学生得到较多实践训练，但并无认真凝练经验，课程、教材、教育教学改革方面均缺乏亮眼表现。经过一个周期的建设，丙学科在积极回应社会需求中有了更清晰的学科建设思路，但仅靠社会服务单点突破又很难带动学科水平的整体提升，因此在第五轮学科评估中面对学校的冲“A－”期望难免还是有些底气不足。

三、结论与讨论

（一）结论

本章基于对中国统筹推进学科建设战略的历史演进和历轮学科评估价值导向变化的梳理，并通过在第四、五轮学科评估周期中某大学三个学科建设的案例研究发现：学科评估价值导向是高校学科建设逻辑转向的风向标，学科评估价值导向决定了高校学科建设的实践逻辑与行动策略。

1. 第四轮学科评估：学科评估价值导向以学术科研为中心并兼顾中国特色和社会需求，高校学科建设逻辑转向学术逻辑、政治逻辑和社会逻辑并举

首轮“双一流”建设之后，第四轮学科评估价值导向发生较大变化，学科建设逻辑也从主要强调学术逻辑转向学术逻辑、政治逻辑和社会逻辑并举，不同学科根据自身情况倾向于采取差异化建设逻辑与行动策略。具有传统优势的学科更侧重学术逻辑，主打“中国特色”的学科更侧重政治逻辑，新兴的应用型学科则更侧重社会逻辑。但从学科评估的价值导向变化来看，尽管首轮“双一流”建设启动后第四轮学科评估有了较大调整，但其价值导向并没有发生本质性变化。“双一流”建设在政府政策推动这一点上，可以说是对“211 工程”“985 工程”以及国家重点学科建设制度的进一步延续。[①] 因此第四轮学科评估虽较前三轮以学术科研为主的价值导向有所变化，体现出以学术科研、中国特色和社会需求多重价值并重，但价值导向并未有根本变化，学术性是学科最主要的价值追求，人才培养等学科建设工作也是围绕学术科研这一“中心”工作服务的。从前四轮学科评估的结果也能看出端倪：学术科研表现一般的学科很难排位靠前，名列前茅的无一不是科研整体表现优异的学科。

2. 第五轮学科评估：学科评估价值导向强调人才培养价值回归，高校学科建设逻辑发生根本性转向并面临对人才培养重视不够的共同困境

《总体方案》出台后以及第二轮“双一流”建设和第五轮学科评估，明显体现出对人才培养价值的加权，并且在科学研究及社会服务等部分也围绕人才培养进行。从第五轮学科评估开始，在破除“五唯”的背景下学科建设逻辑发生更为根本性的变化，长期被遮蔽的人才培养逻辑开始实质回归，高校学科建设也因此面临长期以来对人才培养不够重视的困境。从 X 大学的甲、乙、丙三个学科的案例来看，这种困境是具有共同性的：无论是侧重政治逻辑还是社会逻辑的学科建设，行动策略都主要还是以学术逻辑为中心的，因此造成重科研轻教学、重教学轻育人的局面。而且，在第五轮学科评估开始之前，这种现象是普遍存在的。即便是各高校和学科都声称重视人才培养工作，但多少显得有些“口惠而实不至”。

3. 新时代学科评估的价值转向体现出人才培养和科学研究并重的局势，需要重新认识人才培养的学科价值，提升学科建设水平和生命力

观察第四、第五轮学科评估周期内高校和不同学科建设的行动策略，可以清晰分析新时代学科评估价值导向变化所带来的学科建设逻辑转向。唐玉光等曾提出学科的两种认知——基于知识传播、人才培养的学科认

---

① 胡建华.“双一流”建设对中国高校学科建设的影响［J］. 江苏高教，2018 (7)：5－8，13.

知和基于知识创造、问题解决的学科认知，认为基于第一种认知的话，应把人才培养嵌入到每一门学科的发展中，尤其需要关注教材、课程的开发，教学条件的改善，教学方法的钻研，教学程序的合理设计，以及注重学术组织成员教学能力的提高。① 在新的知识生产模式的演进和世界高等教育国际化浪潮中，知识的整合创新和人才培养应该成为学科建设的双重内核。② 因此，在新时代学科评估背景下，需要重新认识人才培养的学科价值，提升学科建设水平和生命力。如周光礼所言，建设“双一流”的核心是处理教学与科研的关系，关键是推进学科专业课程一体化建设。③ 但这种价值导向在首轮“双一流”建设和第四轮学科评估中均未得到很好体现，直到第五轮学科评估才得到更加明确的表达。此前出现的学科评估导向扭曲甚至“五唯”现象，乃是因为过于偏重对科学研究的显性指标，而将人才培养在学科建设中割裂开来。甚至将学科建设窄化为教师学术成果产出，并按照成果数量和级别论功行赏，导致工具主义取向的学术锦标赛制盛行。④ 因此，新时代学科评估的价值转向更体现出人才培养和科学研究并重的局势，而这两大逻辑是通约性的。政治逻辑和社会需求逻辑则是特色性的，根据不同学科的传统、地域等情况因地制宜。

（二）讨论与反思

新时代教育评价改革的大幕已拉开，第五轮学科评估也已经开启，并已成为所有高校和学科新一轮建设的重要风向标。在新时代教育评价改革的大背景下，学科建设该何去何从，基于本研究的发现还有一些内

---

① 唐玉光，潘奇．大学学术组织变革的学科逻辑［J］．教育发展研究，2010，30（19）：8－11.

② 倪亚红，王运来．“双一流”战略背景下学科建设与人才培养的实践统一［J］．江苏高教，2017（2）：7－10，15.

③ 周光礼．“双一流”建设中的学术突破：论大学学科、专业、课程一体化建设［J］．教育研究，2016，37（5）：72－76.

④ 陈先哲．学术锦标赛制：中国学术增长的动力机制与激励逻辑［J］．高等教育研究，2017，38（9）：30－36.

容值得延伸探讨。

1. 学科建设必须更加重视人才培养质量，但要防止形式主义

《总体方案》强调坚持立德树人，新时代教育评价已成为所有高校和学科新一轮建设的重要风向标，第五轮学科评估也已将“人才培养质量”摆在了第一的位置，而且权重明显加大，考察的指标更多更细。但与较易通过显性指标来衡量的科学研究相比，人才培养确实较难通过量化指标来评价。目前的评价体系是否能全面科学评判学科人才培养的水平？也还需要时间检验。此前教育部也推出了“双万计划”等一系列教学和人才培养的奖项和评比，这当然一定程度促进了高校对人才培养的重视，但人才培养又要强调个性与特色，无论同类专业还是不同类专业是否具有科学可比性？[①] 更关键的问题在于：在破除“五唯”的大背景下，目前重视人才培养的举措大幅增加，无论是教学成果奖还是各类一流课程与重点教材等蜂拥而上，但这些会不会又因此而变成新的“唯”？其透露出的价值导向势必会引导高校学科建设逻辑和发展策略的新一轮转变，但是否符合新时代教育评价的精神和宗旨呢？另外，这些评比更多都还是一种学校和教师填表式竞争的路径依赖，学生未必能够真正受益。学生作为学科建设中的“顾客”，其体验和满意度到底如何？在第五轮学科评估中已经有所体现了，但显然还是不够。学科评估不但要改进教师填表，还要“细听学生声音”[②]，才能更好为学科的长期发展和质量改进服务。

2. 学科建设要逐渐淡化数量指标，更需提升质量和强化特色

《总体方案》指出改进学科评估，淡化数量指标，突出学科特色、质量和贡献。第五轮学科评估明确突出标志性学术成果的创新质量和学术贡献。很明显，国家在新时代对教育有了更高的要求和期许，要改变过去的以量图大为今后的以质图强。在新时代教育评价的大背景下，发展一般的学科还达不到不要量、只求质的高度，还需要量的累积来筑牢学

---

① 王建华. 关于一流本科专业建设的思考：兼评“双万计划”［J］. 重庆高教研究，2019，7（4）：122－128.

② 常桐善. 学科评估要细听学生声音：加州大学利用本科生调查结果的实践经验［J］. 中国高教研究，2020（7）：47－53.

科的发展根基，量变是质变的基础和前提，但是片面为了追求数量增长进行低水平的重复研究和粗制滥造的简单堆积已失去了应然意义，更是人力、财力、物力的极大浪费。因此，在新时期，学科建设需要处理好“提升质量和凝练特色”战略和“如何提升和凝练”战术的关系。尤其特色是学科的内涵隐性和显性表现之和，更是学科竞争力和生命力的保证，在特色凝练方面，学科需要梳理自身的发展历史，将其置于同类学科建设的坐标系中，在人才培养、科学研究、社会服务、国际交流以及文化传承等方面的一个领域抑或若干个点做到人无我有、人有我优、人优我特，形成学科独特的“标签”，提高自身的“辨识度”。

3. 学科建设策略应随学科评估价值导向顺势而变，但又要坚守初心

从本研究三个案例可以看出，在急剧政策变化中高校学科建设发生逻辑转向和策略调整，但是也带来不少迷茫。原有的学科评估存在什么问题？新时代学科评估发生了什么转向？下一次评估又会发生什么转向……对于学科而言，在新时代教育评价改革大背景下，该如何调整学科建设策略，是跟着评价“指挥棒”走，还是保持清醒的头脑，坚定自身信念，做到任凭风浪起、稳坐钓鱼台，值得深思。学科评估是一把“双刃剑”，既引导高校学科建设整体水平提升，同时也是造成恶性竞争等问题的根源所在，因此要从多重逻辑角度去理解和辨析学科评估的利弊。[①] 而学科建设更是一项复杂的系统工程，要在学科评估价值导向变化中带来的多重行动逻辑之间形成合理的张力，任何一种行动逻辑占垄断或支配地位都可能导致学科发展的失衡。[②] 因此，在新时代学科评估背景下，各学科既要基于学科实际，契合时代需求和社会导向，选择与自身匹配的行动逻辑和建设策略，也要保持应有的定力，不能完全被教育评价的“指挥棒”牵着鼻子走。无论采取何种行动逻辑或策略，人才培养始终是重中之重，是高校学科建设的初心和根魂，只有将人才培养摆在学科建设的首位，学科建设才会行稳致远，并在激烈的学科竞争中赢得一席之地。

---

① 阎凤桥. 学科评估的多重逻辑［J］. 教育发展研究，2021，41（1）：7－9.

② 李峻，张珍. “双一流”建设背景下学科建设的行动逻辑与可能路径［J］. 江苏高教，2018（7）：9－13.

下 篇

走向竞合：粤港澳大湾区高等教育集群发展突围

长期以来，无论是国家、区域、城市、大学还是学科，多还是站在一种竞争性的视角去看待高等教育发展。按照锦标赛制理论的解释，中央政府可视为总委托人，地方政府相当于经理人，相对业绩排名更好者将获得更多的资源配置和竞争优势；而各地方政府又通常采取项目二次发包和配套的方式，实际上也同时扮演委托人角色，各大学相当于经理人角色，相对业绩排名更好的大学和学科将获得更多资源配置和经费。在“国家—区域—城市—大学—学科”的层层“委托—代理”中，锦标赛制为高等教育竞争性发展带来了强激励，促使中国高等教育从整体到局部都在不断提速发展。但是，任何发展都是有代价的：在这个发展阶段，高等教育的高速发展更多还是外延性的，对高等教育理念、结构与制度等层面的内涵式发展还不够重视；而且，在产生强激励的同时也诱发了很大的副作用，尤其是“五唯”问题，高等教育发展过于注重各种指标竞赛的结果性评价，忽略了增值性评价和过程性评价。尤其明显的一个问题是：各地方政府都发力投入高等教育，不可避免带来重复建设和发展雷同的问题，进入普及化时代的高等教育并未因此变得更加丰富多元，高等教育服务区域经济社会发展的程度还是不高。如何突破高等教育竞争性发展的“围城”之困，新时代高等教育发展路在何方？迫切需要做出转型回应。

中共中央、国务院于2019年2月印发了《粤港澳大湾区发展规划纲要》(以下简称《规划纲要》)。而在《规划纲要》出台后，国家发改委就发布了《国家发展改革委关于培育发展现代化都市圈的指导意见》，提出到2035年形成若干具有全球影响力的都市圈。这些重磅文件的密集推出，反映出的一个重要趋势是：在新时代，将从以往注重单个城市建设走向更加注重城市群和都市圈的培育与建设，尤其是作为重大国家战略的三大城市群建设——京津冀协同、长三角区域一体化、粤港澳大湾区建设将发挥重要引领作用。而在如今高等教育发展和经济社会发展高度互动的情况下，区域高等教育集群发展问题也将成为当前和未来一段时期的一个具有重大现实意义的课题，无论是高等教育实践界还是研究界都应予以深切关注。

区域高等教育集群模式开始兴起，这意味着不仅要关注高等教育竞争性发展，又需将此议题置于合作的背景之下去审视。特别是对于粤港澳大湾区高等教育集群而言，区域之间的“组团”合作更是题中之意。当前，区域“组团”模式已经成为一种全球性的新动向。从国际上看，世界三大著名湾区乃其中典范：纽约湾区是以纽约为中心的大西洋沿岸城市群，是著名的金融湾区；旧金山湾区是北加州围绕旧金山湾和圣巴勃罗湾河口的一片城市群，是著名的科技湾区；东京湾区则由东京、横滨、川崎和千叶等多个大城市组成，是著名的产业湾区。而且，这三大湾区不但产业集群特色分明，高等教育集群的特征也很明显：纽约湾区形成了“多中心＋轴线”式高等教育集群发展模式，旧金山湾区形成了多中心互补组团式高等教育集群发展模式，东京湾区形成了“中心＋边陲”式高等教育集群发展模式。① 而从国内的情况来看：2014 年 2 月，习近平总书记在北京专题听取京津冀协同发展工作汇报，将“京津冀协同发展”上升为国家战略；2018 年 11 月，习近平总书记在首届中国国际进口博览会开幕式发表演讲时提到，将支持长三角区域一体化发展并上升为国家战略。加上粤港澳大湾区建设，如此一来中国经济最为发达的三个区域都采取了“组团”模式并上升为国家战略，将带动中国改革开放进入新的空间布局。可见无论是从中央还是地方的角度，都希望通过区域合作乃至于各领域的深度合作以实现利益最大化。

《规划纲要》明确提出大湾区的主要目标是打造世界一流湾区、世界级城市群以及全球科技创新中心。毫无疑问，这些伟大目标的实现都需要身处其中的高等教育集群为此提供重要支撑。“集群”之本身有“集聚、群体”之意，加上“粤港澳大湾区高校类型丰富、互补性强，集群发展优势得天独厚”②，确实有很好的合作基础。因此，目前关于粤港澳大湾区高等教育发展，无论是官方政策还是学界研究的话语几乎都是围

---

① 欧小军．世界一流大湾区高水平大学集群发展研究：以纽约、旧金山、东京三大湾区为例［J］．四川理工学院学报（社会科学版），2018，33（3）：83－100.

② 卓泽林，杨体荣．粤港澳大湾区高校集群建设的发展导向及其路径［J］．教育发展研究，2019，39（11）：16－23，39.

绕着“合作”来展开。当然，“合作”话语也有不同的表述：比如《规划纲要》便明确提出“推动教育合作发展”，有研究者也倾向于从政策解析的角度谈论“合作”①，也有研究者使用的字眼则是更加体现出深度合作性质的“融合”②，还有研究者认为应采取一种“整合”③的思路，另外还有认为应推进大湾区高等教育的发展“协同”④，表达的都是合作之意。但粤港澳大湾区高等教育集群发展的逻辑是否只有合作一维呢？一味地追求合作是否便能为以上这些伟大目标的实现提供有力支撑呢？从现实情况来看，无论是香港和澳门，还是珠三角九市，都在一个全球化的框架中积极发展高等教育，都寄望在竞争中获得更大发展。从这层意义来看，显然竞争又是这些城市及其大学的发展关键词。那么，在合作与竞争之间，到底是一种对立性的冲突还是能达至一种互补性的和谐呢？到底何为粤港澳大湾区高等教育集群发展的实然逻辑呢？这些都将是这个篇章的核心议题。

粤港澳大湾区已有很多所高水平大学，香港多所大学位列世界大学排名前100强，广州的中山大学、华南理工大学入选国家“双一流”建设计划，深圳近年来在大学建设方面颇多大手笔，澳门的大学亦发展迅速。粤港澳大湾区高等教育的基础和发展势头让人看到比肩三大世界级湾区的希望，但关键的问题是如何实现高等教育集群发展并与大湾区活跃的产业集群高度互动。因此，除了理论逻辑的厘清之外，本篇还对大湾区高等教育集群所关系到的城市分工、战略行动和参照体系等实践问题进行剖析，希望能在一定程度上更好助力于实践层面的转向与推进。

---

① 卢晓中．推动粤港澳大湾区教育合作发展的思考［J］．中国高教研究，2019（5）：54－57．

② 陈子季．推动粤港澳大湾区高等教育融合发展［N］．学习时报，2019－03－01（6）．

③ 李晶，刘晖．粤港澳大湾区高等教育整合的逻辑与进路［J］．高等教育研究，2018，39（10）：31－36．

④ 李均．整体推进粤港澳大湾区高等教育协同创新发展［J］．现代教育论丛，2019（1）：11－13，19－20．

第六章

超越竞争：粤港澳大湾区高等教育的竞合发展逻辑

一、粤港澳大湾区高等教育发展的竞争之困

在国家“双一流”建设方案出台之前，广东的高水平大学建设和高水平理工科大学建设工作（简称“‘双高’建设”）已经提前发力。一向在高等教育改革和投入方面不温不火的广东此次率先发力，很大程度上便基于地方政府的锦标赛制竞争转向：作为经济发达地区的地方政府，已经逐步转入从以 GDP 增长为主的竞争模式向更加倚重科技文化和创新驱动的竞争模式，而发展高等教育正好能从各方面满足这种竞争需求。因此，2015 年初，《广东省人民政府关于深化教育领域综合改革的实施意见》便提出加快高水平大学建设工作，“以创建中国特色一流大学、服务国家和广东经济社会发展重大需求为目标，集中优势资源，择优重点建设一批高校和学科”。“双高”建设成为广东高等教育界头等大事乃至省委省政府的重要战略事项。

尽管广东此次“先行一步”①，尤其是力推“双高”建设方案，资金

---

① 蒋达勇. 先行一步：高水平大学建设的广东模式［J］. 高教探索，2019（4）：41－45.

投入远超以往。但只有大额资金投入远未足矣，围绕什么目标来打造高水平大学和学科，通过有效建设让钱花到实处，则更考验广东地方政府和大学的办学智慧。高等教育发展水平与经济发展水平不相称，一直是广东这个沿海发达省份长期的痛，但若仅仅为了水平“相称”的目标而陷入各种办学指标竞赛，广东高等教育只能依然在对京沪的亦步亦趋和对江浙的苦苦追赶之中迷失自我，失去特色。与经济发展水平“相称”之情结，是鼓舞一个发达省份高等教育发展的动力之源，但首先要予以考虑的应是“结构相称”而非“水平相称”，也即高等教育结构发展和人才培养要与地方经济产业结构发展相称：比如广东正处于产业转型升级之中，迫切需要更多应用型本科大学和高职院校办出一流，为此提供足够的人才支撑。那么，广东打造高水平大学和学科，若能紧紧围绕为当地经济产业提供一流的学科支持和人才支撑，而不是军备竞赛式地把各种大学排行榜和ESI学科排名作为瞄准的靶心，方真正能显示出扎根大地办学的本土特色和高度自信，也更加符合国家“双一流”方案所重点强调的“以支撑创新驱动发展战略、服务经济社会为导向”的指导思想。美国加州高等教育总体规划之所以在特定历史阶段取得巨大成功并影响深远，其根本的原因乃是加州没有盲目寻找参照系和简单模仿，而是根据本土实际量身定做，建立了具有地区特色且运行灵活有效的高等教育体系，不但涌现出加州大学伯克利分校等多所世界一流大学，并为加州经济的腾飞发展提供了合理的人才结构。总而言之，无论是广东，还是其他省份，在新一轮“双一流”大学和学科建设中，必将面临更为激烈的竞争和考验。

而且，如上篇所分析，如果只是在锦标赛制进行大学军备竞赛，按照各种指标全情投入竞争，大学确实又面临着各种深层危机。卓越乃世界一流大学的“一流”之表义，但过于沉迷卓越主义也会令大学迷失自我甚至误入歧途。无论是昨日之“211工程”“985工程”，还是今日之“双一流”，无不是以“卓越”为鹄的，但凡事过犹不及。众所周知，教学、科研、服务社会是现代大学的三项基本职能，重科研轻教学在世界各国大学也算是普遍现象，并非中国大学独有。大学尤其是研究型大学重视科研并无多少不妥，但若陷入过度学术锦标赛制之中，自然不免会削弱其他职能和责任担当。尤其是当下科研与教学并没有建立起良性互促机制，大学愈来愈像研究机构而不是以培养人才为根本使命的教育组织。但事实上，大学不仅是人类社会的科学脊梁，还是人才培育的主要基地、人类社会的道德良心和推动人类社会文明进步的一种引领力量。现在中国很多大学的科研成绩都越来越光鲜，但并没有对其他职能起到更好的促进作用，反而一定程度上产生了挤兑效应。尤其是培养人才，因为评价指标的导向，大学和教师们都把绝大部分的精力投入到各种科研项目和人才头衔的争夺中去，人才培养尤其是立德树人被撂在一边。而区域高等教育发展除了全情投入竞争之外是否还有其他选择路径？或如何因地制宜、扎根“特色”以“杀出一条血路”？

二、竞合理论及对粤港澳大湾区高等教育发展的适切性

粤港澳大湾区作为一个特定区域规划，是珠三角九市与香港、澳门的特定区域组合。珠三角九市是地级市政府，但涉及大湾区的很多重要事务事实上又是由作为省级政府的广东在统筹运作，而香港和澳门作为中国中央政府直辖的地方性区域，也可以置于广义的地方政府概念范畴之下。因此，本章旨在从地方政府发展高等教育的角度来分析粤港澳大湾区高等教育集群建设的动力和路径，主要从地方政府的行动逻辑出发进行分析，而非分析更为微观层面的大学行动逻辑。而要回应以上研究设想，应置于两个背景下进行探讨：一个是地方政府竞争的背景，另一个是地方政府合作的背景。无论是从已有的理论解释还是现实实践来看，这两种情况都普遍存在。

从以上地方政府发展高等教育的双重叠加背景以及粤港澳大湾区背景下各相关政府发展高等教育的动力分析来看，显然合作与竞争并存乃是不争事实。因此，“合作”更多只是作为一种政策话语以及凝聚各方共同愿景的应然逻辑，而“竞合”才是激发各方动力的实然逻辑。也即在竞争中发生合作、在区域内部的合作中增强自身竞争实力的竞合逻辑更

加符合粤港澳大湾区高等教育发展的实然逻辑。而且，从已有研究来看，“竞合”理论已经成为研究府际关系的一种重要理论，具有较强的理论解释力和实践指导意义。“竞合”理论尤其是适用于对集群的分析，无论是其理论意蕴还是现实应用，都比单纯的“合作”更具解释力。以下将根据“竞合”理论的解释和拓展，进一步分析如何以竞合逻辑推进粤港澳大湾区高等教育集群建设。

（一）竞合理论以及竞合类型

虽然组织间尤其是企业间的竞合现象很早就已经出现，但作为学术范畴的“竞合”理论（Co-opetition theory）最早是哈佛商学院的亚当·布兰登勃格（Adam M. Brandenburger）和耶鲁大学管理学院的拜瑞·内勒巴夫（Barry J. Nalebuff）在1996年提出的，他们将企业的竞合关系总结为：“竞争”是与竞争对手的竞争，“合作”是与上下游企业的合作，也就是说竞争与合作的对象是各不相同的。① 后来关于“竞合”的研究得到进一步发展，尤其用于解释产业集群和企业联盟的内部关系，而且竞争与合作的对象进一步泛化了，研究者们认为不管是针对竞争对手还是上下游的合作企业，都既是一种竞争性合作，也是一种合作性竞争，这种关系成为推动产业集群或企业联盟发展的潜在动力和源泉。竞合不同于单纯的合作：合作通常是指企业或组织之间通过利用互补性资源、技能和能力来寻求共同利益的行为。② 在合作需求下，组建企业联盟便成了一种理性的选择，有利于弥补各自所缺的资源。竞合又不同于单纯的竞争：单纯的竞争又可能会导致成员企业片面追求自我利益而牺牲其他盟友的利益，从而减少联盟所创造的总体价值并影响联盟的稳定性。因此，“单纯的合作或单纯的竞争视角，已经难以反映当前企业之间一边合

---

① BRANDENBURGER A M, NALEBUFF B J. Coopetition: a revolutionary mindset that combines competition and cooperation in the marketplace [M]. Boston: Harvard Business School Press, 1996.

② ADELMAN M B, AHUVIA A C. Social support in the service sector: the antecedents, process, and outcome of social support in an introductory service [J]. Journal of business research, 1995, 32 (5): 273-282.

作一边竞争的现实，因而逐渐被竞合理论所取代”[①]。

国内一些代表性研究又在“竞合”理论的基础上，进一步根据产业集群内部企业性质的差异，将企业竞合关系分为两种类型。[②] 一种是同质企业竞合关系：一般而言，产业集群中的大部分企业都属于同质企业，横向竞争非常激烈。同质性决定了这类企业在协同创新过程中，其短期关系是以合作为主，辅以微弱竞争；长期关系是以竞争为主，并通过短期合作缓和竞争关系。另一种是异质企业竞合关系：异质企业主要指处于同一供应链条上的上下游企业。由于这类企业处于同一产业链条，利益趋同，而又有明确的专业化分工，因此更容易产生纵向合作；当然，由于资源的稀缺性，企业间也在一定程度上存在对创新资源的争夺。在竞合关系网络中，主要的网络组织行为是产生知识共享，知识共享是包括“知识筛选、知识溢出、知识学习、知识吸收和知识创造”[③] 的全过程，其关键是知识溢出：尤其是出于自身利益最大化而产生的自愿性知识溢出行为，会带动网络组织成员集体知识进步。因此，要在不同的竞合关系类型中分析网络组织成员中的“知识溢出者”和“知识吸收者”，才能更加精确分析其“竞合”逻辑并制定“竞合”战略。

（二）竞合理论对大湾区高等教育集群建设的适切性

如前所述，在竞争中发生合作、在区域内部的合作中增强自身竞争实力的竞合逻辑更加符合作为区域高等教育集群的粤港澳大湾区高等教育发展的实然逻辑。而竞合理论和理念不仅对企业集群建设适用，也适切于对高等教育集群建设具体实践的指引。

首先，有利于探索和建立区域内部高校的联动竞争合作机制。目前，京津冀协同、长三角区域一体化以及粤港澳大湾区，都是作为国家战略

① 刘衡，王龙伟，李垣．竞合理论研究前沿探析［J］．外国经济与管理，2009，31（09）：1－8，52．

② 万幼清，王云云．产业集群协同创新的企业竞合关系研究［J］．管理世界，2014（8）：175－176．

③ 卢福财，胡平波．基于竞争与合作关系的网络组织成员间知识溢出效应分析［J］．中国工业经济，2007（9）：79－86．

的城市群建设区域。在这些区域内部，如何建立相关高校的联动竞争合作机制是基础。一方面，有利于进一步发挥民间层面的积极性，建立和完善区域内部高校联盟。比如粤港澳高校联盟已于2016年成立，即是粤港澳三地为促进内部高等教育资源整合和协同发展所做的民间尝试，迄今已汇聚粤港澳三地数十所高校，这些高校之间即有一种内部合作、抱团竞争的关系。接下来需要在联盟基础上进一步扩大，并探索联盟内部高校合作设立联合实验室、开展科研合作，支持成果转化等具体事项。另一方面，有利于指引如何更充分发挥官方层面的作用，建立区域高等教育衔接机制和共同框架。这方面可以借鉴“博洛尼亚计划”有效促进欧洲高等教育一体化的经验，建立容易理解及可以比较的学位互认和学分转换体系，促进区域内高等教育协同发展。这对于具有“一国两制”“三个关税区”特征的粤港澳大湾区高等教育来说尤为需要，并尤其需要三地政府层面的协商和努力。

其次，有利于探索和建立区域内外部高校的联动竞争合作机制。如今的趋势可能过多强调区域内部高校联合，但不应只顾形成一个内部圈子，反而排斥了区域外部高校的竞争合作参与。区域外部高校，一种是指除本区域外的国内其他高校。对这类高校依然需要展开广泛的对话和协商，在厘清各自的优势和需求的基础上展开合作和竞争。另一种是国外高校，比如《规划纲要》就明确提出：“支持大湾区建设国际教育示范区，引进世界知名大学和特色学院。”也即粤港澳大湾区、京津冀协同以及长三角区域一体化这些定位为具有全球影响力的城市群，必须高度重视高等教育国际化。引进世界名校和特色学院进行合作的意义不仅在于引入一流高等教育资源，更重要还在于为区域所有高校带来竞争压力，通过“鲶鱼效应”激发活力并推进整体区域的高等教育国际化。促使粤港澳大湾区不但在国内成为高等教育国际交流合作最为活跃的区域，而且未来在高等教育国际化程度上也能真正对标发达国家的核心区域。

最后，有利于探索和建立高校内外部各种创新要素的联动竞争合作机制。新时代的高等教育集群发展，不能仅仅依靠一种高等教育内部资源整合的封闭式创新，更要关注高等教育内部与外部各生产要素相互作用下的开放式创新。比如旧金山湾区，著名的“硅谷”和以斯坦福大学为代表的高校群之间的良性互动就是这种开放式创新的典范。在长期内外互动下形成的独特创新创业生态系统是其领先全球的关键，使政府、市场和高校紧密而有机地联合起来，使技术研发、创新创业人才培养通过技术转移促进经济发展形成一体、相互促进。使创新型大学不单只是依靠技术创业行为，将创新创业教育也纳入到创新型大学的整个创业系统之下。因此，如何建立区域高校群和经济产业同频共振、携手发展的内外联动合作机制，在学术研究与应用开发间搭桥，应成为粤港澳大湾区高等教育集群发展的重大课题和努力方向。

三、粤港澳大湾区高等教育的竞合类型与实践逻辑

根据前面的竞合理论和竞合类型分析，并结合上篇曾分析过粤港澳大湾区内部各相关主体竞合发展高等教育的现实需求，再探讨该高等教育集群竞合发展的实践逻辑。借鉴以上关于产业集群的竞合关系类型理论，可以将粤港澳大湾区高等教育集群划分为两大类型：一种是同质高等教育竞合关系类型，一种是异质高等教育竞合关系类型。这两大类型并不是按照目前高等教育分层分类方式划分的，而主要是根据前文分析的集群内部各地高等教育的现状来划分的。大致可将香港、澳门、广州和深圳这四个中心城市的高等教育归为第一种同质高等教育竞合关系类型，而珠三角其他七市——佛山、东莞、中山、珠海、惠州、江门和肇庆在《规划纲要》中被定义为重要节点城市，这七市的城市定位及其高等教育皆有颇多相似之处，可以归入第二种同质高等教育竞合关系类型。这两大类型又刚好共同构筑而成一种异质高等教育竞合关系类型。

（一）同质高等教育竞合关系类型及其实践逻辑

香港、澳门、广州和深圳这四个中心城市的高等教育层次类型都比较完整，同质性很强。因其同质性，决定了这四个城市的高等教育在竞合发展过程中，长期关系应是以竞争为主，短期关系是以合作为主。尽

管具有同质性，但这四个城市整体高等教育发展水平还是有较为明显区别的，目前香港和广州明显要强于澳门和深圳，尤其是香港，属于明显的“知识溢出者”角色。但是，如果要香港产生自愿的知识溢出，需要考虑这种方式是否能实现其自身利益最大化。帕杜拉（Padula）和达格尼诺（Dagnino）认为，在企业间的竞合关系中，知识创造过程及知识分享过程都会涉及一个部分一致的利益结构，需要找到利益交集进行合作。[①] 因此，在这类关系当中，在长期竞争中寻找一致的利益进行合作非常重要。比如这四个城市之间的高等教育合作，一个典型的例子是合作办学。当前香港分别在深圳建立香港中文大学深圳校区，又在广州南沙筹建香港科技大学广州校区。这便属于在长期竞争中的合作，因为几方都找到利益交集。对比深圳和广州而言，香港属于高等教育溢出区，其高等教育的竞争战略更主要是放眼全球，加上香港寸土寸金，高等教育扩容的局限太大，因此更愿意作为输出者进行合作；而且通过在广州、深圳新办校区的扩容方式可较快提升办学规模和科研体量，以在全球大学竞争中达到新的高度。而对于作为地级市政府的广州和深圳乃至于作为省级政府的广东来说，都急需具有国际水准的大学支撑本地的创新驱动并提升地方竞争力，因此会成为提供场地吸纳外来优质高等教育资源的主动者。尤其是《规划纲要》明确提出建设“国际教育示范区”的目标，这类合作办学行动会更加得到各方支持。特别是深圳，需求更加迫切，步伐和力度更加大。另外，广州高等教育相对深圳而言，目前扮演的也大体属于“知识溢出者”角色，比如广州的中山大学办深圳校区，也是出于这样的发展逻辑。

佛山、东莞、中山、珠海、惠州、江门和肇庆等珠三角七市属于第二种同质高等教育竞合关系类型。因此其长期关系也是以竞争为主，短期关系是以合作为主。在这七个城市中的竞争也是非常激烈的，都希望借力于粤港澳大湾区的国家战略得到更快发展并提升其内部排位。研究

① PADULA G, DAGNINO G B. Untangling the rise of coopetition: the intrusion of competition in a cooperative game structure [J]. International studies of management and organization, 2007 (2): 31－52.

者曾参与过其中若干个城市的“十三五”教育规划或高等教育规划的研究和制定过程，发现这些城市在当前背景下都多少有一种兴办高等教育的“政绩冲动”，都希望能在短期内建立一所甚至多所名牌大学，以起到作为“城市名片”并为当地产业提供人才支撑的双重作用。但是，对于合作而言，这类城市几乎都是同质性的“知识吸收者”角色，当中缺乏第一种高等教育竞合关系类型中类似香港这样的“知识溢出者”角色，其“城市名片”的打造更多要依赖于中外合作办学或中心城市的资源。因此，珠三角七市内部之间很难达成一些合作办学或跨城市校区建设之类的大型合作，更多应采取一些局部合作方式：比如科研项目和人才交叉培养的合作。

（二）异质高等教育竞合关系类型及其实践逻辑

从以上分析可见，同质高等教育竞合关系类型的长期关系以竞争为主，短期关系以合作为主。但要达到长期合作为主，更多需要依靠异质高等教育竞合关系类型。已有研究者对长三角地区高等教育集群的合作博弈关系和机制进行研究①，从当前的条件来看，粤港澳大湾区高等教育集群也基本形成了，重点是要发掘区域集群里的高等教育互补关系。目前，香港、澳门、广州和深圳四个城市和珠三角其他七市的高等教育具有两种互补关系：一是上下游关系的高等教育层次类型互补，二是空间关系的高等教育办学互补。

一方面，从上下游关系的高等教育层次类型互补来看：对于偏重于应用型本科及高职院校的珠三角七市高等教育而言，四大中心城市的高等教育层次类型更加完整，并具有更多学术型、研究型大学。因此，两者关系更类似于处于同一供应链条上的上下游企业。由于这两者处于同一高等教育链条，利益趋同，而又有明确的错位和侧重点，因此更容易产生互补性的合作需求。比如珠三角七市可以为四大中心城市的学术型

---

① 宗晓华，冒荣．合作博弈与集群发展：长三角地区高等教育协同发展研究［J］．教育发展研究，2010（9）：1－5.

和应用型研究生教育提供更加优质的本专科生源，两者之间可以签订更多人才定向合作培养协议。另一方面，从空间关系的高等教育办学互补来看：四大中心城市的高等教育资源更加优质，但土地紧张导致扩容空间都很小，其溢出性质更强；而其他七市相对而言，又都具有土地宽绰和房价较低等有利的吸纳因素。因此，从未来的发展来看，四大中心城市的名校通过在其他七市建设新校区或共建科技产业园区、联合实验室等，将是长期合作的较优选择。因此，在顶层设计和规划中应该注重主导这两类城市之间建立长期性的高等教育合作关系，在长期合作中产生短期竞争，各取所需并相互激发创新活力。

四、结论与建议

从世界湾区经验来看，高等教育的科技创新和成果转化是世界湾区建设的主要特征，也是支撑湾区经济转型升级的根本驱动力，这也正是粤港澳大湾区高等教育集群所应扮演的角色。因此，大湾区高等教育集群应该告别单个城市单打独斗的“竞争”逻辑，转向在竞争中合作、在合作中竞争的“竞合”逻辑。应推进粤港澳大湾区科教融合和产教融合，积极建设高等教育集群，完善区域高等教育体系，从定位布局、规模质量、科创能力等方面对高等教育进行全局规划，探索高等教育和区域发展共赢。本部分通过结合竞合理论和竞合类型的分析，将粤港澳大湾区高等教育集群分为两大类型：一种是同质高等教育竞合关系类型，一种是异质高等教育竞合关系类型。四大中心城市的高等教育构成了第一种同质竞合关系类型，而七个重要节点城市的高等教育构成了第二种同质竞合关系类型，并且这两者又共同构筑而成一种异质高等教育竞合关系类型。根据两大类型的划分，同质高等教育竞合关系类型适合采取长期竞争、短期合作的实践逻辑，异质高等教育竞合关系类型适合采取长期合作、短期竞争的实践逻辑。

粤港澳大湾区因其“一国两制”“三个关税区”的特殊情况，是中国城市群建设中情况最为复杂的。但其又是“国家借助港澳国际窗口构建开放型经济新体制的重要探索，也是国家区域发展战略的重要构成与动力支撑点"[①]，具有特殊的战略意义。因此其高等教育集群发展也需要充分尊重其实际情况，遵循竞合理论和实践逻辑，从而达到效益最大化的效果。高等教育集群发展和以往的发展方式不同，美国旧金山湾区高等教育集群的崛起和发展，就是突破了传统东部大学的发展模式[②]。如今的粤港澳大湾区高等教育集群也面临了相似的情形，而且在第四次工业革命的大背景下更需要高等教育集群与产业集群的紧密互动。因此，一定程度上来说粤港澳大湾区高等教育集群就是中国高等教育发展的一块"试验田"。如何走出一条超越现状的路，不但考验着各路办学者是否有敢想敢干的精神，也考验着各相关政府是否有突破自我的战略行动，更考验着顶层设计是否有更大的格局和更宽的视野。

从当前粤港澳大湾区高等教育的现状来看，如今无论是香港的几所高校，还是内地进入"双一流"的高校，都还是过于偏重学术研究尤其是论文发表，而对科教融合以及科研成果应用方面还是显得重视不够。如果继续强化这种路径的话，港澳高等教育可能会游离于大湾区的建设，广东高等教育也只能依然在对京沪苏的亦步亦趋和苦苦追赶之中迷失自我和失去特色。竞合发展模式需要粤港澳大湾区高等教育集群紧紧围绕以为当地经济产业提供一流的研究支持和人才支撑为中心，而不是军备竞赛式地把各种大学排行榜和 ESI 学科排名作为瞄准的靶心。如果只是比拼学术研究，斯坦福大学在成长之初，也远逊于美国东部的名校。但正是其坚持产学研结合的模式并不断强化，加上鼓励创业、包容失败的文化氛围，才成就了今日的斯坦福和"硅谷"。粤港澳大湾区高校并不是没有这方面的基础，比如华南理工大学在早年也有颇多类似"斯坦福模式"的做法——推动产学研结合，支持师生创新创业。这些做法在当年珠三角制造业兴旺之时起了很好的支撑作用，但如果仅从大学排名的角

---

① 蔡赤萌．粤港澳大湾区城市群建设的战略意义和现实挑战［J］．广东社会科学，2017（4）：5－14.

② 陈先哲．多重逻辑下的旧金山湾区高等教育集群崛起［J］．比较教育研究，2020（10）：11－17，42.

度来评价则很容易忽略其价值。经济学家周其仁考察旧金山湾区后认为其成功的关键在于创新要素的“浓度”和“密度”[1]，这也意味着如今的产学研结合不能只靠个别高校、教授和企业搞些“短平快”合作并赚点外快的做法了。未来将不再只是知识驱动，而是智慧和创造驱动，所以需要更加高端的科研支撑产业研发，需要形成规模化的团队作战并产生长期良性互动。粤港澳大湾区拥有全世界最好的创新环境和条件，应有底气和自信去探索如何办出大学和创业者、企业、政府形成良性循环的大湾区高等教育模式。同时也要求大湾区各城市和各高校都应该有更大的格局和更宽的视野，才有望在竞合促融合、以融合促创新中共创高等教育新模式，共创高等教育新价值。

① 周其仁. 创新要有密度和浓度［J］. 中国民商. 2017（10）：8.

第七章

超越合作：粤港澳大湾区高等教育的集群发展逻辑

一、合作之惑：粤港澳大湾区高等教育合作的三重瓶颈

尽管目前从和纽约、旧金山、东京三大湾区对标的数据来看，粤港澳大湾区高等教育集群无论是从整体规模还是顶尖大学数量上基本不落下风甚至在一些指标上还有优势。但是，从高等教育集群的内涵来看，不只是数量累积比较，更重要的是优势资源整合和协同创新，是能否使1 +1 +1 >3。也不只是强调合作，合作常常是各取所需但各怀心事，缺乏一种集群的责任共同体意识。而且，如果单纯强调合作，无论是在器物、制度还是理念等层面上，粤港澳大湾区高等教育合作都还存在明显的瓶颈问题。

（一）器物瓶颈：合作不够广泛不够深入

器物层面也即物质层面，这个层面的合作常常就是以物易物，指合作的资源和硬实力。但是，目前粤港澳三地尽管在经济、社会、基础设施等领域开展了紧密的合作，但在教育领域的合作还是相对薄弱的。首先，这和教育事业的属性有关：教育和经济不一样，不能短期内见效，在合作中的物质利益难以直接看到。所以其物质交换的基础较弱，合作

也常常仅限于交流，而缺乏实质性意义。其次，和经济领域的相互交换、优势互补不同，教育领域的竞争往往多于合作，尤其高等教育领域更常是只分高低的排他性竞争。所以目前粤港澳大湾区高等教育更多选择的是浅层合作，如三地的大学生夏令营等交流活动、香港高校为珠三角培训行政管理人员、广州的师范院校为澳门培训师资等。这些合作交流虽不少，也具有一定的积极效应，但显然离打造全球科技创新中心这个层面的深度合作还有较大距离。最后，各方合作基础不够对称也不广泛。珠三角地区的高校虽多，但除了中山大学、华南理工大学以及深圳打造的少量精尖大学和研究院之外，其他高校都很难与多所已进入世界大学100强的香港高校有比较接近的合作平台和对话基础。因此目前高校合作多是点对点，缺乏政府层面的全面推进，难以大规模化。

（二）制度瓶颈：专门的框架协议和对接机制还有待加强

粤港澳大湾区和其他湾区的特殊之处在于，具有“一国两制”“三个关税区”的特点。这对于各自特色发展和相互激发竞争活力是难得的优势，但对于高等教育集群的实质性合作而言却又显然存在不少障碍。珠三角各市与港澳之间，虽然民间的合作很广泛，政府高层也有很多会晤和交流，但一直以来并没有形成健全有效的合作机制。甚至珠三角各市之间也缺乏合作机制，广佛同城、广佛肇经济圈等只是一些概念性和局部性的做法，缺乏实质性和全面性。具体到高等教育领域，则更加乏力。虽然早年有《粤港合作框架协议》和《粤澳合作框架协议》，但关于教育的内容都只是交流和培训方面的描述。即使早年高等教育研究界和实践界关于粤港澳高等教育一体化的探讨和探索还算比较积极，但是一直没有形成具体的高等教育框架协议，加上缺乏更高层面的推动，导致所谓的一体化并没有什么实质性进展。2019 年 7 月，国家发改委正式公布《深化粤港澳合作　推进大湾区建设框架协议》，但关于高等教育合作也基本没有明确表述。直到 2020 年 12 月，教育部、广东省印发《推进粤港澳大湾区高等教育合作发展规划》提出，持续推进高等教育合作发展，把大湾区打造成为国家深化高等教育体制机制改革试验区、教育服务

"一带一路"国际合作重要枢纽，以及内地与港澳教育全面合作发展的生动典范，建成世界领先水平的高等教育体系和国际教育示范区。规划重点提出五大任务：突出体制机制改革，探索"学校＋"办学模式，建设高等教育办学创新试验区；突出互联互通，探索建立大湾区高等教育协同发展体系，加强协同育人；突出创新引领，强化大湾区高校科研协同创新，服务支撑国际科技创新中心建设；突出高端引育，深化人才交流合作，携手建设世界一流师资队伍引育高地；突出互学互鉴，打造高等教育对外交流合作枢纽。[①] 但这更多只是作为一个发展规划的性质，不是作为框架协议的性质，而且港澳在名义上并未参与制定，因此其具体作用的发挥效果还有待观察。另外，加上 2020 年全球疫情暴发，香港和内地因通关和疫情隔离政策的规定和要求更增加了面对面交流和沟通的障碍。因此，一方面高等教育集群的建设和合作还需要更加具体的框架协议和在此基础上建立的对接机制，另一方面也需要外部环境如疫情的缓解，才能突破目前的瓶颈。

（三）理念瓶颈：高等教育理念的差异和碰撞

应当说，尽管困难重重，但无论是器物层面还是制度层面，粤港澳大湾区高等教育合作都还是取得不少进展。而真正更难突破的瓶颈，是理念层面的差异。改革开放以来，内地高校长期处于社会转型期和国家战略调整的大背景中，高等教育理念以动态的跳跃性特征为主；而港澳高校一直处于相对稳定的发达社会并长期采用西方高等教育模式，高等教育理念则呈现出稳态发展的特征。典型的例子如当年南方科技大学创立之初，首任校长朱清时和聘请前来协助筹建工作的几位香港科技大学教授的办学理念发生分歧而最后分道扬镳。香港科技大学的教授们坚持认为在正式招生之前，必须将教师团队、培养方案、管理规范等框架全部制定完备，后面才能按部就班去做。但朱清时认为中国社会处于急速

---

① 王思静，刘盾．教育部广东省印发《推进粤港澳大湾区高等教育合作发展规划》，打造国家深化高教体制改革试验区．中国教育报［N］．2020－12－10．

转型期，很多时候机遇稍纵即逝，所以要采取“边开车，边铺轨”的模式，不能等待一切完备再招生。[①] 而当年这个事件依然是今日内地和港澳高校理念差异的缩影。香港教育家程介明教授在观察内地“双一流”建设也有类似观点：“‘双一流’没有一个精确的定义，但是模糊之中又渐见具体，然而还会不断变奏。内地会觉得原则很清晰，但香港会觉得不够精确。两种思维不在一个平面上互动，也有一个相互读懂的需要和过程。”[②] 因此，粤港澳大湾区高等教育要面对最大的挑战正在于如何克服理念差异并寻求和而不同的合作之道。

二、集群突围：集群理论与粤港澳大湾区高等教育集群发展的意义

从以上分析来看，新时代粤港澳大湾区高等教育要走出简单的从各自利益出发的合作思维，并走向有共同愿景和共同体利益的集群思维，才有望走出一条超越现状之路。

（一）区域高等教育集群发展的理论认识

首先，必须要弄清楚何谓集群。集群（clusters）一词通常指的是计算机的一项新技术，即一组相互独立的、通过高速网络互联的计算机，彼此构成了一个组，并以单一系统的模式加以管理。通过集群技术，可以在付出较低成本的情况下获得在性能、可靠性、灵活性方面的相对较高的收益，而系统任务调度则是集群中的核心技术。[③] 从这一界定中我们至少可归纳出集群所具有的一个视角和三个特征，即“成本—收益”的视角和整体关联性、个体多样性、管理一体性的特征。

基于集群的“成本—收益”视角，集群一词在经济学中得到广泛应

---

① 王俊. 朱清时：教改“逆行者”的坚持与妥协［N］. 新京报. 2018－11－08.

② 程介明. 双一流：中国高教目标［N］. 信报. 2018－05－14.

③ 张志友. 计算机集群技术概述［J］. 实验室研究与探索，2006（5）：607－609，656.

用，尤其是提出了产业集群概念。1990 年美国的迈克尔·波特教授在《国家竞争优势》一书中，将“集群”作为该书的核心理论概念之一，他认为“集群即指在某一特定区域下的一个特别领域，存在着一群相互关联的公司、供应商、关联产业和专门化的制度和协会”。[①] 在波特看来，集群是基于一个特定区域而言的概念。他还强调了这种集群现象与国际竞争力的成长之间的联系，认为“集群已经成为促进经济发展的一种新的思维方式”[②]，而且作用不容小觑，在实践中“又是引起变革的一种手段”[③]。波特还提出了用产业集群一词来定义在某一特定领域中，大量产业联系密切的企业以及相关支撑机构在空间上集聚，并形成强劲、持续竞争优势的现象。从产业集群整体关联性来看，其是指集群内的企业处在相同或是相近的产业链上，具有前向、后向、横向的产业联系。这既包括有形关联——市场关联、生产关联、技术关联、基础设施关联（财务、法律、人力资本等），也包括无形关联（不同价值链之间管理技巧和知识技能的共享）以及竞争性关联。[④] 从产业集群个体多样性来看，由于网络刚性、功能同构、政府缺位及创新氛围缺失等原因，传统产业集群前向和后向的联系较强，但横向辐射和互动不足；与之相比，知识经济时代的创新集群具有更强的主体互动性和网络、知识的共享性，有利于促进集群个体多样性。[⑤] 从产业集群管理一体性来看，产业集群不但要注重“聚集”，更要注重“联合”，需要从战略层到操作层的全方位、深层次协同管理。通过建立系统性的协同管理形成机制、运行机制和群体决策机制，可使产业集群发挥最大的关联效应和协同效应。[⑥]

---

① 波特. 国家竞争优势：上［M］. 北京：中信出版社，2012：序言Ⅱ.

② 波特. 国家竞争优势：上［M］. 北京：中信出版社，2012：序言XIX.

③ 波特. 国家竞争优势：上［M］. 北京：中信出版社，2012：序言XXII.

④ 胡大立. 产业关联、产业协同与集群竞争优势的关联机理［J］. 管理学报，2006（6）：709－713，727.

⑤ 曾明星，冯强. 创新集群多元主体互动及其利得模型研究［J］. 决策咨询，2016（3）：66－70.

⑥ 朱传宝. 中小企业产业集群的协同管理研究［J］. 科技进步与对策，2010（8）：63－66.

如果将集群一词用于高等教育领域，便是区域高等教育集群发展。从上面提到的集群的三个主要特征里，我们同样可以推演出区域高等教育集群发展类似的以下特征：第一，区域高等教育集群发展关注整体性，集中体现在其结构性关系上。如从宏观来看，有区域高等教育规模与布局结构、高等教育的层次结构和科类结构等。这个层面的高等教育集群发展需要从高等教育与经济社会发展的关系来认识，比如加强产教融合、科教融合，以及促使教育链、人才链与产业链、创新链的有效衔接，促进人才培养供给侧与产业需求结构要素全方位融合。① 第二，区域高等教育集群发展同时又具有多样性特征，也就是说高等教育集群内部的丰富多彩、个性纷呈。我们通常从宏观、微观意义上论及的高等教育特色发展实际上表明的正是高等教育集群发展的这种多样性特征。无论是何种集群（高等教育的集群或高校学科集群）皆如此，这也是由经济社会多样化、集群化的发展需求和当代科学高度分化、高度综合的发展趋势所决定的，反映了高等教育发展在集群意义上的整体关联性与个体多样性的高度一致。第三，如何使区域高等教育集群发展的整体性与多样性形成一种内洽的机制，并达成高度一致，最终成为一个高质量的高等教育体系，这有赖于管理的一体化，也就是我们今天特别强调的要用系统思维来建设高质量高等教育体系。而这一高质量高等教育体系便是一种整体关联性与个体多样性高度一致的“马赛克”式的图景。

如今，关于区域高等教育集群的研究已经开始受到学界重视。尤其是关于国际三大湾区——旧金山湾区、纽约湾区和东京湾区的研究中，已有一些学者关注到其高等教育集群的形成和发展状况。因其区域地理情况与粤港澳大湾区更为接近，因此本文也更聚焦这部分的研究。较早如萨克森宁（Saxenian）对美国东西部两个主要高新技术产业区进行系统调查后发现，旧金山湾区的产业集群和高等教育集群的兴起密不可分。②

---

① 杜玉波. 适应新发展格局需要　推进高等教育高质量发展［J］. 中国高教研究，2020（12）：1－4.

② 萨克森宁. 地区优势：硅谷和128公路地区的文化和竞争［M］. 曹蓬，等译. 上海：上海远东出版社，1999：4.

同样的，萨森（Sassen）在比较美国和日本湾区内外差异和竞争的情况下，强调创新系统内各主体之间的互动主要包括大学群和产业群之间合作，即促进知识创造部门与作为创新主体的企业间互动。[①] 道格拉斯（Douglas）的研究则指出：构建全球高等教育中心以吸引全球范围内高端人才可成为湾区可持续发展的主要发展战略，旧金山湾区已经成为全球高等教育中心，并成为吸引全球人才的“磁石”。[②] 事实上，目前国际三大湾区布局比较完整的高校集群也可为此提供佐证。在粤港澳大湾区成为国家战略之后，中国学者也愈发关注国际三大湾区高等教育集群发展。如研究三大湾区高等教育集群类型：旧金山湾区属于多中心互补式大学集群，纽约湾区属于“多中心＋轴线”式大学集群，东京湾区属于“中心＋边陲”式大学集群。[③] 三大湾区高等教育集群的发展呈现出地理临近、组织临近、文化异质、规模效益、竞争优势明显、产教融合等特征。[④] 还有研究从技术、地域和组织等多重逻辑与互动机制，探讨旧金山湾区高等教育集群的崛起和发展奥秘。[⑤] 整体而言，多年来国内外学术界在湾区高等教育集群与区域创新系统协同发展等领域累积了较为翔实的研究成果。从国际三大湾区的发展经验来看，湾区高等教育集群发展既涉及集群内部的互补发展，又涉及与外部产业集群等诸要素的互动协调发展，更涉及区域各城市之间的角色定位与分工合作。粤港澳大湾区高等教育集群发展也同样面临这些复杂的情况，亟须予以理论回应。

---

① SASSEN S. The global city：New York，London，Tokyo［M］. Princeton：Princeton University Press. 2001.

② DOUGLASS J，EDELSTEIN R，HOAREAU C. A global talent magnet：how a San Francisco/Bay area global higher education hub could advance California's comparative advantage in attracting international talent and further build US economic competitiveness［J］. Center for studies in higher education，2011，41（1）：1－25.

③ 欧小军. 世界一流大湾区高水平大学集群发展研究：以纽约、旧金山、东京三大湾区为例［J］. 四川理工学院学报（社会科学版），2018（3）：83－100.

④ 许长青，郭孔生. 粤港澳大湾区高等教育集群发展：国际经验与政策创新［J］. 高教探索，2019（9）：5－13.

⑤ 陈先哲. 多重逻辑下的旧金山湾区高等教育集群崛起［J］. 比较教育研究，2020（10）：11－17，42.

（二）粤港澳大湾区高等教育集群发展的意义

1. 国家层面意义

港澳与珠三角城市群的合作由来已久，但更多是在地方政府和民间的层面。2017 年政府工作报告将其上升为“粤港澳大湾区”，最重要的意义就是将粤港澳的合作上升为国家战略。因此，粤港澳大湾区高等教育集群的意义，首先要考虑的是其在国家战略层面的意义。第一，高等教育的本质功能是培养人才，要为中国引领新一轮的经济全球化输出人才和探索新的培养模式。尤其是充分发挥好港澳高等教育国际化程度高的优势，探索一套真正具有湾区特色的人才培养模式，并产生引领作用。第二，高等教育面向群体是年轻人，是国家的未来，高等教育集群可使粤港澳三地年轻人产生心灵连接，增强命运共同体的凝聚力。应通过高等教育合作和协同，增进年轻人的共识和理解，对于未来国家统一、民族团结而言具有深远意义。

2. 区域层面意义

教育部高等教育司司长吴岩在 2019 年粤港澳大湾区创新创业教育研讨会上认为，“从全球视野来看，纽约湾区、旧金山湾区、东京湾区等享誉全球的三大湾区是经济发展的集散地、增长极，高等教育则是三大湾区腾飞的制胜法宝”[①]。换言之，粤港澳大湾区高等教育集群发展将是关系到粤港澳大湾区建设能否达到预期目标的一大关键。正如时任北京大学校长林建华在北京大学建校 120 周年纪念大会上的讲话主题——大学是通向未来的桥。高等教育之于粤港澳大湾区，正是一座沟通未来跨区域经济、社会合作和发展的桥梁。高等教育为区域经济发展服务，从当年美国的“威斯康星思想”就开始了，但高等教育连接不同体制之间的区域协同发展的案例，在全球范围内还是罕见的，粤港澳大湾区高等教育集群有望承载这个光荣而艰巨的使命。

---

① 张夺，林洁，卢庆雷. 粤港澳大湾区：打造世界级高等教育集群［EB/OL］.(2018－03－25)［2022－04－25］. http://news. cyol. com/yuanchuang/2018－03/25/content_17049577. htm.

3. 高等教育自身意义

如今高等教育竞争激烈，不仅各大学高度重视排名，各地亦纷纷将高水平大学建设作为地方政府竞争的重要筹码。而高等教育发展水平与经济发展水平不相称，一直是广东这个经济大省长期的痛。所以对于广东而言，通过积极参与并推动粤港澳大湾区高等教育集群建设，在和以北京为首的京津冀、以上海为首的长三角两大城市群的竞争中，有望迅速补齐短板。但是如果仅是组团PK的意义则显得格局太小，国家也显然对大湾区高等教育集群有着更高的期待。区域高等教育集群的优势不在于比拼体量，而在于能否探索出高等教育发展新模式。尤其是在两种体制的合作与碰撞中，既为湾区经济腾飞和社会进步服务又能够为未来大学发展提供新的可能路径，这才是粤港澳大湾区高等教育集群贡献给中国乃至于全世界的最大意义。

三、现实基础：粤港澳大湾区高等教育集群的现状与问题

高等教育集群发展之所以成为粤港澳大湾区高等教育发展的一种重要战略选择，是由粤港澳大湾区建设的定位（即创新湾区与科技湾区）所决定的。《粤港澳大湾区发展规划纲要》（以下简称《规划纲要》）提出的大湾区建设的第一条原则便是“实施创新驱动发展战略，完善区域协同创新体系，集聚国际创新资源，建设具有国际竞争力的创新发展区域”。而粤港澳大湾区高等教育集群发展的态势如何，面临着哪些方面的现状性和发展性问题？下文将从以上关于区域高等教育集群的三个理论维度来进行分析。

（一）粤港澳大湾区高等教育集群发展整体性分析

如上所述，区域高等教育集群发展的整体性更多体现为结构性关系，而集群的结构关系并不是孤立的，通常还是要以区域高等教育规模、结构、质量等重要维度中与经济社会发展关系密切的指标进行综合分析。本部分主要采用了粤港澳大湾区高等教育大数据研究中心、广州日报数

据和数字化研究院（GDI 智库）于2020年发布《粤港澳、京津冀、长三角地区高等教育与经济发展报告》里的几个重要指标进行比较分析：一是规模指标——区域普通高校校均人口规模指标，这是衡量区域人口素质和人力资源开发水平的重要指标；二是结构指标——区域普通高校培养层次结构比例，这是衡量普通高等教育与经济产业需求匹配的关联指标；三是质量指标——高校 R&D 经费与所在地区 GDP 的比值，这是 R&D 经费投入强度的衡量指标，反映不同区域在经济发展的过程中对高校研发的投入力度。

1. 规模指标分析

一般而言，校均人口规模越大，每所高校则需要承担越多人口的高等教育需求。自1999年全国性高校扩招之后，各区域的高校数量快速上升，校均人口规模也随之迅速下降。粤港澳从1999年每131万人拥有一所高校下降至2018年每71万人拥有一所高校；京津冀从1999年每66万人拥有一所高校下降至2018年每42万人拥有一所高校；长三角地区从1999年每104万人拥有一所高校下降至2018年每49万人拥有一所高校（见表7－1）。粤港澳地区校均人口规模仍远大于京津冀和长三角地区，但校均人口规模下降又相对比较显著，得益于扩招以来高校规模的大幅增加。

表7－1　1999—2018年三大区域校均人口规模情况表

单位：万人/所

区域	粤港澳	京津冀	长三角
1999年	131	66	104
2008年	73	40	50
2018年	71	42	49

资料来源：粤港澳大湾区高等教育大数据研究中心，广州日报数据和数字化研究院：粤港澳、京津冀、长三角地区高等教育与经济发展报告（2020）。

2. 层次结构分析

从2018年三大区域普通高校培养层次（普通专科、普通本科、研究生）结构比例来看，粤港澳大湾区研究生占比为 8.1%，远低于京津冀（26.2%），略低于长三角地区（11.7%）；而普通专科占比为 37.6%，明显高于其他两大区域（京津冀 21.2%，长三角地区 33.2%）。三大区域中普通本科生占比都在 50% ~55% 之间。可见，研究生比例小而高职高专比例大是粤港澳大湾区高等教育集群的一大特点（见表 7-2）。

表 7-2 2018 年三大区域普通高校培养层次结构比例一览表

区域	粤港澳/%	京津冀/%	长三角/%
普通专科	37.6	21.2	33.2
普通本科	54.3	52.6	55.5
研究生	8.1	26.2	11.7

资料来源：粤港澳大湾区高等教育大数据研究中心，广州日报数据和数字化研究院：粤港澳、京津冀、长三角地区高等教育与经济发展报告（2020）。

3. 高校 R&D 经费投入强度

从表 7-3 可见，2009 年至 2018 年，粤港澳大湾区高校 R&D 经费投入与 GDP 的比值从 0.15% 提高至 0.20%，提升了 0.05 个百分点，在三大区域中高于长三角地区（从 0.15% 到 0.16%），但远低于京津冀（从 0.27% 到 0.38%）。可见，粤港澳大湾区高等教育集群如要扮演更重要角色，R&D 经费投入强度方面还需要持续增强。

表 7-3 三大区域高校 R&D 经费投入与 GDP 的比值一览表

区域	粤港澳/%	京津冀/%	长三角/%
2009 年	0.15	0.27	0.15
2018 年	0.20	0.38	0.16

资料来源：粤港澳大湾区高等教育大数据研究中心，广州日报数据和数字化研究院：粤港澳、京津冀、长三角地区高等教育与经济发展报告（2020）。

综上观之，尽管粤港澳大湾区高等教育集群在一些核心指标上和京津冀、长三角地区还有差距，但从纵向比较来看，这个区域高等教育整体发展还是进步明显。尤其是近十年来，粤港澳大湾区充分利用地理区位优势和经济实力优势，推动高等教育快速发展，产生了显著的人才虹吸效应，特别是科研产出与创新增速强劲。从高等教育集群发展的整体性来看，粤港澳大湾区已经成为高等学校聚集的核心区域，目前已形成各种粤港澳高等教育合作联盟，且产学研资源日益丰富，区域高等教育集群发展的基础和条件较成熟。① 另外，粤港澳三地高等教育发展各有所长，互补性很强，即便与国际三大湾区相比也不处下风：珠三角地区拥有广东省最多、最优质的经济资源，科技创新发展后劲十足，港澳高校在学生国际化发展以及师资配备等方面表现优异。② 珠三角地区的高等职业教育一直走在全国前列并具有突出的产教融合特色，而在当前国家大力推动职业教育大发展的战略背景下，这方面的优势会更加凸显。因此，粤港澳大湾区高等教育集群的整体关联度较高，尤其是通过资源的共建共享，有望更好地促进大湾区高等教育的互补式发展。

（二）粤港澳大湾区高等教育集群多样性分析

1. 高等教育集群空间布局：以四大城市为中心的团块状发展与不均衡共存

从空间布局看，粤港澳大湾区四大中心城市显然同时也是高等教育集群的中心。从大学的质量上看，集群中的高水平大学主要分布在香港、澳门、深圳、广州四大城市。尤其是香港，尽管大学数量并不算多，但香港大学、香港科技大学、香港中文大学等五所高校皆位列世界大学排名前100强。广州是大湾区拥有高等学校数量最多的城市，特别是中山大学、华南理工大学等长期以来为广东省高等教育的龙头高校，具备很强的综合实力。深圳在“双区驱动”下对高等教育大手笔投入，高起点打造的高校不断涌现，尤其是南方科技大学和深圳大学发展势头迅猛。而澳门高校近年来的发展也很明显，几所高校在全球大学排名中的位次

---

① 孙丽昕. 粤港澳大湾区高等教育集群发展：基础、差距与赶超策略［J］. 东莞理工学院学报，2020（4）：112－118.

② 曾志嵘，王慧，师璐. 基于世界大学第三方指数评价的粤港澳大湾区高等教育竞争力态势分析［J］. 高教探索，2020（12）：84－92.

也不断上升。可见，大湾区的高等教育集群是以广州、深圳、香港、澳门四大城市为中心向周边辐射，形成团块状发展的新格局。

但是，由于大湾区内各城市经济发展水平差异较大，尤其是珠江东岸城市发展速度普遍远高于珠江西岸城市，受其影响，各地在高等教育发展方面也呈现出不均衡状态。一方面珠三角九市的大学数量虽然多于港澳两地，但是对比三地人口来看，珠三角九市、香港、澳门每十万人拥有高校分别为0.18所、0.29所、1.47所，可见港澳居民的大学占有度远高于珠三角九市。另一方面，珠三角除了广州和深圳外，其他各市的高校发展水平整体上还不强，尤其是江门和肇庆等地市的经济发展水平和高校发展水平都还偏薄弱。

2. 高等教育集群架构：层次架构基本成型但层次类型转换和互认还有障碍

广东高等教育近十年来发展较快，加上《规划纲要》的政策契机对于三地高等教育协同发展的有力推动，事实上粤港澳大湾区已经初步形成了一个“研究型大学—应用型大学—高职院校”的高等教育集群架构。研究型高校的阵营主要包括位列世界大学排名前100强的五所香港高校，澳门的澳门大学，广州的中山大学、华南理工大学，以及深圳的南方科技大学等，这些大学在服务国家区域发展战略中起主要支柱作用。应用型大学则主要为大湾区的制造业和服务业提供人才和技术支持，近年来尤在佛山、东莞、珠海等地级市发展迅猛。高职院校则事实上早已形成各有特色的产学研合作模式，为社会提供了大量技能型人才。比如深圳职业技术学院早已起到先行示范作用，顺德职业技术学院、番禺职业技术学院等也因与当地产业有很好的人才培养对接而闻名全国。[①]

尽管粤港澳大湾区高等教育集群层次类型已经比较清晰并已成型，但由于高等教育资历框架的构建还在初步阶段，各级各类学校定位不同、标准不一，更容易造成基础教育、职业教育、高等教育等各类教育之间

---

① 陈先哲. 广东高等教育的几次“先行一步”[N]. 光明日报，2020-11-3(13).

的衔接沟通缺乏共同参照的依据。学习成果认定转换缺乏统一的标准规则，难以实现等值互认，致使学校间课程学分互认转换工作难以推进。不管是高职院校通过“3＋专业技能课程证书”（普通高中学业水平考试语文、数学、英语3门考试＋专业技能课程证书）招收中职毕业生入读高职，还是本科院校通过“专升本”招收高职毕业生进入本科院校作为本科插班生，都还存在学生过往学习成果无法认定，重复学习，难以提高学生学习成效的问题。[①] 尤其在国家层面将职业高等教育明确为一种类型之后，各种层次类型高等教育之间的沟通衔接机制急需建立和完善。

（三）粤港澳大湾区高等教育集群管理一体性分析

粤港澳在根源上同属岭南文化，三地的空间地理位置十分接近，有利于三地交流合作。加之国家政策上不断推动，高等教育集群的共同体愿景和管理一体性意识都逐步增强。《规划纲要》确立的战略定位之一就是建设“具有全球影响力的国际科技创新中心”，且2021年3月发布的《中华人民共和国国民经济和社会发展第十四个五年规划和2035年远景目标纲要》又专门强调“支持北京、上海、粤港澳大湾区形成国际科技创新中心”。这些显然有助于推动大湾区高等教育集群发展，因为创新发展区域和国际科技创新中心的建设，其关键在于是否能获得足够的高层次人才和充分的智力支撑，这都对粤港澳大湾区高等教育集群发展提出了更高要求，同时也将助推以集群发展为特征的大湾区高等教育的现代发展。

但作为三个行政区划各异的区域主体，粤港澳三地拥有各自不同的利益诉求。目前基于各方利益上的合作共享机制未能有效发挥引导高水平大学向集群方向发展的功能。具体来说，在管理制度层面，由于粤港澳三地教育管理制度和评价体系上存在很大的差异，粤港澳大湾区高等教育集群发展的长效治理机制和政策环境尚未建立，当前尤其需要研究

① 郑文，吴念香，杨永文．广东终身教育资历框架建设的实践与思考［J］．中国职业技术教育，2019（27）：23－27.

突破粤港澳大湾区高等教育从各自地方性的行政管理到共同治理的难点和路径；在组织制度层面，尽管《规划纲要》已经实施，但是粤港澳大湾区内的相关高等教育主体仍然处于自发性、项目式的合作阶段，缺乏高等教育集群发展层面的针对性战略规划和宏观指导；在动力机制层面，粤港澳大湾区高等教育集群发展还存在“上面热，下面冷”的情况。因此，如何使粤港澳三地的高等教育主体充分表达自己的利益诉求，并在高等教育决策的过程中有效地协商整合这些诉求，充分调动粤港澳大湾区高等教育整体建设的积极性，还需付诸更大努力。

四、升级发展：粤港澳大湾区高等教育集群的未来实践策略

以上从区域高等教育集群发展的整体关联性、个体多样性、管理一体性三大理论维度出发，审视粤港澳大湾区高等教育集群发展情况，大致可做出以下几点研判：集群整体关联性较高，但在规模、结构和质量上都还需进一步提升；在个体多样性上，集群架构已经基本成形并各有所长，空间布局以四大城市为中心的团块状发展与不均衡共存；在管理一体性上，集群虽具有共同目标愿景，但还需完善满足各方利益的合作共享机制，以有效发挥集群功能。因此，基于上述这三大理论维度，结合粤港澳大湾区高等教育集群的主要特征，我们可以从强化其优势和破解其局限这一思路出发，探索其未来升级发展的实践策略。

（一）加强高等教育集群整体关联性：明确打造“科—产—教”融合的高等教育集群发展模式，大力推进不同类型高校与不同区域、产业之间的衔接互动

区域高等教育集群发展和传统高等教育发展不同，更加注重高等教育集群与产业集群的互动。京津冀、长三角地区的高等教育发展具有先发优势，更接近于美国东部的传统名校群落。而粤港澳大湾区高等教育集群，更类似于美国西部的旧金山湾区高等教育集群，应当积极探索走出一条超越现状的道路。因此，需要从政策上厘清定位，明确打造

“科—产—教”融合的高等教育集群，为粤港澳大湾区城市群的现代化、国际化、创新型发展提供强力支撑。要积极探索与当地主要产业高度融合、能更加充分发挥各种创新要素作用的教育发展模式，推动大湾区高校与科研院所、企业等协同创新的人才培养模式。要积极推进珠三角与港澳科研机构、高校共同组建联合研究枢纽、粤港澳联合实验室、国际合作实验室，面向港澳开放广东省科技计划专项及资金，建立海外人才离岸创新创业基地等，保障大湾区人、财、物在教育科研领域的顺畅流通。

在明确打造“科—产—教”融合的高等教育集群的战略定位基础上，还需在战术安排上明确高等教育集群应为打造国际科技创新中心提供人才和技术支撑，大力推进不同类型高校与不同区域、产业之间的衔接互动。粤港澳大湾区是着眼于全球的发展战略，特别是《规划纲要》提出打造国际科技创新中心、2020年党的十九届五中全会又提出“支持北京、上海、粤港澳大湾区形成国际科技创新中心”，其战略地位尤其明显。因此，大湾区高等教育集群发展要服务于为打造国际科技创新中心，探索一种和主要产业高度融合、更加充分发挥各种创新要素作用的高等教育模式。但在具体战术安排上，要区分区域和高校特色分类推进。一方面，高水平大学走“开放式创新”之路，主要与珠江东岸的科创业和金融业同频共振。“开放式创新”意味着大湾区高等教育不应只是依靠高校内部系统单打独斗，而应充分吸引外部的创新因素，让大学、科研机构、企业、创业者、中介组织以及政府之间形成一个强大的创新技术蓄水池，各种创新因子相互作用，实现融合创新。另一方面，应用型本科和高职院校走产教融合创新之路，主要为珠江西岸制造业提供支持。要创设互联互通、高度融合的创新型产学集群，并打造新型产业学院模式，让“产教融合”的理念和体系真正贯穿职前职后教育。

（二）加强个体多样性：大力构建中心城市以点带面、全面铺开的空间布局，大力推进大湾区创新型大学的建设，促进高等教育集群的多样性

一方面，在空间布局上，应大力推进中心城市以点带面、全面铺开

的空间布局。从现实基础来看，目前香港、澳门、广州、深圳四大中心城市的高等教育基础较好，高等教育层次类型更加完整，并拥有大湾区所有的研究型大学，在大湾区高等教育集群中理应起到核心引领和龙头作用；而佛山、中山、江门、肇庆等珠三角七市的高等教育布局更偏重于应用型本科及高职院校，和四大中心城市的高等教育相比，更类似于处于高等教育供给侧同一供应链条的上下游关系。由于这两者处于同一高等教育供给侧链条上，利益趋同，而又有明确的错位和侧重点，因此更容易产生互补性的合作需求。四大中心城市可通过空间“溢出”效应自然地实现核心引领作用，比如从政策上鼓励四大中心城市的名校通过在珠三角其他七市建设新校区或共建科技产业园区、联合实验室等，实现多点开花、以点带面。同时，也可发挥人才培养层次类型的互补优势，比如珠三角七市高校可以为四大中心城市的学术型和应用型研究生教育提供更加优质的本专科生源，并可在此基础上签订更多大湾区内部的人才定向合作培养协议。

另一方面，应大力推进大湾区创新型大学的建设，以个体多样性推动高等教育集群的延展性。受益于国家战略和各级政府投入高等教育的动力和热情，粤港澳大湾区近几年新增很多高校。但高等教育集群和产业集群类似之处在于：新增者容易因制度同构而仅仅主要是满足了规模扩张需要，但对集群的多样化和网状辐射显得不足。因此，应特别考虑创新型大学的建设，其具有更强的主体互动性和网络、知识的共享性，有利于促进高等教育集群的多样性。比如正在筹建的大湾区大学，将定位于致力培养适应未来快速变化、支撑和引领大湾区科创发展的高端人才，对接港澳科创，加快成果转化，建立多渠道投入机制并采用灵活多样的人才招引机制。总之，应根据市场需求创新体制机制灵活办学。长期以来，高度市场化的产业对大学的需求是非常多样且灵活多变的，而受制于相对僵化的行政管理体制的大学难以对此做出积极主动的回应，也就是说“主动适应经济建设和社会发展需要的自我发展、自我约束的运行机制”还没有真正地建立起来。这也是至今科教融合、产教融合之所以难“融”的一个重要原因。粤港澳大湾区建设定位在创新湾区、科技湾区，打造国际科技创新中心，而高等教育集群和产业集群在其中发挥的作用是相辅相成的。因此，亟须在大学、政府、市场三者之间的良性互动中加强创新型大学建设，并切实促进教育链、人才链与产业链、创新链有效衔接，促进粤港澳大湾区高等教育结构布局调整优化和质量、特色、效益提升，与经济社会协同发展。

（三）加强管理一体性：充分利用“一国两制”优势和大湾区特色，大胆先行先试，积极探索高等教育合作办学的湾区道路

区域发展一体化不是“一样化”，区域发展一体化，主要从市场的一体化和市场要素的角度去推动。粤港大湾区作为国家的一项重大战略，更重要的是要发挥每个区域的优势，而不是通过“一样化”把粤港澳三地的优势（包括特点）抹平。从区域高等教育集群或一体化的未来远景看，粤港澳大湾区高等教育也“要实现资源互补、内外贯通、整合联动、有机发展的高等教育生态格局”[①]，注重系统共生性。因此，从管理一体性而言，其远景也应是大湾区教育合作发展的整体有序与湾区内部的丰富多彩相映成趣，最终形成一种和而不同的“马赛克”式的湾区教育合作发展的新图景。[②] 而大湾区的优势在于既可以进行国外名校合作办学，又可以激发区域内高校合作的“化学反应”。尤其是香港的几所名校通过在珠三角办学，既可以发挥港校基础科研优势，又能在珠三角广大腹地产生应用的加速度，推进“科—产—教”融合模式的落地。

因此，在遵守“一国两制”和《中华人民共和国教育法》等相关法律规定的前提下，应立足于大湾区合作办学的特殊性，制定相关政策措施，给予大湾区高等教育合作办学“先行先试”的特殊灵活的积极支持政策，探索高等教育合作办学的湾区模式。2020 年底，教育部、广东省人民政府已经联合印发《推进粤港澳大湾区高等教育合作发展规划》，提

---

① 董云川，常楠静. 区域高等教育一体化的远景与近为［J］. 大学教育科学，2020（5）：23－31.

② 卢晓中. 推动粤港澳大湾区教育合作发展的思考［J］. 中国高教研究，2019（5）：54－57.

出把粤港澳大湾区打造成为国家深化高等教育体制机制改革试验区，明确了粤港澳大湾区高等教育合作发展的方向。粤港澳大湾区应在此基础上进一步落实和探索，尤其是给予香港高校、澳门高校以及珠三角九市所在地高校在合作伙伴、学科专业设置以及办学模式等方面的更多选择，发挥高校办学主体作用，充分落实高校办学自主权，尤其要加强粤港澳三地高校办学自主权的衔接与对接，为大湾区高等教育的合作和集群发展打下规则衔接与机制对接的制度基础。加强大湾区内外办学合作，将佛山、东莞、珠海等地级市建设成为国内一流的应用型高等教育强市，培养更多创新型及应用型人才。重点支持珠海横琴建设“粤澳深度合作区”，积极推进产学研一体化国际研究院的建设。另外，珠三角九市还应与港澳积极探索并共同推动粤港澳大湾区资历框架构建，建立大湾区高等教育、职业教育与技能培训学分互认机制，实现高等教育、职业教育、技能培训等值。建立第三方高等教育、职业教育共享平台和质量评估机制，制定区域教育资源共享的准入条件和方案；由行业企业组织主导建立核心技能框架，形成基于核心技能框架的资历框架。

第八章

国际比较：多重逻辑下的旧金山湾区高等教育集群发展

开展湾区研究，进行国际比较很有必要，尤其是已有概念建构的国际三大湾区——美国旧金山湾区、纽约湾区和日本东京湾区。而关于湾区高等教育，流传最广的是美国旧金山湾区的斯坦福大学和“硅谷”的传说，并令美国高等教育发展更添“神话色彩”[①]。这个神话最为动人心弦之处在于大学与高新科技公司的良好互动，不但开启了美国高等教育的新纪元，而且掀起了世界高等教育发展的新潮流。但是，作为单个机构而被反复传颂的神话总是过于强调个体英雄主义，需要祛魅和还原。事实上旧金山湾区高等教育之所以走出一条和美国传统高等教育不同之路，其主要表现是形成和发展出一个与区域产业高度互动的高等教育集群。如果把这个高等教育集群比作金字塔的话，集群里既有斯坦福大学、加州大学伯克利分校这类处于塔尖的综合性大学，也有作为塔身培养技术和管理人才的各种州立大学，更有培养大量技术工人的各式各样社区学院作为塔基有力支撑。

尽管当前关于美国湾区高等教育已经有很多研究，但普遍只是将之当作一个已经树立的创新创业标杆进行比较借鉴，更看重结果而进程则

① 孙碧. 走出神话时代：中国的美国高等教育史研究三十年［J］. 高等教育研究，2019，40（12）：48－57.

被大大简化。大部分研究都对湾区高等教育集群形成和发展的关键要素和逻辑关联语焉不详，似乎大学与产业高度互动并形成高等教育集群的理念能够迅速产生并被奉为圭臬。但是，湾区高等教育集群的形成和发展需要什么特别的条件？为什么产生在旧金山湾区而不是在美国的其他地方？其崛起处于什么特定的历史阶段？和美国社会经济的发展、高等教育自身的发展有何机制关联……这些都是已有研究还没有回答足够清楚的问题。即便有些研究涉及这些问题并尝试回应，但更多只是从某个侧面或某个理论视角进行解释，基本都属于单因素的解释。而湾区高等教育集群的崛起之谜，既涉及高等教育内部的主动变革，又涉及高等教育外部的产业需求和时代变迁，是一个非常复杂的进程，单因素的解释多少显得力不从心。

因此，要更加完整地回答以上问题，需要考虑多因素的解释并且厘清多因素之间的机制关联，或可称之为多重逻辑的解释。周雪光曾针对制度变迁领域的解释，提出过一个“多重制度逻辑”的分析框架，从国家逻辑、科层制逻辑和乡村逻辑解释基层村庄选举的制度逻辑。制度变迁是一个涉及多重因素和机制的复杂过程，单一的分析框架常常无法做出有力解释，需要建立多重逻辑框架对不同群体间的行动逻辑以及相互作用进行深入分析。[①] 而湾区高等教育的形成与发展也是一个涉及多重因素和机制的复杂进程，也只有恰如其分地认识和厘清其各自作用和相互影响，才能具有更为通透的解释力。因此，本研究也试图通过构建一个“技术—地域—组织”的多重逻辑分析框架以对其形成和发展的机理进行理论解释。研究一方面立基于对美国高等教育发展史尤其是旧金山湾区高等教育发展史的梳理和分析，另一方面立足于研究者与研究团队于 2019 年 8—10 月对旧金山湾区开展的调研。围绕本研究核心问题，研究者在旧金山湾区对斯坦福大学、加州大学伯克利分校、圣何塞州立大学、旧金山州立大学和旧金山湾区委员会等 10 所高校和智库机构开展了实地调研和深度访谈。

---

① 周雪光，艾云．多重逻辑下的制度变迁：一个分析框架［J］．中国社会科学，2010（4）：132－150，223.

一、技术逻辑：技术创新之下的湾区新型大学崛起与高等教育集群形成

（一）技术驱动之下的斯坦福大学神话：湾区新型顶尖大学的崛起与引领

如果对斯坦福大学神话的产生进行溯源，一位必须提起的关键人物是弗雷德里克·特曼（Frederick Terman）教授。特曼是斯坦福大学工程学系的第一任系主任，随后成为院长，他改变了斯坦福大学原先保守的立场并成为转型的关键人物。在旧金山湾区起势之前，位于东海岸纽约湾区的128公路地区早已借助传统工业的优势遥遥领先，众多东部传统名校也集结于此。因为二战的原因，东部大学获得了美国联邦政府的大量军工项目合同，尤其是当时的麻省理工学院正如日中天。特曼也毕业于麻省理工学院，因此开始之初特曼和斯坦福大学更多是在模仿麻省理工学院，利用他在华盛顿的关系为大学实验室和当地公司吸引政府资助的研究项目。但是无论如何努力，斯坦福大学比起和华盛顿更靠近的东部大学尤其是麻省理工学院还是有巨大差距。因此特曼开始寻求转型——把最大的努力用于建立斯坦福大学同当地企业之间的合作纽带。他坚信："如果西部的工业和工业家们要有效地维护自己明显的、长期的利益，他们就必须与西部的大学尽可能地合作，并给予经济上和其他方面的援助。"① 因此，特曼为合作纽带的产生和巩固做了不少卓有成效的工作：既鼓励教师和学生熟悉和参与当地电子公司的业务，又鼓励当地的商人们了解斯坦福大学正在从事的研究以及这些研究对他们公司所能提供的帮助。当然，特曼最为突出的贡献在于促进了斯坦福大学工业园区的发展。这个重要创举的主要意义在于它帮助发展了学校同当地电子

---

① 萨克森宁．地区优势：硅谷和128公路地区的文化和竞争［M］．曹蓬，等译．上海：上海远东出版社，1999．25．

公司之间的刚刚萌芽的合作形式：最初只要每年支付 1 万美元，公司就可以向大学里任何院系的实验室建立定向联系，这种做法在校方、毕业生及本地公司之间建立起紧密的关系。很快，随着斯坦福大学把越来越多的土地用于工业园区的合作建设，越来越多的公司比如通用电气、柯达、旗舰、惠普等都接踵而至。

在将科技区的模式从东部的麻省理工学院移到西部的硅谷地区的过程中，特曼在斯坦福大学和当地产业之间连接起比 128 公路地区更为开放和互惠的纽带，反而走出一条新路。“虽然斯坦福大学和麻省理工学院都鼓励以商业为导向的研究，并在战后都赢得了联邦科研合同，但是麻省理工学院的领导把精力集中于和政府机构建立联系，并从成熟的电子生产厂商那里取得财政支持。相反，斯坦福大学的领导者由于缺乏与政府的联系，或者说不容易接近华盛顿方面，便积极地推动新科技企业的形成，积极地与地方工业讨论合作。”① 从 20 世纪 40 年代到 70 年代，集大学研究、军费赞助及企业家为一体的模式使硅谷地区工业发展获得了自我增强的能力——“30 年的时间里，圣克拉拉谷已经把自己完全变成了一个充满活力的技术复合群体”②。硅谷地区和 128 公路地区被公认为全美电子革新与生产的中心，128 公路地区以微型计算机而闻名，而硅谷地区则擅长制造商用半导体。

（二）大量技术创新带动湾区多层次、多类型的高等教育集群形成

斯坦福大学的崛起与“硅谷”神话的形成可谓同频共振，但支撑硅谷地区乃至整个湾区产业迅速发展并非仅靠一所大学，更重要的是高等教育集群的形成。尤其进入 20 世纪 80 年代末，128 公路地区的制造商已把他们在计算机生产领域长期占有的主导地位让给了硅谷地区。西部的生产厂商们创造了一个与东部的老工业体系极为不同的崭新工业系统，

---

① 萨克森宁．地区优势：硅谷和 128 公路地区的文化和竞争［M］．曹蓬，等译．上海：上海远东出版社，1999．12．

② 萨克森宁．地区优势：硅谷和 128 公路地区的文化和竞争［M］．曹蓬，等译．上海：上海远东出版社，1999．30．

这个系统和高等教育的紧密程度远超以往，甚至重塑了高等教育的使命和运行方式。新兴产业和电子技术带来的巨大市场需求，驱动了更为广泛的高等教育群体参与，并且自觉地形成了分工，湾区高等教育集群初具雏形。相比传统工业，湾区新兴产业由多样且灵活的组织构成，这些组织会根据市场的需求和机遇迅速做出相应的调整和变化。

新兴产业和技术创新大大丰富了湾区高等教育的层次，这是形成高等教育集群的重要基础。整个20世纪中后期，是技术产业驱动湾区高等教育集群形成的主要时期：从60年代的半导体到70年代的处理器、80年代的软件、90年代以来的互联网，硅谷地区一直引导着高科技产业的方向，也引领着高等教育发展的方向。而且，也正好是从60年代开始，随着克拉克·克尔（Clark Kerr）主持的《加利福尼亚高等教育总体规划（1960—1975）》（*A Master Plan for Higher Education in California*，1960—1975）的颁布实施，加州建立了以加州大学（UC）、加州州立大学（CSC）、加州社区学院（CCC）三级结构为主的公立高等教育体系，加上斯坦福大学为代表的私立高等教育的蓬勃发展，以多层次、多形式、多类型为重要特征的加州高等教育系统开始闻名世界，号称“世界上最杰出的高等教育系统”[①]。这个高等教育系统的建立和旧金山湾区的产业发展是基本同步的，尤其是其三个层次正好满足了旧金山湾区产业发展对不同层次人才的需求。研究者在斯坦福大学访谈了著名的社会学家威廉·斯科特（William Scott），他曾从组织学的角度研究了湾区高等教育系统与产业的互动。在访谈中他便谈到：“像伯克利和斯坦福这样的大学培养了企业家，提供合作伙伴，越来越多从事工程技术和计算机科学专业的教师创办和拥有公司等等。但是谁来实际落实工程呢？这就是圣何塞等州立大学的作用。当然还有社区学院，它们不仅培养工程师，还有企业管理人员和会计人员等组织员工。”研究者也对号称“硅谷”神校的圣何塞州立大学（SJSU）进行了重点调研，SJSU的多位受访者都自豪地

① 陈厚丰．中国高等学校分类与定位问题研究［M］．长沙：湖南大学出版社，2004．185．

说他们培养的学生才是硅谷地区的骨干力量。因为SJSU比其他任何学校都更靠近硅谷，学生在读书时就能第一时间接触到硅谷地区高科技公司的实习机会，科教融合做得非常好。因此，作为州立大学的SJSU每年都能为硅谷地区输送600～700名合格工程师。加州高等教育系统里面还有大量这类应用型大学以及社区学院，并且都能为湾区源源不断地提供不同层次的人才支撑。

另外，湾区高等教育集群的形成不仅体现在多层次上，还体现在多类型上。硅谷地区对于技术的尊崇并没有吞噬其他行业的工作机会，反而技术扮演了一种连接器的角色，提供了大量的其他工作机会，比如中介、金融、服务业等。研究者在SJSU访问了人类学学者英格里斯·卢克（J. A. English-Lueck）教授，她在《硅谷文化》一书中提出了“技术文化”的概念，认为技术创新带来的连接使得大量各种类型的创新活动间接参与者也得到培育，不同类型人群、产业共享一种具有融合性的“技术文化”[①]。因此，对技术文化的尊崇并不意味着硅谷只有科技公司，也不是只需要理工大学，而是需要不同类型的大学培养出大量不同专业、特长的人才，进一步为技术创新和相关活动提供专业化服务。因此，即便是人文社科也会从中获益。在湾区调研中，研究者反复向受访的人文社科学者求证一个问题：“在硅谷地区从事或学习人文社科会不会被边缘化？”几乎所有人都给出了否定的答案：他们都很自豪地说根本没有感受到被边缘化，反而是硅谷地区技术创新为人文社科提供了更好的工具，另外技术应用会产生很多新的社会问题并需要人文社科提出专业的解决方案，两者其实是互相受益的。因此，技术创新创造出对不同类型高等教育的多元需求，也拓宽了湾区大学创新人才培养的广度，为高等教育集群的形成提供了非常有利的条件。

---

① ENGLISH-LUECK J A. Culture of silicon valley [M]. Stunford. CA: Stanford University Press, 2002.

二、地域逻辑：湾区地域优势下的市场创新、人才集聚与高等教育集群扩张

前文解释了技术创新为湾区高等教育集群的形成带来了非常有利的条件，但世界上曾有不少地区也具备类似的技术优势，但为何并未形成高等教育集群或发展程度不足？这需要从旧金山湾区特有的地域特点和大发展期所处的时代背景寻找原因。美国社会学家兰德尔·柯林斯（Randall Collins）曾在其代表作《文凭社会》一书中解释了美国在20世纪的发展浪潮，可以为此提供相关解释依据。他把“20世纪美国”称之为“第二个美国”，并归结了“20世纪美国”两大重要的发展因素：其一是市场创新——将汽车、电话、广播和电视等欧洲上流社会的奢侈品转变为大众产品，构建了一个大众消费市场，美国特点是“对发明的商品化”。[①] 其二便是大规模移民：20世纪出现的“第二个美国”，是大规模和多元化族裔的移民过程的产物，这个进程大大加剧了20世纪美国的技术进步。[②] 而旧金山湾区凭借其地域优势堪称完美地赶上了这两大发展要素所带来的发展浪潮，成为“第二个美国”的典型代表。

（一）湾区地域优势下的市场创新与高等教育集群扩张

为什么和最初占尽优势的128公路地区相比，后发的旧金山湾区走了一条不同的路并后来居上呢？其中一个非常重要的原因在于除了技术创新之外，旧金山湾区发挥地域优势实现了市场创新，而这恰恰是128公路地区的土壤中缺乏的。这也对旧金山湾区高等教育集群的扩张和发展起到了明显的积极作用。

湾区一大地域优势是拥有大片的土地，这为早期建立大学产业园区提供了优厚条件。不像许多东部城市，硅谷地区缺乏一个强大的早期工

①② 柯林斯. 文凭社会：教育与分层的历史社会学［M］. 刘冉，译. 北京：北京大学出版社，2018. 140，134－135.

业史，或者说没有在旧工业的经济阴影下造成成长约束。硅谷地区的创始人一开始就没把自己视作东部工业传统的同路人，而硅谷地区的地理环境也促使它发展成不同的行业模式。作为先驱者的斯坦福大学便拥有许多开阔的土地，因此特曼在力推大学工业园区建设之时，能够围绕斯坦福大学周围的区域建立起“一个技术型学术的社区”①。斯坦福大学的迈克尔·基斯特（Michael Kirst）教授曾任加州高等教育委员会主席，在接受访谈时也以他的经历和观察佐证了这一点：“1969 年我来到这里，这里有大量的土地——斯坦福曾经是农场。企业租下我们的土地，建造他们的办公大楼，然后建立了一个大学附属机构向大学支付资金。然后我们为他们提供研究顾问，这将有助于发展他们的业务发展。所以这是一种协同作用，与其他地方的大学非常不同。”最初，许多公司落户于斯坦福大学附近和帕洛阿尔托地区的工业园区，而后其他院校也纷纷入驻企业并搭建类似的合作伙伴关系，逐渐发展到南部城市——维尔山、阳光谷、圣克拉拉，最后一直到了圣何塞。尤其在伯克利、旧金山以及圣克鲁斯地区的加州大学各校区，都在硅谷地区经济中扮演着“中央企业的角色”②，更大规模的大学集群在此基础上形成并呈几何级别地扩张。

湾区的另一地域优势是狭长三角形的海湾半岛地势，这为信息技术流通和市场创新大大提供了便利。硅谷地区的东部是旧金山海岸的一条狭长的地带，西部是圣克鲁斯山的丘陵。这种半岛形成的天然界限缩短了公司与公司之间的距离，促进了它们之间频繁的非正规的交流。“硅谷有一个以地区网络为基础的工业体系，能促进各个专业制造商集体学习和灵活调整一系列相关的技术。该地区密集的社会网络和开放的劳工市场弘扬了不断试验探索和开拓进取的创业精神。”③ 因此，基于这种市场

---

① GILMORE C. S. Fred terman at Stanford: building a discipline, a university, and silicon valley [M]. Stanford, CA: Stanford University Press, 2004.

② KENNEY, M, DAVID C M. "Introduction." In public universities and regional growth: insights from the university of California [M]. Stanford, CA: Stanford University Press, 2014.

③ 萨克森宁. 地区优势：硅谷和 128 公路地区的文化和竞争 [M]. 曹蓬，等译. 上海：上海远东出版社，1999：4.

创新的发展路线，决定了旧金山湾区的高等教育发展出不同于美国传统大学的样态。湾区大学与产业之间的边界变得模糊，其创新不局限于一个封闭的高等教育系统内部，更加是一种开放式的创新。“在网络系统中，公司内各部门职能界限相互融合，各公司之间的界限和公司与贸易协会和大学等当地机构之间的界限也已打破。”① 狭长三角形的海湾半岛地势既符合第二次产业革命所要求的港口优势，也符合第三次产业革命所要求的信息技术流通和交互的便利优势。因其市场的灵活性、开放性并不断地革新，硅谷地区不但成为第三次产业革命的最重要基地，也成为正在兴起的第四次产业革命的发源地。旧金山湾区也因为成功汲取当地知识集群和合作与竞争关系复合体中的优势，成为一个区域发展的典型范例。

（二）湾区地域优势下的人才集聚与高等教育集群扩张

在20世纪，经历了三次移民潮之后的美国已经成为世界头号强国。特别是对于旧金山湾区而言，第三次移民潮和西进运动带来了大量人才集聚的红利。美国的第三次移民潮发生在19世纪80年代到20世纪20年代，移民人数达到2 350万人。其后美国对移民开展了控制，但因为准入条件的提高，之后移民中专业人才的比例反而上升了。尤其是在20世纪60至70年代，涌入美国的移民大部分是来自欠发达国家的专业人才，其中加州是接纳最多技术移民的地方。另外一个带来大量人才集聚红利的是西进运动：1930年“罗斯福新政”实施昭示着西进运动的开启，美国政府开始注重东西部经济和产业的平衡发展，尤其加强了对西部的国家投入。西进运动掀起了美国东部涌向西部的移民潮和人才输入，使西部成了美国高新技术带。

旧金山湾区凭借其地理优势，成为这个内外输入大量专业人才时期的最大获益者。第三次移民潮中旧金山湾区得益巨大不仅和当时加州经

① 萨克森宁. 地区优势：硅谷和128公路地区的文化和竞争［M］. 曹蓬，等译. 上海：上海远东出版社，1999：4.

济发展起飞的吸引力有关，更和地理位置有关：对于作为当时技术移民输出最多的国家来说，无论是中国还是印度，无论是海运还是航空，位于西海岸的加州都是离美国华盛顿距离最近的州。而西进运动更导致了美国东部大量人才西迁，推进了美国东部和西部的均衡发展。大量人才的输入和集聚，不但支撑了硅谷地区的起飞和辐射发展，也进一步带动了高等教育集群的扩张。一方面，湾区已经形成了科技进步与高等教育互动的模式，很多公司需要为不断增加的员工提供技术和管理培训，需要不同类型大学为此提供有力支撑。另一方面，大量外来人才的集聚也带来了其子女教育的巨大需求，这客观上也需要湾区高等教育能更多和更好地承载这些需求。而湾区高等教育集群在回应这些需求的过程中，所培育的一代又一代毕业生又进一步扩大了其和产业、市场互动的优势。

当湾区高等教育集群发展到一定程度并具备“品牌”意义后，反过来又能带来更多的人才集聚，从而产生良性循环。加州大学伯克利分校约翰·道格拉斯（John Douglas）的一项研究曾指出：旧金山湾区已经成为全球高等教育中心，成为吸引全球人才的“磁石”。[①] 仅在2009—2010学年，加州就有近10万名国际学生，为加州创造了将近30亿美元的经济收入。旧金山湾区作为一个不断强化的知识生态系统，具有国际吸引力、社会效益和经济可行性。加上加州高等教育系统已经在全球树立品牌，并与企业界和地方政府建立更紧密的联系，其对国际学生的吸引，不但拓宽了国际高等教育交流合作的机会，更巩固了湾区作为全球人才“磁石”的地位。在这样的基础上，旧金山湾区不但成为全球科技创新中心，也成为教育和人才高地：源源不断从全球范围吸引人才进入湾区大学，培养后直接为湾区产业提供所需要的人才，并且进行全球输出。高等教育集群和产业集群形成良性循环，全球化和在地化也得到比较完美的契合。

---

① DOUGLASS J. A global talent magnet：how a San Francisco/Bay area global higher education hub could advance California's comparative advantage in attracting international talent and further build US economic competitiveness. Research & Occasionel Papors Soriers：CSHE. 9. 11 ［J］. Center for studies in higher education，2011，41（1）：25.

三、组织逻辑：适应技术创新与地域优势的湾区高等教育组织集群化变革

技术创新以及地域优势为湾区高等教育集群发展提供了充足的基础和养分，但这两大因素也还不能完全保证高等教育一定会沿此路发展。正如萨克森宁对128公路地区发展模式的解释：这里曾经比旧金山更有技术优势，其工业体系产生了无数新的公司和技术；这里区域优势也非常明显，依托的是先发展起来的纽约湾区，但最终却在科技产业上和旧金山湾区的差距越来越大。其中最重要的原因，就是“这里的厂商们无法适应或未能迅速一贯地进行商业化以维持本地区的经济”①，其企业并未发展出类似于旧金山湾区企业那样的组织结构类型。与之相似的是，128公路地区的大学基本保持了传统东部大学的组织属性，并未形成一种类似于旧金山湾区的高等教育集群。因此，湾区高等教育集群的形成和崛起，不仅是因为地理空间上集聚和规模上的累积，更重要的是其组织逻辑产生了适应技术驱动和地域优势的变革。从高等教育的组织架构来看，具有及时满足产业需求的供应链逻辑；从组织功能来看，具有积极反馈外部系统的市场化逻辑；从组织运行来看，具有知识双向流动的交互性逻辑。

（一）高等教育组织架构的供应链逻辑

集群尤其是产业集群的核心特征是在集群地域形成完整一体化供应链的发展趋向。② 对于高等教育集群，其核心特征就是形成区域经济产业发展所需的人才供应链。因此，之所以判断湾区高等教育具有明显的集群特征，是因为其组织架构形成了清晰的供应链逻辑。

---

① 萨克森宁. 地区优势：硅谷和128公路地区的文化和竞争［M］. 曹蓬，等译. 上海：上海远东出版社，1999：181.

② BAIR J. Beyond the maquila model? NAFTA and the Mexican apparel industry［J］. Industry and innovation，2002，（7）：1414－1434.

一方面，湾区高等教育组织架构在积极响应市场网络化的需求过程中形成了清晰的供应链逻辑。信息和通信技术的快速发展为湾区高等教育集群的组织行为分工提供了便利，并且利用了地域优势形成了新的信息化社区形式。这种类型的社区通过共同工作、不断交流以实现一致性目标，其主导领域从软件开发到解决科学问题，再到制定共同标准。加州高等教育体系是这个满足产业多元化需求的供应链的重要基础，这也是湾区高等教育区别于美国其他区域的重要之处。斯科特等人曾提出了一个富有包容性的分析框架，综合分析了自1970—2015年间旧金山湾区高等教育在与经济领域互动过程中的组织变革，发现不同大学组织与本地互动的方式和程度各有不同：研究型大学和综合大学更侧重于与大企业、州、联邦和国际建立更广泛的连接；而社区学院和许多非营利组织更多地融入当地的环境以发展自身，其生源更多是来自于附近的社区。[①] 湾区高等教育组织架构形成并各司其职，其最重要原因并不是因为加州高等教育总规划的完美设计，而是在积极响应市场网络的需求过程形成了清晰的供应链逻辑，并能随着市场发展不断动态调整。市场的“无形之手”是形成“学科—专业—产业链”[②] 的关键力量，市场竞争和市场机制建立起运转顺畅的高等教育人才供应链，并保证其旺盛的生命力。

另一方面，政府层面也为完善湾区高等教育组织架构的供应链逻辑提供了政策和机制支持。加州高等教育总规划的一个重要作用在于，为不同层次类型高等教育之间建立比较灵活的连接提供了保障机制。正如旧金山湾区委员会经济研究所总裁肖恩·伦道夫（Sean Randolph）在接受访谈时所谈到的，加州高等教育内部有某种连接器：“如果你从两年制的社区学院获得了学位，你有机会进入加州州立大学，或者你也可以进入加州大学。对于那些不那么富有的人或者少数族裔来说，拥有这种纵向的途径尤为重要，在这些不同的层次之间存在着公共部门层面的联

① SCOTT W R, KIRST M W. Higher education and silicon valley: connected but conflicted [M]. Baltimore: Johns Hopkins Unversity Press, 2017.

② 胡赤弟. 论区域高等教育中学科—专业—产业链的构建 [J]. 教育研究, 2009, 30 (6): 83 - 88.

系。”即便在相同层次的大学之间的合作与连接，政府也起到了很好的作用。伦道夫还谈到了政府如何促使加州大学发挥不同校区的学术和研究优势进行合作的案例：“2000 年的时候，加州州长戴维斯提出创立基金来启动建设一个科学与创新研究院，但规定如果要获得这个巨额基金的资助，至少需要两个以上大学校园的合作。所以伯克利不能单独申请，但是如果和旧金山分校、戴维斯分校联合申请就可以。”这个后来被命名为格雷·戴维斯州长科学与创新研究院的著名机构最终由加州大学系统的四所名校的科研力量组成，并都和企业界通力合作，力主多学科和跨学科研究，在连接基础研究和技术市场之间做出了很大贡献。

（二）高等教育组织功能的市场化逻辑

大学是在跨越了多个世纪的传统学术历史遗产的影响下形成的，长期以来主要秉承的是学术逻辑。组织学的早期研究者如迈耶（John W. Meyer）等认为，组织功能通常顺应来自其制度环境的同构压力，因此在许多方面大学不像公司，而更像是“寺庙”[①]。因为组织同构的缘故，在美国发展较早的东部大学多数都是遵循学术逻辑的传统，尤其受 19 世纪的德国大学影响。其后的组织学研究者如奥利弗（Christine Oliver）认为，许多组织不仅只是模仿和同构，而会选择更多的战略行动来追求自己的利益，并试图制定新的规则和做法。[②] 旧金山湾区高等教育集群便是在与市场高度互动的基础上发展出自己独特的使命，组织功能上表现出明显的市场化逻辑。“到了市场逻辑阶段，知识生产开始强调商业性、保密性与功利性，大学的某些知识生产会受到企业赞助或出于某种特殊目的和需求而从事生产与传播，某些知识的生产不再具有普遍的公共性，而具有商业性与保密性，知识不再自由流动而是为某些机构提供服务，

---

① MEYER J W. The effects of education as an institution [J]. American journal of sociology, 1977, 83 (1): 55 - 77.

② OLIVER C. Strategic responses to institutional processes [J]. The academy of management review, 1991, 16 (1): 145 - 179.

知识生产的功利性进一步强化。”[①] 尤其在斯坦福大学的带动下，湾区大学所追求的战略目标表现出与传统东部大学明显不同，西海岸高等教育集群作为新贵集体登场。

组织功能的市场化逻辑带来一个明显的积极效应在于大大提升了湾区大学人才培养的灵活度。高科技公司被客户不断变化的口味和要求所引导，他们依赖大学帮他们解决特定的问题，特别是服务于他们的研究、开发和生产系统。这很大程度上塑造了新型大学理念——大学更乐于将创造力与知识当作成功的商业产品与服务的引领者。比如斯坦福大学便采取了灵活的机制去平衡“教师学术创业”[②] 带来的冲突，而教师和学生也更乐于将知识当作可变现的私人财产。斯科特在访谈中便谈到：“我认为让湾区大学受益的文化元素并不是特别学术性的，而是来自一个更有企业家精神的世界，来自一个更有竞争力的世界，来自一个更以市场为基础的世界，等等。我认为高等教育采纳了许多在创业领域具有竞争力的价值观——我们从中受益，从中学习。”湾区外在环境令湾区大学更加关注实用性，和更加看重学校文凭和学位证书的东部大学表现出明显不同。正如斯科特谈到：“对于公司决定一个大学毕业生是否适合工作的标准而言，按照传统东部的组织逻辑通常会问：‘你有什么学位？’而在西海岸的硅谷，人们会说：‘我们不在乎，问题是你能做什么？’这是完全不同的观念。”因为硅谷地区和周边大学的科教融合做得很好，这些公司理念很容易传递到湾区大学中去，这就大大提升了湾区大学人才培养的灵活度：没有一个模子或样板的要求，人才培养不会成为知识工厂上的流水线；不仅是为了适应世界而培养人才，更是为了改变世界而培养人才。

---

① 李立国．大学发展逻辑、组织形态与治理模式的变迁［J］．高等教育研究，2017，38（6）：24－31．

② 苏洋．世界一流大学如何平衡教师学术创业引发的冲突：斯坦福大学的经验与启示［J］．比较教育研究，2020，42（4）：10－17．

（三）高等教育组织运行的交互性逻辑

市场化逻辑并不是湾区高等教育的创造，而更主要来自于19世纪末和20世纪初的威斯康星州立大学，“威斯康星思想”的提出和实践使得社会服务成为被广泛认可的高校第二基本职能。而在科技时代湾区高等教育集群能将市场化逻辑提升到新的高度，很大程度上来自于其高等教育组织运行的交互性逻辑。

一般来讲，最初级的知识流动是单向的，比如知识从大学向企业流动，由于缺乏反馈回路，大学提供的知识与企业需要的知识有时无法匹配。无论是倚重教学职能的英国大学还是倚重科研职能的德国大学，知识流动基本还是单向的。随着大学服务社会职能的开发，“为提高知识流动的效率，大学与企业、企业与企业之间知识流动的矩阵结构逐渐建立，单向的流动被双向的流动所取代”[①]。当“威斯康星思想”出现并产生很大影响后，美国高等教育正处于从知识单向流动向双向流动的过程中。而真正提升了双向流动的效率并形成良性交互的是旧金山湾区高等教育集群，其组织运行中形成了一种网格式的矩阵系统。“尽管按理说应当由大学产生知识并传播到硅谷中，但事实上这种流动是双向的。所有学院和系所，例如计算机学系、工程院和商学院等，都同硅谷地区的企业有着双向流动的密切联系。教员和学生把创意带给企业，帮助企业积累知识；反过来，学校也通过参加访谈、研讨会、讲座等活动从企业工作人员那里获取知识。同样，在硅谷做咨询工作的教员和实习的学生也在双向传播知识。”[②] 单向知识流动的高等教育组织往往固守传统，缺乏变化和适应性；而在快速变化的年代，这种交互性强的组织逻辑更能适应变化，对需求做出灵活反馈，并且能随着新动态的发展不断裂变出新的组织形态。

---

① 王建华. 大学创新创业生态系统的构建：基于硅谷的分析［J］. 江苏高教，2019（12）：9－16.

② 李锺文，等. 创新之源：硅谷的企业家精神与新技术革命［M］. 陈禹，等译. 北京：人民邮电出版社，2017：31.

四、结论与启示

正如戴维·拉伯雷（David Labaree）以“复杂结构造就的自主成长”解释美国高等教育崛起的原因一样①，美国旧金山湾区高等教育集群的崛起也充满了复杂性，本研究的主要工作是试图探究和解释这种与区域产业高效联动的高等教育集群模式形成和发展的多重逻辑。综合以上的分析，现在可以尝试对技术、地域与组织等因素在其中扮演的角色及其互动机制做出一个结论性认识，并回答本书开头提出的几个问题了。技术驱动在湾区高等教育集群形成早期起关键作用，斯坦福大学因此崛起并成为一个和东部大学风格迥异的文化社群，随着更加大量技术创新需求的涌现以及斯坦福大学的带动作用，湾区多层次、多类型的高等教育得到发展并逐渐形成集群。在发展的过程中，湾区作为沿海城市群的地域优势促进了市场创新，加上第三次移民潮和西进运动带来大量人才集聚，促使湾区高等教育集群为满足这两大需求进一步扩张升级。然后，湾区高等教育自身组织逻辑产生了适应技术驱动和地域优势的变革，表现出供应链、市场化、交互性的典型集群特征，湾区高等教育真正崛起并推动美国高等教育的升级。

湾区高等教育作为一个区域高等教育发展的典范，其重要的启示意义在于：在回应外部产业集群发展需求的基础上建立了内部高等教育集群，内部高等教育集群又为外部产业集群的专业化和业态创新提供养料和动力。在这个互动发展过程中，技术高度地嵌入了区域的社会关系，区域高等教育发生了具有集群特征的组织变革。这也是未来高等教育发展的方向之一，并有望更好地适应全球化和在地化同在的趋势。从中国当前的区域发展状况来看，不少区域尤其是东部沿海地区的产业集群已经较为成熟，比如长三角地区和粤港澳大湾区，但“产业高集聚、地区

---

① 戴维·拉伯雷，周勇．复杂结构造就的自主成长：美国高等教育崛起的原因［J］．北京大学教育评论，2010，8（3）：24－39，188.

低专业化”[1] 的状况仍没有得到很好的解决。这其中很重要的原因就是尚未建立与之高效互动的高等教育集群或发展不够成熟，两者之间并未形成一种你中有我、我中有你的内外高度融合创新的状态。对这些区域而言，技术创新和地域优势已经具备，但因应的高等教育组织创新还显得不足。充分借鉴旧金山湾区高等教育集群崛起的启示，思考技术、地域与组织之间的逻辑关联与互动机制，共同形塑具有区域特色的高等教育集群，应当成为这些区域的重要课题。

---

① 范剑勇. 市场一体化、地区专业化与产业集聚趋势：兼谈对地区差距的影响[J]. 中国社会科学，2004（6）：39－51，204－205.

第九章

竞合创新：粤港澳大湾区城市群、产业群与高等教育集群发展

将粤港澳大湾区打造成世界一流湾区和世界级城市群已经上升为国家战略，随着2019年2月18日中共中央、国务院印发《粤港澳大湾区发展规划纲要》（以下简称《规划纲要》），如何推进粤港澳大湾区建设的诸多问题都被提上议程，也迫切需要研究界关注。比如在教育部分，《规划纲要》强调要“推动教育合作发展”，而粤港澳大湾区作为中国“一国两制”“三个关税区”情况下一个非常有典型性的区域，如何既发挥每个城市的竞争优势又实现互补合作发展，亟须进一步研究。尤其是高等教育层面，目前粤港澳大湾区高等教育集群已经具备了很好的体量优势，但如何结合大湾区的定位和优势，通过文化、教育、科研等多方的互联互通来实现竞合发展，则还需要更深入的探讨。本部分的研究试图在分析粤港澳大湾区的空间和产业等方面的定位和优势的基础上，结合竞合创新与融合创新理论，寻找粤港澳大湾区高等教育集群的适切性发展路径。

一、粤港澳大湾区的多中心发展定位与高等教育集群面临的挑战

粤港澳大湾区到底是单中心还是多中心，在《规划纲要》未出台之

前，还存在一些未知数。但是，《规划纲要》出台并明确对大湾区的11个城市进行了定位："以香港、澳门、广州、深圳四大中心城市作为区域发展的核心引擎，继续发挥比较优势做优做强，增强对周边区域发展的辐射带动作用。"也即在粤港澳大湾区城市群的发展定位上，显然是一种多中心的取向。另外，还可以从产业群这个重要因素来分析其发展定位，并在此基础上再对高等教育集群的发展定位和面临挑战进行分析。

（一）多中心：粤港澳大湾区的优势与发展定位

1. 空间优势与发展定位："四核驱动"的世界级城市群

粤港澳大湾区要打造世界级城市群，并选择四大中心城市作为区域发展的核心引擎，这种以"四核驱动"为特色的多中心城市群发展定位应是粤港澳大湾区扬长避短、突出特色以及利益平衡的合理选择。从国际对比的视角看，国际三大著名湾区之中心城市和核心驱动的模式各不相同：东京湾区基本是围绕着东京而扩大的都市圈，算是单核驱动；纽约湾区以纽约作为金融中心，波士顿作为文教中心，可谓双核驱动；旧金山湾区则是一个去中心化的湾区，围绕着硅谷地区的产业带分布着多个城市，各城市之间也没有明显的主次之分。如果从国内比较的视角看，国内与粤港澳大湾区并驾齐驱的城市群是京津冀和长三角，京津冀城市群主要是北京单核驱动，长三角城市群虽然不断出现沪宁或沪杭的说法，但基本还算是以上海为核心的单核驱动模式。因此，粤港澳大湾区的定位强调"多核多中心"并存，相对而言更加能发挥出各城市的动力和优势，实现优势互补，共同打造世界级城市群。

2. 产业优势与发展定位：多元化的产业中心

《规划纲要》中对粤港澳大湾区的一个重要战略定位是"具有全球影响力的国际科技创新中心"，这显然也将成为大湾区未来发展的重要方向。但是，只强调打造国际科技创新中心是否意味着要放弃大湾区原有的制造业中心和金融中心的产业优势？

进出口贸易额制造业和区域港口集装箱吞吐量是衡量制造业的重要指标，从这方面的数据可以对大湾区的制造业优势做一个基本判断。从

2017年的数据看，粤港澳大湾区进出口贸易额是东京湾区的3倍以上，区域港口集装箱吞吐量约是世界三大湾区总和的4.5倍。[①] 而从单个港口看，深圳港、香港港和广州港集装箱吞吐量皆位居世界前十，分别排名第三、第五和第七。从城市产业基础看，广州是区域制造业中心，佛山、东莞是先进制造业基地。这皆说明大湾区传统制造业基础雄厚，显然不应放弃这个产业中心优势。另外，再看金融业：根据最新全球金融中心指数（GFCI）显示，香港力压新加坡、东京、首尔连续多年成为亚洲第一、全球第三的国际金融中心；深圳作为国内金融中心实力也不可小觑。所以粤港澳大湾区不可能也不应该放弃原有的金融中心地位。但是，在一个全球科技创新不断涌现的年代，传统的制造业和金融业也必须要转型升级。因此，《规划纲要》的真正用意是强调粤港澳大湾区应以国际科技创新中心的建设带动制造业中心和金融中心的升级和协同，形成多元化的产业中心。

（二）创新与协同：粤港澳大湾区高等教育集群的双重挑战

无论是从城市群还是产业群，“多中心”的发展定位对于粤港澳大湾区来说都是更加科学合理的，但这也势必对其高等教育发展提出更高的挑战。这种挑战既有高等教育所面临的共性挑战，又有湾区区位特征所带来的特殊性挑战。总的来说：一方面是创新的挑战，即如何为未来多城市中心、多产业中心的经济社会合作和发展闯出一条人才培养的新路？另一方面是协同的挑战，即要寻求一种协同、融合发展的高等教育集群模式。

1. 创新的挑战：大学的基础科研如何与产业群同频共振

在粤港澳大湾区建设背景下，高等教育的发展应重点考虑如何服务于大湾区多中心的城市群和产业发展，为其发展提供多层次、多类型和高水平的人才和科技支持动力。从这个意义来看，大湾区发展更需要以

---

① 广州日报数据和数字化研究院. 粤港澳大湾区协同创新发展报告（2018）[EB/OL].(2018-09-25)[2022-04-25]. https://www.sohu.com/a/256149408_658521.

一种应用性的高等教育创新支撑为主。但放眼当前粤港澳大湾区，无论是发展现状还是发展导向，整体上还是更偏重于一种学术性的高等教育创新。一方面，尽管广东省在高水平理工科大学建设、推进应用型本科转型方面已经做了很多卓有成效的工作，但不少高校还是在研究型和应用型的定位中摇摆不定。因为在当前国家“双一流”建设战略的强力主导下，不可避免当前很多高校还是学术本位思想较重，更偏重在提高科学研究水平和重视学术论文发表等方面发力。另一方面，尽管香港拥有国际水平的大学基础科研，深圳也拥有活跃的企业内部研发，但两者之间缺乏有效的连接，更未产生较好的叠加效应。香港与内地之间也缺乏系统的科技研发和成果转化平台，更多的是依托项目开展技术交流与合作，项目一结束，双方的技术合作与创新也就结束，这种点对点的合作，缺乏持续性和系统性，高水平大学基础科研与企业研发难以形成有效互动。如此一来，不但难以为企业转型升级提供良好支持，大学的基础科研也难以进行成果转化，双赢局面尚未真正形成。因此为破解这种局面，大湾区需要探索一种创新型高等教育模式，这种模式需要大学的基础科研和产业应用才能够产生更好的同频共振作用。

2. 协同的挑战：高等教育集群目前基本上还是“集而不群”

粤港澳大湾区多中心城市群需要各城市高等教育之间的错位发展与更深入的交流，多产业中心也同样需要不同层次和类型的高校合理定位。粤港澳大湾区现有高等学校180多所，在全球排名前50名、70名的高校分别有4所、5所。而且珠三角地区高等教育体量庞大，拥有比较完整的学科布局，应该说当前大湾区高等教育已经拥有很好的发展基础。但是，打造大湾区高等教育集群，更重要的不是体量比拼，而是能够通过集群的交流、整合、互换、共享等方式产生知识创新协同效应和解决每个单独区域的结构性资源不足问题。因此，如何通过协同达至更高层次和更大范围的创新也是大湾区高等教育集群所要面对的重要挑战。而粤港澳三地高等教育目前在器物、制度和理念层面的协同都还存在瓶颈障碍：器物层面上合作不够广泛不够深入，制度层面上缺乏专门的框架协议和对接机制，理念层面上尤其是高等教育理念存在差异和碰撞。[①] 即虽然大湾区大学在地理上具有临近优势，也初步形成了高等教育集群发展模式，但基本上还处于“集而不群”的状态。[②] 因此，只有打破以上的层层壁垒，才能真正推动粤港澳大湾区高等教育协同发展，为粤港澳合作建设提供强力支撑。

二、在竞争中融合创新：发挥高等教育集群优势的理论支撑及适切性分析

粤港澳大湾区高等教育集群存在着区域、知识、人才、体制机制等要素，应如何最大限度发挥这些要素的优势并应对以上创新和协同两大层面的挑战，是当前急需厘清的核心问题。如前所述，“单纯的合作或单纯的竞争视角，已经难以反映当前企业之间一边合作一边竞争的现实，因而逐渐被竞合理论所取代”[③]。因此，竞合理论既指向一种竞争性合作，也指向一种合作性竞争，这种关系成为推动产业集群或企业联盟发展的潜在动力和源泉。而竞合产生创新的过程主要在于所形成的竞合关系网络，主要的网络组织行为是产生知识共享，知识共享是包括“知识筛选、知识溢出、知识学习、知识吸收和知识创造”[④] 的全过程，其关键是知识溢出：尤其是出于自身利益最大化而产生的自愿性知识溢出行为，会带动网络组织成员集体知识进步。

如果说第六章所述的竞合理论更侧重于指向合作性竞争的话，本章所述的竞合创新的重点则更多指向竞争性合作，或者说集群组织成员在

---

① 陈先哲. 粤港澳大湾区高等教育集群：走出一条超越现状的路［N］. 光明日报，2018－08－07（13）.

② 欧小军. “一国两制”背景下粤港澳大湾区高水平大学集群发展研究［J］. 现代教育管理，2018（9）：17－22.

③ 刘衡，王龙伟，李垣. 竞合理论研究前沿探析［J］. 外国经济与管理，2009，31（9）：1－8，52.

④ 卢福财，胡平波. 基于竞争与合作关系的网络组织成员间知识溢出效应分析［J］. 中国工业经济，2007（9）：79－86.

竞争中所产生的融合创新。政治经济学家约瑟夫·熊彼特（Joseph A. Schumpeter）提出的融合创新理论指出：创新就是要素之间以不同的方式产生“新组合”，“新组合”里的要素融合创新促进经济社会和企业的发展。融合创新理论中关于要素的定义、组合和融合等论述对协同创新高等教育集群内相关要素亦可提供重要理论支撑。熊彼特在其代表作《经济发展理论》中提出了“增长、发展、新组合以及创新”等核心概念。他将原材料在数量上的增多或减少称之为“增长”，而“发展”是用不同的方式将原材料或生产要素进行组合，形成与原来不同或以前没有的“新组合”，“创新”就是执行新的组合，建立一种“新的生产函数”。[①] 融合创新的内涵由 6 个维度构成，即“产品创新、服务创新、业务流程创新、业务模式创新、管理创新以及制度创新”。企业要以创新为基石，不断地开发新产品，通过使客户满意的服务，让产品真正被消费者认可。完善的业务模式和业务流程使整个体系达到最优的状态，不断更新管理和制度，适应政策与社会的变化，这样多维度的创新才是一个企业真正需要的创新。[②] 融合创新理论尤其强调要素之间的互补融合，形成一个由优势互补、相互匹配的有机体，从而使创新系统的整体功能发生质的跃变，形成 $1+1>2$ 的集成放大效应。随着信息科技的发展以及各种技术创新和科技革命，企业要想在激烈的市场竞争下存活就必须创新内部生产要素以及吸引外部有利因素，这样融合创新理论才能得到广泛应用和进一步研究。

熊彼特的融合创新理论主要是指集群组织成员在竞争中的融合创新，对于粤港澳大湾区高等教育集群服务多中心需要的现实而言具有很强的适切性。首先，从普遍性来看，融合创新理论适用于在高等教育领域的解释。高等教育作为准公共产品，同样需要不断开发创新“新产品”，更新内部管理体制，创新顶层制度设计，为受教育者提供优质的高等教育服务。高等教育集群进行“产品、服务、管理、制度”多维度的创新，

① 熊彼特. 经济发展理论［M］. 何畏，等译. 北京：商务印书馆，1990：73－74.

② 刘新，吕廷杰. 融合创新的概念、背景和特点［J］. 通信企业管理，2006（12）：68－69.

每个维度的创新不仅需要融合高等教育内部的创新因素，还需要主动寻求外部有利因素，内外要素之间相互匹配优化，最终实现高等教育集群的融合创新。其次，从空间的特殊性来看，对于粤港澳大湾区高等教育集群的跨空间发展特性而言，尤其适合使用融合创新理论作为理论支撑。粤港澳大湾区共包括11个城市，是"9+2"的空间组合模式，具有"一国两制""三个关税区"的特点，粤港澳三地的发展各有其重点和利益诉求。在不同的制度和跨空间、多中心的城市群之间，三地高等教育集群的发展尤其需要融合创新。也即要把这个区域的高等教育发展要素进行"新组合"，并通过高等教育集群的"新组合"将大湾区内多元利益相关者转变为融合创新的合作者，服务大湾区多中心的发展需要。最后，从时代的特殊性来看，无论是"新时代高等教育"抑或是"高等教育新时代"[①] 都更加强烈呼唤融合创新。第四次工业革命下的新经济时代传统产业与知识经济、虚拟经济和网络经济全面结合，社会经济发展显现出多元化的发展态势。高等教育的发展受到经济社会的影响也不断创新发展方式，世界银行高等教育主管萨米（Jamil Salmi）指出创新型大学有三大互补关键要素：集中优秀人才、良好的治理和充足的资源，集中优秀人才会产生丰富的研究成果，这些研究成果通过技术转化服务于产业发展，由此给大学带来充足的资源用于培养优秀的学生，三种要素的相互作用形成一流的创新型大学。[②] 新时代下高等教育的发展不再是原来"单打独斗"封闭式创新发展模式，而应转变为吸引外部有利创新因素、更新创新内容、扩大创新范围的开放式创新发展模式。尤其是在建设粤港澳大湾区的背景下，要提升高等教育对大湾区经济、科技发展的支撑作用，就不仅要着眼于高等教育内部资源的整合，更要关注高等教育集群与大湾区外部各生产要素相互作用下的融合创新，并以此促进良性竞争，突破封闭性竞争的"内卷"瓶颈，构建更加多元丰富的高等教育生态。

---

① 陈先哲．新时代高等教育与高等教育新时代［J］．教育发展研究，2018，38（13）：58－66．

② 萨米．世界一流大学：挑战与途径［M］．孙薇，王琪，译校．上海：上海交通大学出版社，2009：7．

三、多中心之下的竞合创新：粤港澳大湾区高等教育集群的未来出路

“现代社会高等教育发展的一个新趋势和新现象是高等学校正在成为一个地方或区域社会经济和文化发展的地标”①，对于上升到国家战略意义的粤港澳大湾区更是如此，而且需要的不仅是几个“点”的地标，而是能否走出一种高等教育集群的创新模式，成为具有整体意义上的“面”的地标。《规划纲要》更是明确提出要“建设国际教育示范区”，因此粤港澳大湾区确实任重而道远。根据熊彼特的六要素“产品创新、服务创新、业务流程创新、业务模式创新、管理创新以及制度创新”，并结合粤港澳大湾区高等教育的特点，其高等教育集群的主要要素可大体归纳为“区域”“人才培养”“社会服务”“体制机制”。“区域”乃粤港澳大湾区独有之特色，“人才培养”和“社会服务”则基本相当于“产品创新、服务创新、业务流程创新和业务模式创新”，“体制机制”则相当于“管理创新以及制度创新”。然后根据这些要素从竞合创新的角度进行组合，其中可以有多种不同组合。但是，里面应该有两个组合是起关键作用的：第一个组合是“区域＋体制机制”的组合，主要是支撑多中心的城市群发展定位；第二个组合是“区域＋人才培养＋社会服务”的组合，主要是支撑多中心的产业群发展定位。其中，第二个组合中又根据人才培养和社会服务的类型分为两类——高水平大学走“开放式竞合创新”之路，主要与珠江东岸的科创业和金融业同频共振；应用型本科和高职院校走产教融合创新之路，主要为珠江西岸制造业提供支持。

---

① 谢维和. 高等教育：区域发展的新地标［J］. 中国高教研究，2018（4）：12－15.

（一）推进"区域+体制机制"的竞合创新，高等教育配合区域分工进行错位发展，并建立共同体合作机制，支撑多中心的城市群发展定位

同根同源而各具特色的区域组合，是粤港澳大湾区最具特色的创新要素。若按照两轴的划分，以珠江为界，广州、深圳、香港、东莞、惠州在珠江东岸，佛山、中山、江门、珠海、澳门和肇庆则在珠江西岸。尽管从GDP占比来看，东强西弱，但珠江东岸和西岸的产业还是具有明显的不同特征。珠江东岸的产业主要集中在高科技产业和金融业：深圳的高新科技企业和香港的金融中心，并且制造业的高新技术含量更重，广州、深圳、东莞和惠州等地电子信息制造业十分雄厚，是全国信息产业最强的区域。而在珠江西岸，则主要是装备制造业，两者构成了广东实体制造业的强大支撑。广东省2014年出台政策大力打造"珠江西岸先进装备制造业产业带"，几年间的建设已经取得明显成效。2017年广东省又出台《珠江西岸六市一区创建"中国制造2025"试点示范城市群实施方案》，提出珠江西岸制造业到2025年要达到与德国制造业"同场竞技、同步赛跑"的水平。因此，从服务多中心的城市群和产业分工出发，集聚了广州、深圳和香港三大中心城市的珠江东岸更迫切需要世界一流或国内顶尖级的大学集群的支撑，为大湾区科创业和金融业提供创新动力。珠江西岸的其他副中心城市更需要应用型大学和优质高职院校为制造业提供坚实人才支撑，并推动这些区域的产业转型升级。

因此，粤港澳大湾区应以高等教育优势互补、错位发展和建立共同体合作机制支撑多中心的城市群发展定位。因为"行政边界效应的存在是区域之间高等教育协调发展与一体化建设的主要障碍"[①]，尤其在"一国两制""三个关税区"的现实情况下需要重点思考高等教育区域融合的问题。三地高校发展水平的差异以及制度、理念、文化的不同，需要进

① 王善迈，崔玉平. 教育资源优化配置：中国教育改革与发展中的经济学课题：王善迈教授专访［J］. 苏州大学学报（教育科学版），2014，2（4）：67－72，127－128.

一步搭建一个适合粤港澳三地高校发展的共同话语表达体系。目前民间层面的粤港澳高校联盟已经有了，但更需要的是政府层面通过更积极的磋商建立起一种具有可操作机制的合作框架。这方面可以参考“博洛尼亚进程”对于建立欧洲高等教育共同体的推动作用。始于 1999 年的“博洛尼亚进程”通过持续的努力和完善，建立了学历和资格互认标准和制度、外部评价机制与学校内部保障体系、欧洲学分转换和累积制度等机制，打破了欧洲各国之间的制度藩篱，推动了欧洲内部学生与学者的积极流动，增强了欧洲高等教育的凝聚力和竞争力。在推进粤港澳大湾区高等教育集群建设的过程中，当可借鉴“博洛尼亚进程”的有效经验。“博洛尼亚进程”框架并未强制规定欧洲各国采用相同教育体系，而注重各签约国的多样性与欧洲统一性的平衡①，这对于粤港澳大湾区尤其具有参考价值。这样既可建立三地共同的高等教育资历架构实现学历学分互认，又可评估和比较各地高等教育的优势和短板，协同高等教育集群实行错位发展和资源共享，并在此基础上围绕区域或地方核心产业形成产业链网络，实现专业链与产业链的无缝对接，产生大学集群发展与产业协同发展的融合效应。

（二）高水平大学走开放式竞合创新之路，主要与珠江东岸的科创业和金融业同频共振

封闭式创新是 20 世纪 80 年代以前企业通用的创新模式，其核心思想是：成功的创新需要企业全过程的控制，企业必须自己研发技术并生产、销售产品、提供售后服务、财务支持。② 这种封闭式创新会容易因为过分控制研发过程，导致企业忽略或无视市场需求进行重复创新或浪费式创新，同时也会受限于企业内部的研发资金、知识、人才等因素，不

① 曹德明. 博洛尼亚进程：欧洲国家重大的高等教育改革框架［J］. 德国研究，2008（3）：66－71，80.

② CHESBROUGH H W. Open innovation：the new imperative for creating and profiting from technology［J］. Journal of engineering and technology management，2003，21（3）：241－244.

能快速地应对变化的市场。为了有效避免封闭式创新带来的弊端，企业在发展过程中逐渐从单纯的封闭式创新转向开放式创新。乔·韦斯特（Joel West）和斯科特·盖勒（Scott Callagher）将其定义为：系统地在企业内外部的广泛资源中鼓励和探索创新资源和机会，有意识地将公司能力和资源与外部探索的资源相结合，并通过多种渠道广泛利用这些机会的一种创新模式。①

从封闭式创新走向开放式创新，对于准公共产品的高等教育同样具有借鉴价值。传统高等教育创新系统是一种只局限于学术领域内部或高校内部的“关起门”封闭式的创新，难以有效对接政府、企业、市场的需求，创新系统的口径小，层层筛选下难以吸引有利的外部因素。即便粤港澳大湾区已经拥有了几所进入世界前 100 名的大学，但如前所述，无论是传统的大学评价导向，还是香港这些顶尖大学的发展模式，还更多属于一种封闭式创新。而新经济时代要求高等教育系统围绕国家战略性问题、科技尖端领域的前沿问题以及企业发展的实际问题进行科研和服务的创新。尤其对于为世界级城市群和产业群提供重要支撑的粤港澳大湾区高等教育集群，应该对其开放式创新有更高的期待。尤其对于珠江东岸的广州、深圳、香港这几个大湾区中心城市而言，对创新应该有着更高的定位，并需要高等教育为之提供有力支撑。在《规划纲要》中，将香港定位为“国际金融、航运、贸易中心和国际航空枢纽”，广州定位为“国家中心城市和综合性门户城市”，期望深圳“努力成为具有世界影响力的创新创意之都”，这都越来越迫切需要开放式创新的高等教育集群支撑。“作为创新的引擎，大学的学科建设要转向学术创业，学术研究的逻辑要从开放科学转向知识市场，科学的范式则要从学院科学转向创业科学。”② 因此，大湾区高等教育系统应引入开放式创新，充分吸引外部的创新因素，让大学、科研机构、企业、创业者、中介组织以及政府之间形

---

① WEST J，GALLAGHER S. Challenges of open innovation：the paradox of firm investment in open-source software［J］. R&D management，2006，36（3）：319－331.

② 王建华. 以创业思维重新理解学科建设［J］. 清华大学教育研究，2018，39（4）：40－48.

成一个强大的创新技术蓄水池，各种创新因子相互作用融合，各利益主体多渠道多方位地通过稳定的正式和非正式的联系进行协同合作、融合创新。

事实上，大湾区内已经有很好的开放式创新的尝试，并且已取得很好的效果和基础。比如2018年6月腾讯与香港中文大学（深圳）一起建立了腾讯AI Lab机器智能联合实验室，在机器学习、计算机视觉和自然语言处理等机器智能领域开展深度合作。香港中文大学（深圳）利用腾讯强大的网络、资源、资金以及企业良好的内部研发创新系统来进行基础研发，腾讯则通过技术并购或购买掌握最新技术，占领市场。又比如落户于广州南沙的香港科技大学霍英东研究院，研究院依托香港科技大学国际化的科研和教育优势，与珠三角高校、机构和企业发展需求相结合，是香港科技大学面向内地最重要的技术成果转化平台和科研技术转移的核心平台。[①] 类似这些新的模式，高校与企业不再是简单的依托项目进行合作交流，而是通过搭建科技创新平台，将双方创新资源整合在平台上，形成一种制度化、持续性的研发交流，从而构建“大学—企业—市场”良性循环互动的开放式创新系统。

（三）应用型大学和高职院校走产教融合创新之路，主要为珠江西岸制造业提供支持

珠江西岸城市群的发展同东岸三大中心城市的发展存在一定差距，集中体现在城市群产业结构布局上。比如中山产业分布集中在家电、服装、五金，江门产业主要是电子信息、轨道交通、服装，肇庆和珠海主要产业包含电子信息、机械制造、金属加工和电子商务，等等。由此可见珠江西岸的产业主要是技术密集型产业，第二产业占绝对比重。作为为区域内产业发展提供人才支撑的高等教育集群，应用型本科和高职院校需要将人才培养目标定位与区域内产业结构发展目标相结合，培养服务于珠江西岸制造业发展对优秀技术人才和技术型工匠的大量需要。

① 香港科技大学霍英东研究院. 研究院概况［EB/OL］.（2019－02－22）［2019－06－23］. https://www.fytri.cn/index.php/Home/Page/index/id/1/l/zh#about13.

因此，对于服务珠江西岸制造业而言，更需要应用型大学和高职院校走产教融合创新之路，创设互联互通、高度融合的创新型产学集群。产学集群是指相互关联的企业与大学等机构在某一区域集聚，形成上、中、下游结构完整、支持体系健全和产学研连接机制灵活多样的有机体系。[①] 珠江西岸几市以服装、电子商务、机械制造等技术密集型产业为主，各地级市政府可以围绕当地应用型大学和高职院校的相关专业来搭建产业园区，吸引区域内产业集聚，企业入驻学校，共建实训园区和培训基地。学校聘请企业或行商会一线技术人员为导师，带领学生在产业园区熟悉生产流程，缩短专业人才培养与企业岗位要求的距离，实现真正“一对一”的学徒制人才培养。打造互联互通的产学集群，发挥产学集群的“集聚—溢出”效应就必须促进各种要素的融合创新，地级市政府为产业集群提供政策和资金支持，企业、行商会抓住土地、资金、政策和人才优势扩大生产进行产业升级，学校对接产业规划，寻找合作项目，开展特色职业培训。政、校、企、行多方利益相关者相互作用融合，创新生产和人才培养方式。

此外，要让产教融合的理念和体系真正做到贯穿职前职后教育，应当打造新型产业学院模式。新型产业学院模式有利于将企业发展更新需求与人才培养结合起来，让产教融合的理念和体系真正做到贯穿职前职后教育。大湾区尤其是位于珠江西岸的应用型大学和高职院校可以与当地龙头企业以及各市镇产业基地还有商业协会合作，建成“校企合作”“校中厂、厂中校”以及项目主导等多种组合模式的特色产业学院模式。比如2018年11月，格力明珠产业学院在珠海成立，合作双方为珠海格力电器股份有限公司与珠海城市职业技术学院。广东省目前在推进新工科建设和示范性高职院校建设方面都对产业学院有颇多支持政策，应当因势利导成立更多的产业学院，创新粤港澳大湾区技能人才培养模式。尤其是培养大量熟练操作智能设备的一流工程师和高水平技能型人才，服务于珠江西岸制造业的发展，并为制造业提供转型支撑。

---

① 李建军. 硅谷模式及其产学创新体制［D］. 北京：中国人民大学，2000：23－26.

第十章

教育枢纽：国际教育示范区建设助力粤港澳大湾区高等教育集群发展

一、研究背景："国际教育示范区"与"国际教育枢纽"

2020年以来，新冠肺炎疫情对世界各国产生了巨大影响且未来可能还将持续较长时间，在防疫需要以及政治博弈互相交织的背景下，不少国家实行单边主义政策，因此出现了新的世界发展趋势：全球化和逆全球化同时并存。加上当前世界已经进入第四次工业革命的发展周期，为应对全球疫情带来的外部环境变化和数字工业时代的到来，中共中央做出加快构建以国内大循环为主体、国内国际双循环相互促进的新发展格局的重大战略决策。在教育对外开放领域，2020年6月《教育部等八部门关于加快和扩大新时代教育对外开放的意见》（以下简称《意见》）出台，明确提出将着力打造海南国际教育创新岛、粤港澳大湾区国际教育示范区等一批教育对外开放新高地。在国内外变局频生的背景下，加快打造若干教育对外开放新高地，有利于积极应对变局并把握主动权。但这又是一项具有挑战性的战略设想，在全球范围有无参照系？其本土特色如何体现？如何与双循环新发展格局呼应……尤其是本书所研究的粤港澳大湾区，国际教育示范区建设作为一项重要的教育政策行动，又将如何助力于其高等教育集群发展呢？这些问题都迫切需要关注和研究。

要回应这些问题，首先要对“教育对外开放新高地”的表述和概念做更清晰的界定。“高地”主要表达的是“中心”“标杆”之意，更多常见于中国政策话语的表达，并非国际通行的概念。而对“教育对外开放”的通常理解则是在国际教育范畴之中，《意见》中提出的两个拟重点打造为“新高地”并具有具体名称的区域对象也都直接指向国际教育——海南建设国际教育创新岛和粤港澳大湾区建设国际教育示范区。结合这两点的理解，尽管国外鲜有与“教育对外开放新高地”“国际教育创新岛”“国际教育示范区”等表述同样的说法，但从各国国际教育政策与实践来看，与之最为对应的应为“International Education Hub”，常译作“国际教育枢纽”，而且普遍指向高等教育领域。“国际教育枢纽”的代表研究者简·奈特（Jane Knight）[①] 认为，高等教育国际化的发展趋势已经经历了三代更迭：第一代以跨国留学的人员流动为主要特征，学生、教师和学者为了教育和研究目的而在本土和国外之间流动。第二代以教育供应商方式提供跨国教育和培训项目为主要特征，主要类型包括办分校、特许大学、合作办学等。第三代则正是以建立“国际教育枢纽”为主要特征，是一个国家、地区或城市为聚集足够数量的当地和国际行动者，在第一代和第二代跨境教育活动的基础上，上升为全国或区域性的战略，支持其建设高等教育部门、扩大人才库或促进知识经济的努力而做出的协调一致和有计划的努力。麦克莱恩和赖（Maclean & Lai）则认为“国际教育枢纽”应该具备以下特征：该地具有卓越的教育声望，汇聚了顶尖教育机构和院校；能够吸引高质量的国际教职和大批高素质留学生；在一系列学科领域拥有世界先进水平的研究实力；拥有完备的基础设施且能应对复杂的国际环境带来的挑战。[②] 莱恩和金赛尔（Lane & Kinser）则认为“国际教育枢纽”是国家或地区指定区域用来吸引外部投资，并

---

① KNIGHT J. Education hubs: a fad, a brand or an innovation? [J]. Journal for studies in international education, 2011, 15 (3): 221 - 240.

② MACLEAN R, LAI A. Policy and practice possibilities for Hong Kong to develop into an education hub: issues and challenges [M] //Stiasny, T. Gore, Editors. Going Global: The Landscape for Policy Makers and Practitioners in Tertiary Education. Emerald group publishing limited, 2012: 145 - 146.

为本土和国际学生提供高质量的教育，创造以知识为基础的经济。[①]

“国际教育枢纽”作为一个实践性很强的教育政策概念或术语，在不同国家的实践中都有所差异甚至各有特色。因此，既需要一个具有概括力和洞察力的术语来归纳相似的教育政策战略，又需要捕捉各国政策实践中的类型差异，对其进行更细致的理解。因此，奈特在调查了不同国家和地区的政策实践案例的基础上，提出了三种类型枢纽的分类，这三类枢纽包括：（1）学生枢纽；（2）技术劳动力枢纽；（3）知识/创新枢纽。[②] 致力于打造学生枢纽的国家将其视为为创收、国际化和现代化培养足够数量国际学生的手段；致力于打造技术劳动力枢纽的国家则希望吸引学生和外国高等教育机构，为服务经济产业提供熟练劳动力；而希望打造知识/创新枢纽的国家则专注于吸引外国学生、机构和公司来建设一个充满活力的研究、知识和创新部门，引领他们进入新的竞争时代。奈特所开发的三种模式框架常被后来的研究者用来分析不同的国家和区域的“International Education Hub”类型，不仅因为她为其提供了一个合理而详细的定义，而且因为她的三种模式界定提供了一个有效的比较分析框架，帮助研究者和政策制定者了解各国和区域的教育政策定位。

而对于本研究中的“国家教育示范区”，基本可属于第三代的跨境教育范畴。而且其既有与国际通则相通之处，又有中国特色。不仅因为《粤港澳大湾区发展规划纲要》（以下简称《规划纲要》）提出了一个明确的教育战略构想，这个构想既与“国际教育枢纽”在政策内涵上有非常一致的地方，又因为中国的国情、体制以及粤港澳大湾区的区域特质而有其特殊之处。比如“示范区”话语中的政策意图既有着在全球教育竞争中显山露水的雄心，也有着在国内作为教育样板工程起引领示范作用的用意。“国际教育示范区”的战略目标除了在此区域提供高品质的高

---

① LANE J E，KINSER K. The cross-border education policy context：educational hubs，trade liberalization，and national sovereignty [J]. New directions for higher education，2011 (155)：79 – 85.

② KNIGHT J. Education hubs：a fad，a brand or an innovation? [J]. Journal for studies in international education，2011，15 (3)：221 – 240.

等教育服务之外，还包括探索形成独具特色的国际化高等教育集群发展模式，以此鲜明特色区别于国内其他区域的高等教育发展，并最终能在国内起到示范引领作用和产生国际性影响。因此，从全球视野和地方行动的双重视角，探讨粤港澳大湾区如何推进“国际教育示范区”建设，是一件非常有意义也非常有挑战性的工作。

二、全球视野：世界各国和地区打造“国际教育枢纽”的模式分类

根据奈特对三类“国际教育枢纽”的分类，主要包括：（1）学生枢纽；（2）技术劳动力枢纽；（3）知识/创新枢纽。奈特话语中的“国际教育枢纽”的定义并不打算将领土较大的国家或教育先发国家包含在内，她给出的理由是国际教育枢纽是一个国家整体打造的概念，而这些像美国、英国和澳大利亚一样，它们已经是受欢迎的目的地国家。但这些国家的国际教育行为者和活动是如此多样和众多，试图制定一个教育枢纽的总体规划将是一项艰巨的挑战，因此不应将其归入“国际教育枢纽”之列。但是，她也提及在这这些国家中有一些区域表现出“国际教育枢纽”的特征，可称为“区级和市级枢纽”，比如美国的波士顿、巴拿马的巴拿马城等。[①] 因此，在这里笔者打算采取更为宽泛的界定，即将作为区域的“国际教育枢纽”也纳入进行比较，尤其是本文所论的粤港澳大湾区本身就是作为一个区域而存在，这样可能更具有可比性。在此选取了四个国家和地区作为这三种模式的典型代表进行分析，分别是作为“学生枢纽”的马来西亚，作为“技术劳动力枢纽”的卡塔尔，作为“知识/创新枢纽”的新加坡和美国旧金山湾区。

（一）学生枢纽：马来西亚

如奈特所说，学生枢纽类型是最受各国关注也可能是最普遍的教育枢

---

① KNIGHT J. International education hubs [M]. Geographies of the University. 2018: 637 - 655.

纽。定义学生枢纽的关键是其招收国际学生的主要战略目的：（1）推进国内高等教育的国际化和现代化；（2）创收；（3）建立国际形象。[①] 其目标是招收大量的国际学生，并建立其国际教育的声誉以吸引更多国际学生。

马来西亚是一个有着悠久国际教育历史的国家，在近 30 年更是加快了发展步伐。在 1990 年左右，马来西亚启动了一项名为“亚洲国际教育基地”（the International Education Base of Asia）的战略计划，旗帜鲜明地提出打造国际教育。尤其是进入 21 世纪后，马来西亚更明确地将自己定位为一个国际学生教育枢纽，并渴望成为亚洲新的知识教育枢纽。并推出了两项有力的新举措：第一个是“马来西亚依斯干达”教育城，是由政府投资机构支持的依斯干达投资有限公司（IIB）负责发展教育事业。依斯干达教育城内实行与英、美、澳、新等多国大学联合教学的教育体制，既有严谨的英式教育，也有开放的美式教育。国外高等教育机构和学生将同处一地，共享共同的教学、研究、行政、体育设施。[②] 第二个战略性教育项目是“吉隆坡教育城”（KLEC），KLEC 旨在展示马来西亚是一个环境友好型、高能效和网络化的知识型区域枢纽。该计划旨在推动马来西亚在世界教育市场占据更多份额，尤其是招揽来自三个亚洲人口大国——中国、印度和印度尼西亚的留学生。

马来西亚对于国际教育枢纽建设的定位一直都很明确：侧重于教育和培训，而不是研究。[③] 至今，马来西亚已经建立了十余所国际分校，其国际学生数量实现了大幅攀升，尤其是吸引了很多周边国家和伊斯兰国家的学生申请入读。马来西亚还制定了其他配套政策和计划，旨在打造获得国际认可学位的低成本目的地，进一步提高其作为“国际教育枢纽”的吸引力和竞争力。

---

① KNIGHT J. Education hubs: a fad, a brand or an innovation? [J]. Journal for studies in international education, 2011, 15 (3): 221 - 240.

② SAWAHEL W. Knowledge hub in progress [J]. University World News—September 27. Retrieved, 2009.

③ AZIZ, M, ABDULLAH D. Malaysia: becoming an education hub to serve national development. In J. Knight (Ed.), International education hubs: Student, talent, knowledge - innovation models [M]. Dordrecht: Springer, 2014: 101 - 119.

（二）技术劳动力枢纽：卡塔尔

在奈特的类型划分中，技术劳动力枢纽与学生枢纽的不同之处主要在于主要目标的差异：（1）教育和培训学生成为知识和服务导向型经济的熟练劳动力或知识工人；（2）为国际和国内学生以及当地雇员提供更多的教育和职业发展机会；（3）在该地区建立地缘政治地位。① 在许多情况下，大多数教育/培训机构和公司都集中在某个区域，以共享设施并促进它们之间以及与行业的合作。

卡塔尔是此类型的典型。过去20年来，卡塔尔一直致力于减少对自然资源的依赖，并改革劳动力市场，努力成为知识经济的主要参与者之一。为此，卡塔尔决定打造“国际教育枢纽”来实现以上目标，并成为首批明确提出“国际教育枢纽”战略目标并投资发展的国家之一。卡塔尔主要从三个相互关联的方面来支撑其战略目标的实现：通过国际分校的学术方案；创建卡塔尔教育城；建立具有强大研究授权的新科学和医疗机构。如今，卡塔尔教育城已经吸引了康奈尔大学、卡内基梅隆大学和乔治敦大学等10多所外国知名大学和科研机构进驻建立国际分校，成为大量来自世界各地的学生和研究人员的家园。卡塔尔所建立的载体看似也是学生枢纽，但其内核实质上是技术劳动力枢纽。正如奈特所言，如果关注的焦点是教育城，它拥有国际分校和本地、海外和国际学生的混合体，很容易认为它是一个学生枢纽。然而，现实情况是，教育和培训活动是达到目的之手段，而不是目的本身。② 卡塔尔渴望培养有能力参与国家发展的高素质受过教育的公民，特别是克服过度依赖自然资源的限制，通过“国际教育枢纽”的建设也确实接近于目标的实现，为当地提供了大量受过高等教育的熟练劳动力。

---

① KNIGHT J. Education hubs：a fad，a brand or an innovation? [J]. Journal for studies in international education，2011，15（3）：221－240.

② KNIGHT J. Education hubs：international，regional and local dimensions of scale and scope [J]. Comparative education，2013，49（3）：374－387.

（三）知识/创新枢纽：美国旧金山湾区与新加坡

奈特认为知识/创新枢纽的定位是对教育和培训之外的深层拓展，包括知识生产和创新技术的传播。其主要目标是：（1）帮助建立以知识和服务为基础的经济；（2）为知识和创新培养熟练劳动力；（3）吸引外国直接投资；（4）提高区域经济竞争力。[①] 外国大学、研究机构、从事重大研究和开发活动的公司通过优惠的财政激励措施被吸引到该国建立基地，并与本地大学、教育机构和企业等合作发展应用研究、知识和创新，这些重要参与者的合作是建立知识/创新枢纽的关键。奈特根据其所建构的类型，曾持续考察了新加坡、马来西亚、阿拉伯联合酋长国、卡塔尔、博茨瓦纳和中国香港这六个意图打造"国际教育枢纽"的国家和地区，她认为唯有新加坡可以被归类为知识创新教育枢纽类型。[②] 而在道格拉斯关于"国际教育枢纽"的研究中，作为区域的旧金山湾区也可纳入这个类型。

1. 新加坡

2002 年，新加坡发布《发展新加坡的教育产业》报告，计划投入 30 亿美元加快国际教育市场的发展，其中一个重点便是启动"全球校舍"（global schoolhouse）计划。"全球校舍"计划不仅是一项教育政策，也是一项吸引外国人才和学生的人口和移民政策，力争将新加坡打造成亚洲全球教育和人才枢纽。其主要战略包括：（1）邀请和资助世界一流大学在新加坡建立项目、研究伙伴关系和分校；（2）吸引优秀的研究人员和科学家，通过与世界各地的精英大学进行国际交流，使国内高等教育机构现代化；（3）大力投资于战略性和雄心勃勃的国家研究议程，包括对外合作和建设一流的研究设施。[③] 经过将近 20 年的努力，尤其是新加坡

---

① KNIGHT J. Education hubs：a fad，a brand or an innovation? [J]. Journal for studies in international education，2011，15（3）：221－240.

② KNIGHT J. International education hubs [M]. Geographies of the University. 2018：637－655.

③ SIDHU R，HO K C，YEOH B. Emerging education hubs：the case of Singapore [J]. Higher education，2011，61（1）：23－40.

政府的大量投资和明确、长期、协调的枢纽战略，并通过当地政府资助的基础大学和海外世界一流大学之间形成的各种形式的联系和伙伴关系，新加坡已经发展成为一个致力于新知识生产和创新、R&D 活动以及大学与产业联系的“全球知识枢纽”。

新加坡打造知识/创新枢纽的另一个特点是形成了产学研合作的模式。政府作为 R&D 和科学研究的主要资助者，在促进大学和企业之间的合作方面发挥着主导作用。“创业型大学模式”的发展旨在使高等教育机构承担更多责任，为当地经济做出更多贡献，政府在提供基础设施和财政资源以及在当地高等教育机构和跨国公司之间建立战略合作和联盟方面发挥积极作用。从这个意义上说，高等教育与经济发展和技术创新的政策有着更为密切的联系，是当前经济结构调整政策的一个重要组成部分，而知识创新和商业化以及引进更多的外国人才也是对这一政策的补充。[①] 国家、大学和产业之间的互动进一步加强，高等教育真正成为推动知识经济发展的主要动力。

2. **美国旧金山湾区**

世界其他地方已经发展了各自版本的“国际教育枢纽”理念，但更多都是寻求吸引外国大学来帮助建立国内招生和项目能力，而且几乎完全由政府大量补贴资助。因此加州大学伯克利分校的道格拉斯在较早之前的研究报告中建议旧金山湾区应该充分利用已经拥有大量一流大学和学院的区域优势，以及日益增长的世界人口对高质量高等教育的渴望，打造加州版本的全球高等教育枢纽。在十年或更短的时间内，扩大地区招生规模，在确保本地学生入学的基础上将国际招生人数翻倍，并进一步增强大学教师和研究人员前往旧金山湾区的吸引力。国际学生需要支

① WONG P K, HO Y - P, SINGH A. Towards an “Entrepreneurial University” model to support knowledge-based economic development: the case of the national university of Singapore [J]. World development, 2007, 35 (6), 941 - 958.

付高于全额的教育费用，以资助国内学生和大学项目。① 道格拉斯的政策建议版本当然未必完全得到加州政府的吸纳，但检视近年来加州尤其是旧金山湾区的高等教育发展，确实在沿着这条轨道进行。美国本身在吸引外国学生方面就保持着巨大的市场优势，而旧金山湾区更是其中佼佼者，不但吸引了世界各地的大量留学生，而且这些人的相当一部分都会留在湾区工作，湾区确实已经成为一个非凡的全球人才磁铁。

如果说新加坡的知识/创新枢纽建设更注重精英大学的建设的话，那么旧金山湾区国际教育枢纽的构成则是全方位、全体系的，其主要表现是形成和发展出一个与区域产业高度互动的高等教育集群。如果把这个高等教育集群比作金字塔的话，集群里既有斯坦福大学、加州大学伯克利分校这类处于塔尖的综合性大学，也有作为塔身培养技术和管理人才的各种州立大学，更有培养大量技术工人的各式各样社区学院作为塔基有力支撑。因此，加州高等教育系统不但已经在全球树立品牌，并与企业界和地方政府建立更紧密的联系，其对国际学生的吸引不但拓宽了国际高等教育交流合作的机会，更巩固了湾区作为全球人才“磁石”的地位。旧金山湾区已经成为一个不断强化的知识生态系统，具有国际吸引力、社会效益和经济可行性。在这样的基础上，旧金山湾区不但成为全球科技创新枢纽，也成为教育和人才高地。实际上，旧金山湾区可以说是奈特所定义的三种类型的综合体，既对国际学生具有强有力的吸引力，也培养了大量的劳动力，尤其是硅谷地区各类产业的技术力量，更是知识/创新枢纽，源源不断地吸纳高科技人才并与高新产业形成良性循环。

① DOUGLASS J. EDELSTEIN R, HOAREAV C. A global talent magnet: how a San Francisco/Bay area global higher education hub could advance California's comparative advantage in attracting international talent and further build US economic competitiveness. Research & Occasional Paper Series: CSHE. 9. 11 [J]. Center for studies in higher education, 2011, 41 (1): 25.

三、战略定位：粤港澳大湾区高等教育集群打造为国际教育示范区的 SWOT 分析

粤港澳大湾区提出建设国际教育示范区的目标，到底应该定位于何种类型呢？是大量招收国际学生的学生枢纽？专注于熟练劳动力的教育和培训枢纽？还是打造一个中国版本的知识/创新枢纽？一方面需要全球视野进行外部比较，另一方面需要结合区域内部的现实基础做出评估，即需要对其进行战略分析。而无论是制定企业还是区域的战略，SWOT 分析都是常用的分析工具，即分析企业或区域内部的优势（strengths）、劣势（weaknesses），以及外部面临的机会（opportunities）和威胁（threats）。以下对粤港澳大湾区高等教育集群打造国际教育示范区进行 SWOT 分析。

（一）优势

粤港澳大湾区高等教育集群的优势在于两大方面：一是已有的高水平大学较多。在世界排名前 100 的大学。从 QS 世界大学排名榜 2019 年榜单看，粤港澳大湾区拥有 8 所世界 500 强高校，其中 5 所进入 100 强；从泰晤士高等教育排名榜 2019 年榜单看，粤港澳大湾区共有 9 所高校进入世界 500 强。进入 QS 世界大学排行榜前 100 的都是香港高校——香港大学、香港科技大学、香港中文大学、香港城市大学、香港理工大学。而广州的中山大学和华南理工大学是国内“985 工程”传统名校，近年来在“双一流”建设背景下也大动作频频，全方位冲击世界一流大学；深圳的后起之秀——南方科技大学更是进步神速，《泰晤士高等教育》（简称 THE）2019 年世界大学排名中，办学未到十年的南科大进入 500 强，篇均被引次数和国际视野两项指标更是位列中国内地高校第一。此外，香港中文大学（深圳）、中山大学（深圳）、哈尔滨工业大学（深圳）、深圳北理莫斯科大学等多所合作办学高校也表现出强劲的发展势头。

另一个优势在于高等职业教育具有强大的底蕴。广东高职院校在全国闻名，尤其是珠三角地区的高职院校，事实上很早就与区域产业有很好的联动与产学研合作模式。比如深圳职业技术学院在全国范围内早已起到示范作用，顺德职业技术学院、番禺职业技术学院等都因与当地产业有很好的人才培养对接而闻名全国。国际教育示范区的建设应该要发挥高等职业教育的已有优势做大做强，要和创新创业特色更好结合，带动更多高职院校的特色建设。

（二）劣势

对于打造国际教育示范区而言，粤港澳大湾区最明显的劣势在于外籍人口的比例偏低。从外籍人口占常住人口比例来看，香港约为 10%，但广州市仅为 0.36%，深圳市更仅为 0.2%，这两大城市不但都低于全球平均水平 3.3%，更远低于国外一些发达国家和城市。如常用以比较的新加坡外籍人口比例为 33%，而硅谷更是达到了 50%。[①] 加上语言的交流依然是一个巨大的约束性条件，从英语水平来看，根据国际教育集团 EF（Education First）发布的 2018 年《EF 全球英语能力指标》，大湾区英语水平最高的香港，仅以 56.38 分排中级程度，而广东省英语水平分数则仅有 52.03 分，处于低级水平。[②] 除香港、澳门的大学的教学语言是英语外，大湾区其他大学基本都还是使用中文。因此所吸引的留学生还更多是出于学习中文或中国文化的目的，而更多的学生可能会因为语言问题而放弃对该地的选择。

香港早在十年前就提出致力于建设国际教育枢纽的政策举措，并且更倾向于学生枢纽的模式。但较早之前的研究表明，香港大学教育资助委员会为国际学生提供的资助中，有 92.6% 流向了中国内地学生，不到

---

① 孙锐．以更大力度引进和集聚海外英才［J］．瞭望，2017（34）：26－28.

② 梁海明．粤港澳大湾区建设可能遇上哪些阻力［N］．金融时报（中文网），2019－02－20.

8%的学生来自该地区的其他国家。[①] 因此，批评者认为需要重新评估香港建设国际教育枢纽的战略，因为所招收的大量中国大陆学生也被视为外地学生，并不真正属于国际化的范畴，并且难以支持香港高等教育国际化的目标。[②] 那么，作为外籍人口远低于香港的珠三角地区，招收外籍留学生的难度显然更大。因此，尽管粤港澳大湾区已成为名校聚集的区域，但如果作为国际学生枢纽的类型进行建设，并不太容易取得成功。

（三）机会

《规划纲要》提出了明确的战略目标，要打造全球科技创新枢纽。事实上，以世界三大湾区作为参照系来看，粤港澳大湾区更接近旧金山湾区，无论是资源禀赋还是战略目标。因此，国际教育示范区建设应有着眼全球的发展战略，探索和主要产业高度融合、更加充分发挥各种创新要素作用的教育发展模式，定位于为打造全球科技创新枢纽、提供高素质人才支撑。而且，无论从国家、广东、港澳的战略目标来看，打造知识/创新枢纽类型的国际教育示范区将更能凝聚共识和产生一致动力。

首先，从国家层面来看，更希望利用这个区域处于改革开放前沿以及国际交流频繁的优势，打造一个高等教育试验区。这个试验区的发展模式应当区别于当前内地高等教育最为发达的北京、上海的已有模式。尤其是在中外合作办学上做出更多的探索，一方面应对国内对高质量高等教育不断增加的需求，另一方面也参与到国际教育市场的争夺中去。

其次，对于广东而言，《规划纲要》中国际教育示范区建设目标的提出，昭示着一个升级版的教育抓手。广东教育更早提出的目标是"建设南方教育高地"，这是一个国内定位的目标，并曾经为全面提升广东教育质量发挥了重要抓手作用。但在新时代粤港澳大湾区建设的国家战略背

---

① CHENG Y C. A technical research report on the development of Hong Kong as a regional education hub [J]. Hong Kong: The Hong Kong Institute of Education, 2009.

② MAVLEAN R, LAI A. Policy and practice possibilities for Hong Kong to develop into an education hub: issues and challenges [M] //STIASNY M, GORE T. Going global: the landscape for policy makers and practitioners in tertiary education. Emerald group publishing limited, 2012: 145 -146.

景下，需要有一个更加明确具有国际定位的建设目标作为新抓手，而国际教育示范区显然更加契合这个需求。

最后，对于港澳而言，打造国际教育示范区既能延续原有的国际教育枢纽的基础和建设方向，又具有在原有建设目标基础上转型升级的意义。香港正在全面检视曾经的战略目标，包括产业上过于依赖金融，而几乎拱手让出了高新科技业以及传统制造业的市场。对高等教育的影响也是颇为深远的——多所名校更重国际论文发表，对科研和产业转化却不在行；国际学生更多是将香港当作学历“加油站”，难以像新加坡那样吸纳到更多高端人才服务本地。而澳门因为面积狭小以及过分依赖博彩业，高等教育发展面临更多局限。因此国际教育示范区的设想是符合两地战略目标升级转型的，尤其是与珠三角地区更广大腹地的产业相结合的知识/创新枢纽的打造，更助于纾解原有目标的局限。

（四）威胁

“一国两制”“三个关税区”固然有优势互补的制度优势，但作为战略规划而言，在步调一致上存在更多困难。粤港澳三地高等教育目前在器物、制度和理念层面的协同都还存在瓶颈：器物层面上合作不够广泛不够深入，制度层面上缺乏专门的框架协议和对接机制，理念层面上尤其是高等教育理念存在差异和碰撞。[①] 虽然大湾区大学在地理上具有临近优势，也初步形成高等教育集群发展模式，但基本上还处于“集而不群”[②] 的状态。尤其是香港和澳门的大学自治性很强，和珠三角地区大学的办学理念、规章制度都不在同一频道，基本还是各自为战。比如有关于粤港澳大湾区高校师生跨境流动诉求的调查显示：跨境学生最希望高校和当地政府可以给予更多的实习和就业机会。但数据表明粤港澳三地高校在跨境学生的实习和就业指导方面做得非常不足，一定程度阻碍了

---

① 陈先哲. 粤港澳大湾区高等教育集群：走出一条超越现状的路［N］. 光明日报，2018－08－07（13）.

② 欧小军. “一国两制”背景下粤港澳大湾区高水平大学集群发展研究［J］. 现代教育管理，2018（9）：17－22.

学生就业流动，固化了学生“从哪里来，回到哪里去”的就业模式。[①] 因此《规划纲要》提出“粤港澳大湾区教育合作发展”，也是意在强调应充分发挥大湾区的地域、制度和文化优势，促进三地教育制度与理念的交融，提升珠三角地区与港澳教育体系的互通性，丰富教育服务的形式与内容。

（五）定位

在对粤港澳大湾区高等教育进行 SWOT 分析的基础上，再用前文所述的三种模式的典型代表进行比较。作为“学生枢纽”的马来西亚，其战略定位是与教育产业创收有关，而且其低廉的费用对周边国家确实具有吸引力。显然，这种模式并不太符合粤港澳大湾区的战略定位，一方面教育创收不是大湾区的主要产业方向，另一方面作为非英语区域的劣势决定了很难依靠这种模式在短期内吸引大量留学生。而作为“技术劳动力枢纽”的卡塔尔，因其凭借丰富石油资源早已成为全球最富裕的国家之一，创收显然不是其教育枢纽形成的主要原因；又因其需要维持大规模外来人口发展本国产业经济，因此更主要目的在于希望培训本地大量的外籍劳动力资源并提升附加值，进而借助高素质的人力资源发展本国的多样化经济。粤港澳大湾区尽管也有吸纳和培训大量熟练劳动力的政策出发点，但区域先天因素和卡塔尔差异很大：卡塔尔属于资源型区域，而且需要大量外国劳动力支撑；而粤港澳大湾区尽管也有资源禀赋，但并非资源型区域，而且国内本土劳动力比较充足，因此其定位应更多在于满足国内高等教育需求而非国际需求。

再比较作为“知识/创新枢纽”的新加坡和美国旧金山湾区，新加坡因为国土面积小，本土人才量也较小，因此国际教育枢纽的战略目标在于吸引与国家优先发展产业相关的高水平留学生、学术团队和研究者队

---

① 许长青，周丽萍．跨境流动视域中粤港澳大湾区高等教育协同发展的政策构建［J］．高教探索，2020（8）：9.

伍。[1] 而旧金山湾区尽管资源禀赋较好，但依靠和招募技术移民一直是其长期战略目标。因此，一方面粤港澳大湾区所处发展阶段和新加坡当年推行战略之时比较接近；另一方面资源禀赋又和旧金山湾区更加接近。因此，综合以上分析，中国粤港澳大湾区建设国际教育示范区应该定位于“知识/创新枢纽”类型，更利于扬长避短，更大可能实现目标。

奈特曾经提出探讨，三个类型是否逐级上升？这种类型是否假设从“学生枢纽”—“技术劳动力枢纽”—“知识/创新枢纽”有一个渐进的发展？或者，从学生中心到知识中心有可能实现飞跃吗？此外，从一开始就专注于打造成为一个“知识/创新枢纽”的区域教育中心是否可行？[2] 当然，她所给出的案例研究也间接地回答了这些问题：比如新加坡即是从一开始就专注于打造成为一个“知识/创新枢纽”的区域教育中心。事实上，这三个类型并没有逐级上升的固定路径，更多取决于每个国家、区域审时度势的战略定位和所采取的行动策略。因此，粤港澳大湾区的国际教育示范区可以直接定位为打造“知识/创新枢纽”模式。当然，也许采取这个定位所招揽的国际学生一开始可能没有那么多。但奈特也说，国际教育枢纽本身就是一个国家或区域自定义的概念，并无严格的标准，只是研究者会根据其建设成效而对其进行分析讨论而已。[3] 而且，这个区域在职业教育方面更具有优势，适宜以“知识/创新枢纽”的建设带动“技术劳动力枢纽”的形成；当这些经过一段时期建设基本达成目标后，其品牌效应会持续产生，对国际留学生的吸引力自然加强，也有可能成为“学生枢纽”。

---

① HO K C, GE Y. Education and human capital management in a world city: the case of Singapore [J]. Asia pacific journal of eduction. 2011, 31 (3): 263 – 276.

②③ KNIGHT J. Education hubs: a fad, a brand or an innovation? [J]. Journal for studies in international education, 2011, 15 (3): 221 – 240.

四、中国特色：粤港澳大湾区高等教育集群打造为国际教育示范区的示范意义

在明确定位之后，还要考虑的是：国际教育示范区的建设既要符合国际教育中心的“全球通则”，又蕴含着“中国特色”。除了在全球教育竞争中扮演更重要角色之外，还有如何引领其他区域教育发展方向的问题。比如“示范区”的提法便具有典型“中国特色”，那么国际教育示范区究竟应该示范什么？对于全国其他范围的区域教育发展应该起到什么示范意义？这都是制订战略行动计划前需要认真考量的。“国际教育示范区”不但能够给全面推进大湾区教育建设工作尤其是全面提升广东省高等教育质量带来更好的抓手，还将可成为引领粤港澳大湾区教育合作发展的标杆，围绕其建设目标出台各种举措，有利于提升大湾区教育合作发展整体水平，并对其他区域产生示范引领效应。因此，还应该从大学的职能、高等教育国际化的要求，以及大湾区特有的区位优势等方面对此进行理解，思考这个国际教育示范区应当包含哪些层面的示范意义，并在此基础上进一步思考其定位和如何开展建设的问题。

第一，应在人才培养方面具有示范意义。大学的第一个基本职能是人才培养，而“示范区”本身是一个隐含“卓越”的概念，也即意味着国际教育示范区首先要培养卓越的人才。一方面，这层含义和《规划纲要》其后关于“建设人才高地”的表述是一脉相承的，“建设人才高地”不但要靠引进，更要靠自身的培养，尤其是以一种国际化的培养方式为大湾区乃至世界培养大量卓越人才。另一方面，卓越人才的培养是广义上的，也即应发挥大湾区不同层次、类型高校的多样性和互补性，既培养出卓越的学术型人才，也培养出卓越的应用型人才。

第二，应在科技创新方面具有示范意义。大学的第二个基本职能是科学研究，而“示范区”本身又是一个隐含“比较”的概念，最为显性的比较就是科技创新。建设全球科技创新中心是大湾区的主要战略目标，在《规划纲要》全文中，“创新”二字共出现139次，科技创新可谓大湾

区建设的首要任务。而科技创新的一个最重要支撑便是来自于大学，如何探索“双一流”建设在大湾区的新型实践，在科创的“比较”中起到引领作用；并充分发挥大湾区中大学、企业、创业者等多元创新要素推进科技创新，都是国际教育示范区未来要面对的重要课题。

第三，应在产教融合方面具有示范意义。大学的第三个基本职能是服务社会，而创新型湾区的打造更加需要高等教育与产业的深度融合和有力支撑。《规划纲要》中指出要引进知名大学与特色学院，也即指国际教育示范区的打造，不仅要依靠研究型大学，还要依靠大量与大湾区产业发展密切融合的应用型高校，比如特色学院。广东目前已经对特色学院开展了一些探索性的实践，下一步肯定还会和港澳形成更好互动，更大范围地进行推动和铺开，尤其是走国际化路线的特色学院。

第四，应在文化传承创新方面具有示范意义。文化传承创新已成为大学的第四职能，这既包括高校自身的文化传承创新，又包括高校促进社会的文化传承创新。这和《规划纲要》中提出的“共建人文湾区”亦是相呼应的：塑造大湾区人文精神，共同推动文化繁荣发展，加强粤港澳青少年交流，推动中外文化交流互鉴。大湾区高校应在这四个方面的建设中都扮演重要角色，既要成为大湾区内部人文相亲的纽带，又要成为人文大湾区走向世界的窗口。

第五，应在国际交流合作方面具有示范意义。随着全球化的浪潮，国际交流合作已逐渐成为大学的第五职能。大湾区建设国际教育示范区，对高等教育的国际交流合作当然应有更高定位。大湾区是国内开放程度最高的区域之一，而且高等教育国际化的基础非常好。因此《规划纲要》重点提出要“引进世界知名大学和特色学院”，作为建设国际教育示范区的重要路径。一方面，因为香港多所大学本身已是世界知名大学，应进一步推进三地在高校合作办学的力度及成效，比如已有的香港中文大学深圳校区，香港科技大学在广州南沙开设分校，香港城市大学也将落户惠州，等等；另一方面，更重要的是要引进大湾区以外的一流高等教育资源，不但在国内成为高等教育国际交流合作最为活跃的区域，而且在高等教育国际化方面也能真正对标其他湾区，这种示范意义自然而生。

第六，是在以上基础上所产生的综合示范意义。粤港澳大湾区具有高度开放的区位优势以及高等教育国际化基础，在人才培养、科技创新、产教融合、文化传承创新以及国际交流合作五大方面都能取得富有成效的建设进展并产生示范意义的基础上，自然会产生一种综合示范意义。理想中的国际教育示范区，应体现出中国特色与世界一流的自洽，不但高等教育国际化程度非常高，还为全球科创中心以及世界级城市群的建设带来坚实的支撑，更具有非常成熟的高等教育合作与运行机制，从而对其他区域产生积极的辐射引领意义。

五、本土行动：粤港澳大湾区高等教育集群打造为国际教育示范区的重点策略

基于以上对于国际教育示范区的概念界定和全球视野的横向比较，并在对粤港澳大湾区高等教育进行 SWOT 分析的基础上，认为中国粤港澳大湾区建设国际教育示范区应该定位于“知识/创新枢纽”类型，以及应着重几大方面的建设更利于“示范区”的功能发挥。而对于如何推进建设国际教育示范区的重点策略，中国政府和粤港澳大湾区也应该审时度势，在国际教育全球竞争的视野下扬长避短并付诸本土行动。

（一）总体思路：点面结合，以点带面，全面铺开

国际教育示范区的建设通常有两种思路，一种是“点”的思路：即建设国际教育为主要定位的教育城，而且是在某个区域或城市重点建设，比如卡塔尔教育城、阿联酋迪拜知识村、马来西亚吉隆坡教育城……这种思路比较局限于一城一地，较适用于“学生枢纽”和“技术劳动力枢纽”模式，而且所能发挥的互促、辐射与引领作用相对有限。另一种是“面”的思路，即将整个国家或区域作为一个整体意义上的国际教育枢纽进行建设。这种比较适用于“知识/创新枢纽”模式，比如新加坡和旧金山湾区。对于上升到国家战略意义的粤港澳大湾区而言，需要的应该不仅是某个“点”的示范，而是创新高等教育发展模式，产生具有整体意

义上的“面”的示范作用。因此，粤港澳大湾区从示范意义的要求来看，较适用于“面”的思路。但在建设过程中，可以点面结合，并以点带面，全面铺开。

《规划纲要》提出“以香港、澳门、广州、深圳四大枢纽城市作为区域发展的核心引擎，继续发挥比较优势做优做强，增强对周边区域发展的辐射带动作用”。而从现实基础来看，目前四大枢纽城市也最具备打造国际教育示范城市的基础，应发挥四大枢纽城市的带头和辐射作用。除了继续增强香港和澳门的国际教育特色和辐射作用外，更要充分发挥“广东所能”，在广州和深圳重点打造国际教育示范“点”，比如参照前文分析的一些国家的做法打造国际教育城。广州和深圳实际上已经都有大学城，但既然是定位“知识/创新枢纽”模式，所打造教育城应该要结合区域重点产业特点，而非大杂烩。深圳目前已经大力推进西丽湖国际科教城建设，此处位于粤港澳大湾区和广深港澳科技创新走廊的重要节点，高等院校科研机构、高新技术企业、高端人才集中，已有南方科技大学等一批高校和科研院所，以及一大批国家、省、市创新载体，未来应该继续强化“知识/创新枢纽”模式的打造，将更多的国际合作办学纳入规划布局，打造出科教界的“华强北”。广州的重点打造区域可以考虑南沙，主打科创特色的国际教育城。《规划纲要》提出“强化粤港澳联合科技创新，共同将广州南沙打造为华南科技创新成果转化高地”，围绕这个目标将有一系列的新业态布局，尤其需要高新技术产学研结合的支撑。目前，香港科技大学已在南沙设立校区，应以此作为启动引领，拓深与香港高校合作，进一步推进粤港澳三地在高校合作办学的力度及成效。另外，更重要的是要引进大湾区以外的一流高等教育资源在南沙办学，将其打造成为科创特色鲜明的高等教育国际化办学先行区。

（二）明确模式：打造“科—产—教”融合的高等教育集群和高地

任何教育示范区首先是示范区，应当具有鲜明的模式或特色。粤港澳大湾区建设国际教育示范区，不仅只是强调其国际性，而应区别与国内高等教育发展的传统模式，“走出一条超越现状的道路”[①]。京津冀、长三角地区的高等教育集群，更接近于美国东部的传统名校群体。而粤港澳大湾区高等教育集群，更类似于美国西部旧金山的高等教育集群。所不同的是，旧金山湾区高等教育集群崛起之初就有斯坦福大学和硅谷地区同频共振，并带动了区域产业和其他大学的发展，而粤港澳大湾区目前缺乏这样的领头羊或鲶鱼。因此，需要政策上厘清定位并整体推动，与全球科创枢纽建设联动并提供人才支撑。要积极探索和主要产业高度融合、更加充分发挥各种创新要素作用的教育发展模式，推动大湾区高校与科研院所、企业等协同创新的人才培养模式，大力提高人才培养质量，有力支撑大湾区科创产业做大做强。积极推进珠三角地区与港澳科研机构、高校共同组建联合研究枢纽、粤港澳联合实验室、国际合作实验室，面向港澳开放广东省科技计划专项及资金，建立海外人才离岸创新创业基地等，保障大湾区人、财、物在教育科研领域的顺畅流通。

打造“科—产—教”融合的高等教育高地的关键在于实质性推进高等教育集群建设。可以借鉴加州高等教育体系的支撑作用，建立与完善“研究型大学—应用型大学—高职院校”的大湾区高等教育集群架构，为粤港澳大湾区城市群的现代化、国际化、创新型发展提供强力支撑。推进高等教育集群外部和区域经济产业高度互动，集群内部转接链条畅通，实现高等教育发展模式创新。研究型大学主要与科创业和金融业同频共振，促进大学、科研机构、企业、创业者、中介组织以及政府之间的融合创新；应用型大学主要为制造业和服务业提供支持，创设互联互通、高度融合的创新型产学集群；高职院校应积极推进产教融合职业教育园区建设，创新职业教育发展理念，在珠三角九市实施职业教育园区办学模式。将“科—产—教”融合的理念融入教学目标、教学内容、教学方式、教学评价改革全程，在国内产生示范作用。

---

① 陈先哲. 粤港澳大湾区高等教育集群：走出一条超越现状的路［N］. 光明日报，2018－08－07（13）.

（三）打造“本土留学”特色的高等教育对外开放枢纽

首先，不同类型定位的教育对外开放高地应当根据其优势特色，有所侧重地打造不同模式。从当前中国“双循环”新发展格局以及疫情防控常态化所带来国内外高等教育形势变化来看，一方面应打造“留学中国”品牌，主动争夺留学市场和国际人才；另一方面也应注重“本土留学”战略，以应对国内人民群众对优质高等教育需求的大幅增加。根据以上的SWOT分析，粤港澳大湾区建设国际教育示范区应更偏向于打造“本土留学”特色。奈特曾提出“在地国际化”（at-home internationalization）的概念，强调本土高校在教学过程中要注重跨文化和国际维度，以及帮助外国学生和学者融入当地校园的生活。[①] 尤其在全球疫情带来逆全球化的阶段性背景下，国内相当一部分有留学计划者会倾向于选择中外合作办学的“本土留学”模式替代，在本土接受国际化高等教育需求将大幅增加。而粤港澳大湾区已经拥有很好的高等教育国际化基础，应充分利用“一国两制”优势和大湾区特色，给予大湾区中外合作办学先行先试的灵活支持政策，尤其是给予大湾区高校在办学模式、专业设置等方面有更多的选择权和自主权。另外，粤港澳大湾区建设国际教育示范区不仅只是强调其国际性，而应根据“知识/创新枢纽”的类型定位，走高等教育集群发展的道路。一定程度上，京津冀、长三角地区高等教育更接近于美国东部的传统名校群落，而粤港澳大湾区高等教育更类似于美国西部的旧金山湾区高等教育集群。尤其是在“双循环”新发展格局中，大湾区所处的特殊地理位置决定了其是内部循环和外部循环的重要关联点，既要强化其向周边地区辐射和扩散的内循环，又要扩大其对外开放的外循环。[②] 因此，粤港澳大湾区国际教育示范区建设要有立足本土着眼全球的发展战略，应定位于为打造全球科技创新中心服务，探索一种和

---

① KNIGHT J. Student mobility and internationalization：trends and tribulations. research in comparative international education [J]. Research in comparative and international education，2012，7（1）：20－33.

② 郑永年. 警惕对双循环经济的错误理解［J］. 特区经济，2021（1）：12－13.

主要产业高度融合、更加充分发挥各种创新要素作用的高等教育模式。粤港澳大湾区高等教育既有国际化的基础，又有与产业良好互动的优势，只要因势利导做好全局规划，在定位于打造“知识/创新枢纽”的基础上主打“本土留学”特色，更好承接国内外的国际化教育需求，很有可能走出一条创新之路。

其次，要推进高等教育中外合作交流升级。以服务人类命运共同体为宗旨和使命，提升粤港澳大湾区高校国际化办学水平，打造全球教育和人才高地。加强粤港澳大湾区与欧美发达国家、“一带一路”相关国家之间的教育和科研交流合作，推动粤港澳大湾区教育和人才资源“引进来”和“走出去”相结合。设立大湾区留学生专项奖学金，大力扩大大湾区留学生规模，重点吸引欧美发达国家和地区优秀学生到大湾区交流学习。引导大湾区“双高”建设高职院校与国外职业院校、机构或企业共同组建国际合作平台，建立职业教育国际枢纽，为职业教育引入与输出提供服务基地与平台。依托广州南沙粤港澳全面合作示范区，利用开放窗口，积极引入与新一代信息技术、人工智能、生命健康、海洋科技、新材料等科技前沿区域和经济新业态相关的国外优质职业教育资源。加强大湾区高校在国际学术组织参与的力度，以更加开放、更加自信、更加主动的姿态融入全球教育共同体，在对外开放过程中创造性地为全球教育事业贡献大湾区智慧和大湾区方案。

最后，要充分利用“一国两制”的优势，推进大湾区高等教育合作办学先行先试。大湾区的优势在于既可以引进国外名校合作办学，还在于可以激发区域内高校合作的化学反应。尤其是香港的几所名校在珠三角地区办学，既可以发挥港校基础科研优势，又能在珠三角地区广大腹地产生应用的加速度，推进“科—产—教”融合模式的落地。因此，在遵守“一国两制”和《中华人民共和国教育法》等相关法律规定的前提下，应立足于大湾区合作办学的特殊性，制定相关政策措施，给予大湾区高等教育合作办学先行先试的特殊灵活积极支持政策，探索高等教育合作办学的大湾区模式。给予香港高校、澳门高校以及珠三角九市所在高校在合作伙伴、学科专业设置以及办学模式等方面有更多的选择，发挥高校办学主体作用，充分落实高校办学自主权。加强大湾区内外办学合作，将佛山、东莞、珠海等地级市建设成为国内一流的高等教育枢纽区域性城市，培养更多创新型及应用型人才。重点支持珠海横琴建设“粤澳深度合作区”，积极推进产学研一体化国际研究院的建设。另外，还要推进粤港澳大湾区资历框架建设。与港澳进一步探索并共同推动粤港澳大湾区资历框架构建，建立大湾区高等教育、职业教育与技能培训学分互认机制，实现高等教育、职业教育、技能培训等值。建立第三方高等教育、职业教育共享平台和质量评估机制，制定区域教育资源共享的准入条件和方案；由行业企业组织主导建立核心技能框架，形成基于核心技能的资历框架。

六、教育枢纽：中国打造教育对外开放新高地的价值远景

当前全球疫情带来的各国政治、经济等多领域的连锁变化，并导致全球化和逆全球化同时并存的局面。因此，中国做出加快形成以国内大循环为主体、国内国际双循环相互促进的新发展格局的重大战略决策应对新形势。而打造教育对外开放新高地正是深嵌于这些宏观背景之中，其既与国际通行的建设国际教育枢纽原则相通，又有特定时代和特定地域的本土使命。国际教育枢纽主要包括三种模式：学生枢纽、技术劳动力枢纽、知识/创新枢纽。比较作为“学生枢纽”的马来西亚，作为“技术劳动力枢纽”的卡塔尔，作为“知识/创新枢纽”的新加坡和美国旧金山湾区，并在对粤港澳大湾区高等教育进行 SWOT 分析的基础上，认为中国粤港澳大湾区建设国际教育示范区应该定位于“知识/创新枢纽”类型。应打造“科—产—教”融合的高等教育集群和高地，充分发挥中外合作办学与“一国两制”的制度优势，打造跨境教育与本土教育良性竞争互动的高等教育集群，并成为全球科创枢纽与区域产业集群发展的重要支撑。

近年来，西方发达国家多面临较为严重的财政紧张问题，在高等教育的资金投入方面捉襟见肘。尤其是 2020 年新冠肺炎疫情的发生，更是

对这些国家的高等教育投入带来深重的影响。而且全球疫情带来的巨大影响是系统性的，《世界是平的》的作者弗里德曼甚至认为新冠疫情将导致新的历史分期出现——分为“前疫情时代”和“后疫情时代”，疫情还可能会成为东西方文明发展走向的重要分界线。① 中国尽管近年来经济增长也开始放缓，但并没有像西方发达国家一样受到全球经济衰退和波动的严重影响，因此一直能向高等教育系统划拨更多资金。尤其是当前大力推行区域协调发展战略，有力地促进了城市群、都市圈的发展及对高等教育的投入，显示出国家和区域发展高等教育的强烈承诺。事实上，中国凭借多年持续的经济高速增长已经成为全球经贸循环过程中必不可少的枢纽性存在和世界秩序的中介性力量，加上巨大的人口规模和国内市场可为“双循环”结构奠定重要基础，也使得沃勒斯坦所定义的“中心—边缘”现代世界体系获得被打破的可能性。② 因此，应当从更加深远的意义去看待中国打造教育对外开放新高地的战略行动，这不仅是中国跨境教育从第二代跨入第三代的重要契机，更可为中国未来在全球价值链重塑中赢得先机并真正成为世界枢纽奠定更加坚实的基础。在未来高等教育国际合作中，需要更大程度上超越民族国家的利益，以人类命运共同体为价值引领，以消解国际合作中的“中心—边缘”结构。③ 而这又一定程度上超出了奈特等所界定的三种类型“国际教育枢纽”之范畴，这也使得中国打造粤港澳大湾区国际教育示范区等教育对外开放新高地被赋予了更加深远的本土价值和世界意义——不但是中国加快和扩大新时代教育对外开放的重要战略举措，更是“中国的世界”与“世界的中国”走向交汇的历史进程中的重要基点。

---

① FRIEDMAN T L. Our new historical divide: B. C. and A. C.: the world before corona and the world after. The New York Times [EB/OL]. (2020-03-17)[2021-08-02]. https://www.nytimes.com/2020/03/17/opimiom/coronavirus-trends.html.

② 施展. 枢纽：3000 年的中国 [M]. 桂林：广西师范大学出版社，2018：548-550.

③ 周作宇，马佳妮. 人类命运共同体：高等教育国际合作的价值坐标 [J]. 教育研究，2017 (12)：42-50，67.

结　语

本书将研究对象定位为粤港澳大湾区范畴内的各级地方政府与大学组织，包括作为省级政府的广东，以及作为直辖于中央人民政府的特别行政区政府香港、澳门，以及作为地级市政府的珠三角九市，大学组织则选择了若干所较具典型性的大湾区大学，开展政策文本、实证调查、国际比较等多维分析和研究。研究认为新时代区域高等教育发展应从竞争逻辑走向竞合逻辑，在竞争中合作、在合作中竞争的“竞合”模式更加符合推进粤港澳大湾区高等教育集群建设的战略需要。

进入新时代以来，锦标赛制对于地方政府的激励导向已经发生变化，软实力竞争已成为当前地方政府竞争的新动向。尤其是经济发达地区的地方政府，已经逐步转入从以 GDP 增长为主的竞争模式向更加倚重科技文化和创新驱动的竞争模式，大力发展高等教育成为地方政府在竞争逻辑下的优选项。尤其是在国家“双一流”战略主导下出现了新一轮地方高水平大学建设热潮，更反映出地方政府的激励转向和在此背景下的竞争行动选择。本书考察了“国家—区域—城市—大学—学科”等五个维度的高等教育竞争，在锦标赛制下不同主体之间形成利益捆绑和信念共识，使得中国高等教育发展的各个相关主体都自上而下地产生了强激励。比如本研究中广东在“十三五”以来先行一步启动“双高”建设，以及积极推进应用型大学转型方面都做了很多卓有成效的工作。但过于强调竞争的锦标赛制和长期以来的计划供给型办学体制，致使高等教育还是过于强调层次和身份，类型缺乏多样性，更多是计划安排而非市场导向。

尤其是和区域经济产业发展互动不足的问题无法得到更有效解决，难以适应新时代高等教育体系构建的结构性需求，同时还会带来激励扭曲甚至恶性竞争等方面的问题。当前不少高校都还是在研究型和应用型的定位中摇摆不定，导致人才培养与经济社会发展的结合不够紧密，对市场需求不够敏感，以至人才供需脱节、结构性失业加剧的矛盾在未来可能会更加凸显。

近年来，中共中央、国务院陆续批复或印发河北雄安新区、海南自贸区、粤港澳大湾区、长三角区域一体化规划纲要。重点建设若干区域并产生引领辐射作用，不但是新时代中国更好参与全球竞争的重大国家战略，也是新时代推动形成中国深化改革和全面开放新格局的新举措。区域高等教育集群发展也因此成为更好回应当前高等教育发展和经济社会发展高度互动的一种试探性模式。而从本书所研究的粤港澳大湾区来看，随着《粤港澳大湾区发展规划纲要》的出台，各相关领域的实质性工作已全面开启。大湾区的建设重点之一是将该地区打造成为全球科技创新中心，其建设基础来源于大湾区活跃的产业群和为此提供大量创新人才的高等教育集群。粤港澳三地拥有众多高水平大学，香港多所大学位列世界大学排名前100强，广州的中山大学、华南理工大学入选国家“双一流”建设计划，深圳近年来在大学建设方面颇多大手笔，澳门的大学亦发展迅速。粤港澳大湾区高等教育集群具有很好的发展基础，其发展势头让人看到走出竞争“围城”并比肩三大世界级湾区的希望。

而从世界湾区经验来看，高等教育的科技创新和成果转化是世界湾区建设的主要特征，也是支撑其湾区经济转型升级的根本驱动力，这也正是粤港澳大湾区高等教育集群所应扮演的角色。因此，大湾区高等教育集群应该告别单个城市单打独斗的“竞争”逻辑，转向在竞争中合作、在合作中竞争的“竞合”逻辑。应推进粤港澳大湾区科教融合和产教融合，积极建设高等教育集群，完善区域高等教育体系，从定位布局、规模质量、科创能力等方面对高等教育进行全局规划，探索高等教育和区域发展共赢。并根据“竞合”理论，区分不同地区、不同层次的高等教育竞合关系类型并制定“竞合”战略：同质高等教育竞合关系类型适合长期竞争、短期合作战略，异质高等教育竞合关系类型适合长期合作、短期竞争战略。区域内部的各级政府一方面应借力国家层面的“双一流”等政策加大力度推进高水平大学建设，另一方面应结合自身经济产业特征和创新驱动需求推进高水平大学建设与学科建设。前者更多应遵循学术逻辑，后者更多应遵循社会逻辑，并寻求两者之间的融合共生发展。

一定程度上来说，粤港澳大湾区高等教育集群就是中国高等教育发展的一块“试验田”，集群发展和以往的发展方式不同，亟须走出一条超越现状的路。美国旧金山湾区高等教育集群的崛起和发展，就是突破了传统东部大学的发展模式。如今的粤港澳大湾区高等教育集群也面临了相似的背景，如何走出一条不同于北京、上海这些传统的高等教育重镇的道路？不但考验着各路办学者是否有敢想敢干的精神，也考验着各相关政府是否有突破自我的战略行动，更考验着顶层设计是否有更大的格局和更宽的视野。粤港澳大湾区拥有世界级别的创新环境和条件，应有底气和自信去探索如何办出以竞合促融合、以融合促创新的大湾区高等教育模式，并带动全国更多区域甚至世界范围的高等教育发展模式革新。

参考文献

一、中文文献

[1] 陈广汉，杨柱，谭颖. 区域经济一体化研究：以粤港澳大湾区为例［M］. 北京：社会科学文献出版社，2017.

[2] 陈厚丰. 中国高等学校分类与定位问题研究［M］. 长沙：湖南大学出版社，2004.

[3] 陈伟，郑文. 粤港澳大湾区教育合作的现实基础和实践理路［J］. 华南师范大学学报（社会科学版），2019（6）：67－72.

[4] 陈伟. 论高等教育的迟发展效应：以1978—2008年间的广东为例［J］. 复旦教育论坛，2009，7（6）：5－8.

[5] 陈伟. 省域高等教育系统的崛起：动力分析和路径选择［J］. 高等教育研究，2017，38（11）：39－45.

[6] 陈伟. 学海勤耕百年灯：王承绪先生的比较教育研究［J］. 教育研究，2011，（4）：55－59.

[7] 陈先哲. 新时代高等教育与高等教育新时代［J］. 教育发展研究，2018，38（Z1）：58－66.

[8] 陈先哲. 打造教育对外开放新高地：全球视野与中国行动［J］. 比较教育研究，2021，43（10）：3－11.

[9] 陈先哲. 多重逻辑下的旧金山湾区高等教育集群崛起［J］. 比较教

育研究，2020，42（10）：11－17＋42.
［10］陈先哲．城市竞争阶段升级与高等教育发展战略转型：深圳案例［J］．高等教育研究，2020，41（09）：25－31.
［11］陈先哲．粤港澳大湾区高等教育集群的竞合发展逻辑［J］．华南师范大学学报（社会科学版），2021（05）：83－90＋206.
［12］陈先哲，陈雪芹．多中心之下的融合创新：粤港澳大湾区高等教育集群的挑战与出路［J］．苏州大学学报（教育科学版），2019（2）：13－19.
［13］陈先哲．新时代高等教育与高等教育新时代［J］．教育发展研究，2018，38（13）：58－66.
［14］陈先哲．学术锦标赛制：中国学术增长的动力机制与激励逻辑［J］．高等教育研究，2017，（9）：30－36.
［15］陈先哲．粤港澳大湾区高等教育集群：走出一条超越现状的路［N］．光明日报，2018－08.
［16］陈学飞．理想导向型的政策制定："985 工程"政策过程分析［J］．教育发展研究，2006（5）：83－84.
［17］陈钊，徐彤．走向"为和谐而竞争"：晋升锦标赛下的中央和地方治理模式变迁［J］．世界经济，2011，34（9）：3－18.
［18］陈志峰，马东影．粤港澳大湾区建设背景下澳门高等教育发展的动力、定位和走向［J］．国家教育行政学院学报，2019（12）：49－58.
［19］陈子季，刘永福．区域教育开放发展的三重逻辑［J］．华东师范大学学报（教育科学版），2018，36（1）：119－125，165.
［20］陈子季．推动粤港澳大湾区高等教育融合发展［N］．学习时报，2019－03－01（6）.
［21］谌晓芹．欧洲高等教育一体化改革：博洛尼亚进程的结构与过程分析［J］．高等教育研究，2012（6）：92－100.
［22］杜怡萍．粤港澳大湾区资历框架对接的价值蕴意及模型构建［J］．高教探索，2020（1）：39－42.
［23］范剑勇．市场一体化、地区专业化与产业集聚趋势：兼谈对地区差

距的影响 [J]. 中国社会科学，2004 (6)：39 - 51，204 - 205.

[24] 弗莱克斯纳. 现代大学论 [M]. 徐辉，陈晓菲，译. 杭州：浙江教育出版社，2001.

[25] 高程德. 深圳经济特区劳动工资管理的初步调查 [J]. 经济科学，1983 (4)：76 - 80.

[26] 格雷夫. 大裂变：中世纪贸易制度比较和西方的兴起 [M]. 北京：中信出版社，2008.

[27] 顾拓宇. 区域创新体系建设与区域高等教育一体化探论 [J]. 科技管理研究，2019，39 (11)：29 - 34.

[28] 管培俊. 新时代中国高等教育的使命 [J]. 中国高教研究，2017，(12)：17 - 19.

[29] 广州日报数据和数字化研究院. 粤港澳大湾区协同创新发展报告(2018)[EB/OL].(2018 - 09 - 25)[2022 - 04 - 25]. https://www.sohu.com/a/256149408_658521.

[30] 郭军. “废墟”之上，怎建大学 [J]. 中国社会科学报. 2009 (3)：10.

[31] 国世平. 粤港澳大湾区规划和全球定位 [M]. 广州：广东人民出版社，2018.

[32] 贺国庆. 从莫雷尔法案到威斯康星观念：美国大学服务职能的确立 [J]. 河北大学学报（哲学社会科学版），1998，(3)：91 - 97.

[33] 胡赤弟. 论区域高等教育中学科—专业—产业链的构建 [J]. 教育研究，2009，30 (6)：83 - 88.

[34] 黄达人. 黄达人校长在 2007 年发展战略研讨会上的讲话 [EB/OL].(2007 - 04 - 03)[2017 - 09 - 09] http://news2.sysu.edu.cn/theory06/124922.htm.

[35] 贾秀险. 湾区高等教育系统的崛起：动力解析与路径探索 [J]. 高教探索，2019 (8)：68 - 72.

[36] 贾秀险. 中心城市高等教育发展模式研究：以深圳为例 [J]. 教育评论，2019 (5)：14 - 17.

[37] 焦磊. 粤港澳大湾区高校战略联盟构建策略研究 [J]. 高教探索, 2018 (8): 20-24.

[38] 金耀基. 大学之理念 [M]. 北京: 生活·读书·新知三联书店, 2001.

[39] 金耀基. 一间中古大学的成长: 谈剑桥的"变"与"守" [J]. 大学 (学术版), 2009 (10): 60-65.

[40] 金子元久, 徐国兴. 高等教育发展的中国模式: 来自日本的观察 [J]. 教育发展研究, 2006, (9): 24-28.

[41] 景李虎. 推动高等教育集群发展 支撑国际一流湾区建设 [J]. 中国高等教育, 2019 (13): 26-27.

[42] 阚阅. 从单一功能到多重互动: 国际高等教育资历承认的发展与展望 [J]. 中国高教研究, 2019 (7): 39-46.

[43] 莱文. 亚洲大学的崛起 [J]. 清华大学教育研究, 2010, (2): 1-7.

[44] 黎志华. 欧洲学分转换系统的发展及其启示 [J]. 大学教育科学, 2007 (2): 100-103.

[45] 李海滨. 借鉴旧金山湾区高等教育发展模式 [N]. 中国社会科学报, 2019-05-01, 5 (8).

[46] 李化树, 叶冲. 我国高等教育区域合作与发展的基本框架: 欧洲高等教育区建设的启示 [J]. 教育发展研究, 2015 (21): 7-12.

[47] 李家新, 等. 区域化发展视角下的粤港澳大湾区高等教育合作: 基础、困境与展望 [J]. 复旦教育论坛, 2020, 18 (1): 84-90.

[48] 李建军. 硅谷模式及其产学创新体制 [D]. 北京: 中国人民大学, 2000.

[49] 李晶, 刘晖. 粤港澳大湾区高等教育整合的逻辑与进路 [J]. 高等教育研究, 2018, 39 (10): 31-36.

[50] 李均. 整体推进粤港澳大湾区高等教育协同创新发展 [J]. 现代教育论丛, 2019 (1): 11-13, 19-20.

[51] 李立国. 大学发展逻辑、组织形态与治理模式的变迁 [J]. 高等教育研究, 2017, 38 (6): 24-31.

［52］李联名．高等教育一体化进程中的欧洲学分转换系统［J］．比较教育研究，2002（10）：27－30．
［53］李一希，袁旭阳．深化高等教育改革推动粤港澳融合发展的逻辑与进路［J］．中国高教研究，2019（11）：41－47．
［54］李振．作为锦标赛动员官员的评比表彰模式：以“创建卫生城市”运动为例［J］．上海交通大学学报（哲学社会科学版），2014，22（5）：54－62．
［55］李锺文，等．创新之源：硅谷的企业家精神与新技术革命［M］．陈禹，等译．北京：人民邮电出版社，2017．
［56］梁振英．启发潜能 为全人发展和终身学习奠定基础——香港特区2014年施政报告中关于教育的论述［J］．世界教育信息，2014，27（11）：64－66．
［57］梁海明．粤港澳大湾区建设可能遇上哪些阻力［N］．金融时报（中文网），2019－02－20．
［58］林贡钦，徐广林．国外著名湾区发展经验及对中国的启示［J］．深圳大学学报（人文社会科学版），2017，34（5）：25－31．
［59］林金辉，翁海霞．中国大陆与香港地区高等教育合作办学的历史发展与趋势展望［J］．中国高教研究，2009（6）：51－53．
［60］林先扬．粤港澳大湾区城市群经济整合研究［M］．广州：广东人民出版社，2017．
［61］林毓生．中国传统的创造性转化［M］．北京：生活·读书·新知三联书店，1988．
［62］刘国瑞．我国高等教育空间布局的演进特征与发展趋势［J］．高等教育研究，2019（9）：1－9．
［63］刘衡，王龙伟，李垣．竞合理论研究前沿探析［J］．外国经济与管理，2009，31（9）：1－8，52．
［64］刘晶．高校异地办学的“共谋”行为与跨行政区治理［J］．高等教育研究，2020，41（3）：28－35．
［65］卢晓中，陈先哲．打造教育对外开放新高地［J］．神州学人，2020

(07)：22－23.

[66] 卢晓中，陈先哲. 粤港澳大湾区高等教育集群发展：理论审思与实践策略 [J]. 大学教育科学，2021 (04)：12－19.

[67] 卢晓中，卓泽林. 湾区高等教育的形成与发展：基于粤港澳大湾区与旧金山湾区比较的视角 [J]. 高等教育研究，2020 (2)：90－98.

[68] 卢晓中. 区域教育发展的一种战略选择：对南方教育高地的若干认识 [J]. 高教探索，2012 (4)：5－7.

[69] 卢晓中. 推动粤港澳大湾区教育合作发展的思考 [J]. 中国高教研究，2019 (5)：54－57.

[70] 鲁巧巧，劳汉生. 粤港澳大湾区高等教育的国际比较与角色定位分析 [J]. 教育探索，2018 (6)：54－59.

[71] 马化腾，等. 粤港澳大湾区：数字化革命开启中国湾区时代 [M]. 北京：中信出版社. 2018.

[72] 马陆亭. 深圳大学城发展模式探讨 [J]. 现代教育管理，2012 (5)：5－10.

[73] 马晓洁，李盛兵. 博洛尼亚进程中的芬兰高等教育政策调整 [J]. 比较教育研究，2008 (1)：82－85，90.

[74] 马早明，等. 粤港澳大湾区视域下澳门高等教育发展：机遇、挑战与应对策略 [J]. 华南师范大学学报（社会科学版），2019 (5)：12－17，189.

[75] 麦肯锡全球研究院. 人机共存的新纪元：自动化、就业和生产力 [EB/OL]. (2017－02) [2022－03－02] http://www. mckin－sey. com. cn/wp－content/uploads/2017/02/MGI_ 人机共存的新纪元_ 简体中文－2. pdf.

[76] 莫家豪. 打造亚洲教育枢纽：香港的经验 [J]. 北京大学教育评论，2016，14 (4)：89－104，187.

[77] 欧小军. “一国两制”背景下粤港澳大湾区高水平大学集群发展研究 [J]. 现代教育管理，2018 (9)：17－22.

[78] 欧小军. 世界一流大湾区高水平大学集群发展研究：以纽约、旧金

山、东京三大湾区为例［J］. 四川理工学院学报（社会科学版），2018，33（3）：83－100.
［79］齐艳杰，薛彦华. 京津冀高等教育一体化进程对策研究［J］. 北京师范大学学报（社会科学版），2017（2）：15－20.
［80］萨克森宁. 地区优势：硅谷和128公路地区的文化和竞争［M］. 曹蓬，等译. 上海：上海远东出版社，1999.
［81］萨米. 世界一流大学：挑战与途径［M］. 孙薇，王琪译校. 上海：上海交通大学出版社，2009.
［82］申超. 欧洲高等教育一体化的历史演进及其特征分析［J］. 全球教育展望，2009（7）：51－57.
［83］沈建法. 全球化世界中的城市竞争与城市管治［J］. 城市规划，2001（9）：34－37.
［84］苏洋. 学术创业纳入高校教师晋升评价体系的探索：以美国六所一流大学为例［J］. 比较教育研究，2022，44（02）：51－59.
［85］苏洋. 世界一流大学如何平衡教师学术创业引发的冲突：斯坦福大学的经验与启示［J］. 比较教育研究，2020，42（4）：10－17.
［86］孙碧. 走出神话时代：中国的美国高等教育史研究三十年［J］. 高等教育研究，2019，40（12）：48－57.
［87］孙锐. 以更大力度引进和集聚海外英才［J］. 瞭望，2017（34）：26－28.
［88］覃玉荣，周敏波. 东盟留学生跨境适应研究：基于文化距离的视角［J］. 复旦教育论坛，2013（4）：80－85.
［89］汤浅光朝. 科学活动中心的转移［J］. 科学与哲学，1979（2）：53－73.
［90］唐杰，戴群，李战杰，等. 深圳经济增长的理论研究［J］. 中国经济特区研究，2010（1）：13－43.
［91］唐杰，王东. 深圳创新转型的理论意义［J］. 深圳社会科学，2018（1）：25－36.
［92］唐杰. “新常态”增长的路径和支撑：深圳转型升级的经验［J］.

开放导报，2014（6）：11－18.

［93］田学军. 深入学习贯彻党的十九大精神　努力答好新时代中国教育的“时代之问”［J］. 教育研究，2018，(1)：4－10.

［94］弗里德曼. 世界是平的［M］. 何帆，肖莹莹，郝正非，译. 长沙：湖南科学技术出版社，2006.

［95］万幼清，王云云. 产业集群协同创新的企业竞合关系研究［J］. 管理世界，2014（8）：175－176.

［96］王保华，张婕. 高等教育地方化：地级城市发展高等教育研究［M］. 北京：人民教育出版社，2005.

［97］王超，王秀彦. 动力机制与阻力因素：欧洲高等教育一体化改革的启示［J］. 教育研究，2012（1）：148－151.

［98］王飞跃. 人工智能：第三轴心时代的来临［J］. 文化纵横，2017，(6)：94－100.

［99］王建华. 大学创新创业生态系统的构建：基于硅谷的分析［J］. 江苏高教，2019（12）：9－16.

［100］王建华. 以创业思维重新理解学科建设［J］. 清华大学教育研究，2018，39（4）：40－48.

［101］王善迈，崔玉平. 教育资源优化配置：中国教育改革与发展中的经济学课题：王善迈教授专访［J］. 苏州大学学报（教育科学版），2014，2（4）：67－72，127－128.

［102］王志强. 粤港澳大湾区国际高等教育示范区内涵、定位、困境与实现路径［J］. 高教探索，2019（8）：62－67.

［103］王志强. 孕育“中国新大学”：粤港澳大湾区国际高等教育示范区的实践路向［J］. 国家教育行政学院学报，2020（12）：20－27＋37.

［104］韦惠惠. 欧盟高等教育合作对粤港澳高等教育合作的启示［J］. 高教探索，2012（4）：43－46.

［105］巫丽君，王河江. 长三角高等教育区域一体化模式探析：基于历史进程的考察［J］. 清华大学教育研究，2010（4）：52－56.

[106] 吴雪萍，郝人缘. 欧洲国家资格框架：演变、特点与启示 [J]. 教育研究，2016 (9)：116-125.

[107] 吴岩. 新时代高等教育面临新形势 [N]. 光明日报，2017-12-19 (13).

[108] 吴岩. 大学之大与湾区之大 [N]. 光明日报，2018-08-07 (13).

[109] 吴颖，崔玉平. 长三角区域高等教育一体化的演进历程与动力机制 [J]. 高等教育研究，2020 (1)：25-36.

[110] 香港科技大学霍英东研究院. 研究院概况 [EB/OL]. (2019-02-22)[2019-06-23]. https://www.fytri.cn/index.php/Home/Page/index/id/1/l/zh#about13.

[111] 谢爱磊，等. 粤港澳大湾区高等教育融合发展：背景、基础与路径 [J]. 中国高教研究，2019 (5)：58-63.

[112] 谢维和. 高等教育：区域发展的新地标 [J]. 中国高教研究，2018 (4)：12-15.

[113] 熊彼特. 经济发展理论 [M]. 北京：商务印书馆，1990.

[114] 徐芳燕，陈昭，刘映曼. 粤港澳大湾区：聚集与融合 [M]. 北京：人民出版社，2019.

[115] 许美德. 中国大学1895—1995：一个文化冲突的世纪 [M]. 许洁英，译. 北京：教育科学出版社，2000.

[116] 许长青，郭孔生. 粤港澳大湾区高等教育集群发展：国际经验与政策创新 [J]. 高教探索，2019 (9)：5-13.

[117] 许长青. 大学在粤港澳大湾区建设中的角色与作用：访香港科技大学校长陈繁昌教授 [J]. 国家教育行政学院学报，2018 (12)：17-24，95.

[118] 许长青，卢晓中. 粤港澳大湾区高等教育融合发展：理念、现实与制度同构 [J]. 高等教育研究，2019 (1)：28-36.

[119] 阎光才. 学者还是教师：关于研究型大学的学术聘任标准 [J]. 高等教育研究，2017 (4)：43-51.

［120］阎堃，顾培亮．中国城市化进程与高等教育发展［J］．教育研究，2003（11）：21－25．
［121］杨东平．关于高等教育的“中国模式”［J］．江苏高教，2011（1）：5－8．
［122］杨光钦．高校学术生产数量繁荣与学术制度的内在逻辑［J］．教育研究，2015（7）：49－56．
［123］杨海波，高兴民．粤港澳大湾区发展一体化的路径演进［J］．区域经济评论，2019（2）：110－116．
［124］杨沐，李明波．粤港澳大湾区建设理论与实践［M］．广州：华南理工大学出版社，2019．
［125］姚威，邹晓东．欧洲工程教育一体化进程分析及其启示［J］．高等工程教育研究，2012（3）：41－46．
［126］姚洋，张牧扬．官员绩效与晋升锦标赛：来自城市数据的证据［J］．经济研究，2013（1）：137－150．
［127］叶玉娣．浅析欧洲文化与欧洲高等教育一体化的关系［J］．外国教育研究，2006（1）：41－45．
［128］沃勒斯坦．现代世界体系：第1卷［M］．罗荣渠，等译．北京：高等教育出版社，1998．
［129］俞可．欧洲高等教育一体化进程初探［J］．复旦教育论坛，2004（1）：72－78．
［130］袁东．博洛尼亚进程：建立共同的欧洲高等教育空间：当代欧洲高等教育的重要改革和发展［J］．中国高等教育，2005（17）：46－47．
［131］袁晶，张珏．长三角区域高等教育一体化发展：动因、内涵与机制创新［J］．中国高教研究，2019（7）：33－38．
［132］袁晶，张珏．长三角区域高等教育一体化发展：需求、障碍与机制突破［J］．教育发展研究，2019（5）：54－59．
［133］翟振明．虚拟现实比人工智能更具颠覆性［J］．高科技与产业化，2015，（11）：32－35．

[134] 翟振明. 迎接虚拟与现实共存的时代 [J]. 环境经济，2017，(23)：70 – 72.

[135] 詹春燕. 案例二：深圳大学城 [J]. 教育发展研究，2009，29 (9)：49 – 52.

[136] 张超. 欧洲高等教育一体化进程及面临的挑战 [J]. 大学教育科学，2007 (2)：93 – 99.

[137] 张龙. 虚拟大学园：深圳科教兴市的又一创举 [J]. 高科技与产业化，2001 (5)：24 – 26.

[138] 张思平. 粤港澳大湾区：中国改革开放的新篇章 [M]. 北京：中信出版社，2019.

[139] 张学良，李培鑫. 城市群经济机理与中国城市群竞争格局 [J]. 探索与争鸣，2014 (9)：59 – 63.

[140] 张耀荣. 广东高等教育发展史 [M]. 广州：广东高等教育出版社，2002.

[141] 张应强，彭红玉. 高等教育大众化时期地方政府竞争与高等教育发展 [J]. 高等教育研究，2009，30 (12)：1 – 16.

[142] 赵庆年. 建设粤港澳大湾区国际教育示范区 [N]. 中国社会科学报，2019 – 12 – 19 (5).

[143] 赵庆年. 区域高等教育发展差异及其调适 [J]. 教育发展研究，2008 (19)：79 – 82.

[144] 赵汀阳. 天下体系：世界制度哲学导论 [M]. 南京：江苏教育出版社. 2005.

[145] 赵叶珠. 欧洲高等教育区建设：背景、进程与意义 [J]. 比较教育研究，2003 (7)：9 – 13.

[146] 郑文，陈伟. 中国高等教育发展的多维特色：中国模式探索 [J]. 教育研究，2012 (7)：71 – 76.

[147] 周黎安. 中国地方官员的晋升锦标赛模式研究 [J]. 经济研究，2007 (7)：36 – 50.

[148] 周雪光，艾云. 多重逻辑下的制度变迁：一个分析框架 [J]. 中

国社会科学，2010（4）：132－150，223.
［149］周作宇，马佳妮. 人类命运共同体：高等教育国际合作的价值坐标［J］. 教育研究，2017（12）：42－50，67.
［150］周合兵，陈先哲. 新时代学科评估价值导向与学科建设逻辑转向：基于X大学三个学科的案例研究［J］. 教育发展研究，2021，41（07）：13－19.
［151］卓泽林，杨体荣. 粤港澳大湾区高校集群建设的发展导向及其路径［J］. 教育发展研究，2019，39（11）：16－23，39.
［152］卓泽林. 论粤港澳大湾区教育合作发展的价值与策略［J］. 华南师范大学学报（社会科学版），2020（2）：71－80，190.
［153］卓泽林. 美国旧金山湾区高等教育整合动因及路径［J］. 苏州大学学报（教育科学版），2019（2）：29－36.
［154］卓泽林. 粤港澳大湾区高等教育枢纽建设：基础、困境与对策［J］. 国家教育行政学院学报，2019（12）：41－48.
［155］宗晓华，冒荣. 合作博弈与集群发展：长三角地区高等教育协同发展研究［J］. 教育发展研究，2010，30（9）：1－5.

二、英文文献

［1］ADELMAN M B，AHUVIA A C，Social support in the service sector：the antecedents，process，and outcome of social support in an introductory service［J］. Journal of Business Research，1995，32（3）：273－282.
［2］AKPAN P A. The role of higher education in national integration in Nigeria［J］. Higher education，1990，19：293－305.
［3］ANDERSON H. The distributional impacts of the new economy in a major metropolitan area：opportunities and constrains in the San Francisco Bay area［D］. University of California，2002.
［4］AZIZ M，ABDULLAH D. Malaysia：becoming an education hub to serve

national development [J]. Springer Netherlands, 2014.

[5] BAIR J. Beyond the maquila model? nafta and the mexican apparel industry [J]. Industry and Innovation, 2002, (7): 1414 - 1434.

[6] BRANDENBURGER A M, NALEBUFF B J. Co-Opetition: a revolutionary mindset that combines competition and cooperation in the marketplace [M]. Boston: Harvard Business School Press, 1996.

[7] CAI Y. China - Europe higher education cooperation: opportunities and challenges [J]. Frontlers of education in China, 2019, 14 (2): 167 - 179.

[8] CARNEIRO R. Higher education and European integration: the European challenge [J]. Higher education policy, 1994 (7): 13 - 16.

[9] CHAO R Y. Pathways to an East Asian higher education area: a comparative analysis of East Asian and European regionalization processes [J]. High education, 2014 (68): 559 -575.

[10] CHESBROUGH H W. Open innovation: the new imperative for creating and profiting from technology [J]. Journal of engineering and technology Management, 2003, 21 (3): 241 -244.

[11] CHENG Y C. A technical research report on the development of Hong Kong as a regional education hub [M]. Hong Kong: The Hong Kong Institute of Education, 2009.

[12] DOUGLASS J. A global talent magnet: how a San Francisco/Bay area global higher education hub could advance California's comparative advantage in attracting international talent and further build US economic competitiveness. Research & Occasional Papers Series: CSHE. 9.11 [J]. center for studies in higher education, 2011, 41 (1): 25.

[13] WIT D, KURT. The Consequences of European integration for higher education [J]. Higher education policy, 2003, 16 (2): 161 -178.

[14] DOUGLASS J A, KING C J. The role of university in economic competitiveness in California: a case study for Cathalan association of public

universities [R]. Associacio Cathalana D'Universitas Publiques, 2018.

[15] EASTERLY W R. The elusive quest for growth: economists' adventure and misadventures in the tropics [M]. The MIT Press, 2005.

[16] EPP J R, EPP W. Blueprint for bologna: university of prishtina and the European Union [J]. Interchange, 2010, 41 (2): 161 – 170.

[17] EDWARD P LAZEAR, SHERWIN ROSEN. Rank – ordered tournaments as optimal labor contracts [J]. Journal of political economy, 1981, 89: 841 – 864.

[18] ENGLISH – LUECK J A. Culture @ Silicon Valley [M]. Stanford University Press, 2002.

[19] FOLLESDAL, A. Equality of education and citizenship: challenges of European integration [J]. Studies in Philosophy and Education, 2008 (27): 335 – 354.

[20] GUADILLA C G. The value of knowledge, global education and regional integration in non – advanced countries [J]. Higher education policy, 1994, 7 (3): 40 – 44.

[21] GILMOR E C STEWART. Fred terman at Stanford: building a discipline, a university, and Silicon Valley [M]. Stanford, CA: Stanford University Press, 2004.

[22] GORDON R J. The Rise and fall of American growth [M]. Princeton University Press, 2016.

[23] GORNITZKA A, MAASSEN P. The economy, higher education, and European integration: an introduction [J]. Higher Education Policy, 2000, 13 (3): 217 – 223.

[24] HIGHMAN L. Future EU – UK research and higher education cooperation at risk: what is at stake? [J]. Tertiary education and mangment, 2019 (25): 45 – 52.

[25] HO K C, G Y. Education and human capital management in a world city: the case of Singapore [J]. Asia pacific journal of eduction,

2011, 31 (3): 263 – 276.

[26] SIMMIE J. Innovative cities [M]. Routledge, London: New York, 2001.

[27] LANE J E, KINSER K. The cross-border education policy context: educational hubs, trade liberalization, and national sovereignty [J]. New directions for higher education, 2011 (155): 79 – 85.

[28] KIM Y, HORTA H, JUNG J. Higher education research in Hong Kong, Japan, China, and Malaysia: exploring research community cohesion and the integration of thematic approaches. [EB/OL] (2015 – 05 – 22) [2022 – 02 – 11]. http://doi. org/10. 1080/03075079. 2015. 1036850.

[29] KIPRIANOS P, DASKALAKI I, STAMELOS G B. Culture and the school: the degree of educational integration of Roma and Gypsies in the Peloponnese region of Greece [J]. International review of education, 2012, 58 (5): 675 – 699.

[30] KNIGHT J. Education hubs: a fad, a brand or an innovation? [J]. Journal for studies in international education, 2011, 15 (3): 221 – 240.

[31] KNIGHT J. Education hubs: international, regional and local dimensions of scale and scope [J]. Comparative education, 2013, 49 (3): 374 – 387.

[32] Knight J. International education hubs [M]. Geographies of the University. 2018.

[33] KENNEY, MARTIN, DAVID C M. In public universities and regional growth: insights from the university of California [M]. Stanford, CA: Stanford University Press, 2014.

[34] LAMBERT, R A, LARCKER D F, WEIGELT K. The Structure of Organizational Incentives [J]. Administrative science quarterly, 1993 (38): 438 – 461.

[35] LEE W O. The repositioning of high education from its expanded

visions: lifelong learning, entrepreneurship, internationalization and integration [J]. Educ res policy prac, 2008 (7): 73 - 83.

[36] MACLEAN R, LAI A. Policy and practice possibilities for Hong Kong to develop into an education hub: Issues and challenges [M] // STIASNY M, GORE T. Going global: the landscape for policy makers and practitioners in tertiary education. Emerald Group Publishing limited, 2012.

[37] MATTD. Covid - 19update: china survey results [EB/OL]. (2020 - 04 - 08) [2021 - 04 - 10]. https://education - services. britishcouncil. org/insights - blog/covid - 19 - update - china - survey - results.

[38] MC GUINNESS A C. Lessons from european integration for US higher education [J]. Tertiary education and management, 1997, 3 (4): 333 - 342.

[39] MEYER J W. The effects of education as an institution [J]. American journal of sociology, 1977, 83 (1): 55 - 77.

[40] NEAVE G. Anything goes: or, how the accommodation of Europe's universities to European integration integrates an inspiring number of contradictions [J]. Tertiary education and management, 2002, 8 (3): 181 - 197.

[41] OLIVER C. Strategic responses to institutional processes [J]. The academy of management review, 1991, 16 (1): 145 - 79.

[42] OSMAN T. The shadow of silicon valley: the dispersion of information technology industry thoughout the San Francisco Bay area, 1990 - 2010 [D]. Los Angeles: University of California, 2015.

[43] PAPATSIBA V. Policy goals of European integration and competitiveness in academic collaborations: an examination of joint master's and erasmus mundus programmes [J]. Higher education policy, 2014, 27 (1): 43 - 64.

[44] PADULA G, DAGNINO G B. Untangling the rise of coopetition: the

intrusion of competition in a cooperative game structure [J]. International studies of management and organization, 2007, 37 (2): 32 -53.

[45] ALTBACH P. Servitude of the mind? Education, dependecy, and neo-colnialism [J]. Compartive education, 1984, 79 (2): 469 -484.

[46] RAKIC V. Converge or not converge: the European Union and higher education policies in the Netherlands, Belgium/Flanders and Germany [J]. Higher education policy, 2001, 14 (3): 225 -240.

[47] SAWAHEL. W. MALAYSIA: Knowledge hub in progress [EB/OL]. (2009 -09 -27) [2021 -09 -10]. https://www.universityworldnews.com/post.php?story=20090925024920661.

[48] SCOTT W R, KIRST M W. Higher education and silicon valley: connected but conflicted [M]. Baltimore: Johns Hopkins University Press, 2017.

[49] SHEN J F. LUO X L. From fortress Hong Kong to Hong Kong - Shenzhen metropolis: the emergence of government -led strategy for regional integration in Hong Kong [J]. Journal of contemporary China, 2013, 22 (84): 944 -965.

[50] SIDHU R, HO K C, YEOH B. Emerging education hubs: the case of Singapore [J]. Higher education, 2011, 61 (1): 23 -40.

[51] SNYDER F. Innovation and talents ecosystem in the Guangdong - Hong Kong-Macao Greater Bay Area [J]. Peking university school of transnational law research paper, 2018 (18 -7): 11.

[52] ERIKSSON T. Executive compensation and tournament theory: empirical tests on Danish data [J]. Journal of labor economics, 1999, 17 (2): 262 -280.

[53] VARGHESE N V. BRICS and international collaborations in higher education in India [J]. Frontiers of education in China, 2015, 10 (1): 46 -65.

[54] BATISTA M V. Higher education regionalization in South America [J]. Higher education policy, 2021 (34): 474 - 498.

[55] WEST J, GALLAGHER S. Challenges of open innovation: the paradox of firm investment in open - source Software [J]. R&D management, 2006, 36 (3): 319 - 331.

[56] WONG P K, HO Y P, SINGH A. Towards an "Entrepreneurial University" model to support knowledge - based economic development: the case of the national university of Singapore [J]. World development, 2007, 35 (6): 941 - 958.

[57] YEH A G O. Hong Kong and the Pearl River Delta: competition or cooperation? [J]. Built environment, 2001, 27 (2): 129 - 145.

[58] YEUNG Y M. The further integration of the Pearl River Delta: a new beginning of reform [J]. Environment and urbanization Asia, 2010, 1 (1): 13 - 26.

[59] ZHANG L J, LIAO Z J. Research on cooperative innovative talents training mechanism of economic and management specialty in private colleges from the Perspective of Symbiosis Theory [G]. 2019.

[60] ZHAO S Q. Analysis of urban innovation efficiency in Guangdong - Hong Kong - Macao Greater Bay Area [J]. Open journal of business and management, 2018 (6): 539 - 550.

[61] ZLOLNISKI C. In the shadow of Silicon Valley [microform]: Mexican immigratant worker in the low-come barrio in San Jose [D]. Santa Barbara: University of California, 1998.

后 记

又是一年寒假，寻思着这本书年后应该要出版，可以写后记了。这个寒假大部分的时间都是在粤西老家度过的，其中有几天还回到度过童年时光的那个小村庄，并跑到读小学时的村小看了看。大概30年前，我从这里走出去，走到县城，走到省城，看见更大的世界，但愿归来还是少年！

在如今社会，乡村学子求学之路从纵向比较来看似乎越来越宽，近年来从村子里走出的大学生明显越来越多了。但从横向比较来看又似乎不容乐观：强如考上“双一流”大学的“小镇做题家”，也鲜少“鲤鱼跃龙门”式的叙事，而是蒙上了一层与城市学子文化资本差距越来越大的隐忧。但在我们读书那个年代，乡村学子大多只有成为“小镇做题家”，才能够依靠升学这条纽带，从农村走到城市。我就是其中的一员，因此那些年每走一步似乎都是在竞争：从村小选拔到镇中心小学，考进县中，考上大学然后毕业工作，本科读完读硕士，硕士读完读博士，而后成为大学教师，每一步都是在不断地竞争。我也似乎习惯了这样的竞争：单枪匹马少年行，一腔孤勇赴山海。

然而，在这几年，我又隐约感觉自己的观念起了一些变化。很多时候，我已不再是单兵作战，而是要开始熟悉在研究团队中工作的模式。这里常常是竞争与合作并存：要在更大的团队中通过合作的方式参与外部竞争，既能更好发挥自己的价值，同时也能成就别人的价值。在竞争中合作，在合作中竞争，不仅是自然科学研究者的工作常态，也逐渐成为我们人文社会科学研究者熟悉的发展路径。

这样一种观念和路径的转型，和我这本书所研究的粤港澳大湾区高等教育是何其相似！作为一个广东人，研究粤港澳大湾区高等教育，很自然会将“粤”当作基点。曾几何时，广东的高等教育通常采取的也是单打独斗的竞争方式，因为作为经济发展带头大哥的广东总是有一种情结：希望高等教育发展能够与经济的飞速发展相匹配。所以广东的高等教育很长时间以来基本都是将京沪苏作为追赶目标，但埋头追赶很多时候又容易陷入亦步亦趋的陷阱，长期来似乎并没有走出自己的道路。我曾参加过广东不同级别政府的教育事业发展“十三五”规划的研制和研究，发现政府部门也多是习惯到这三地去取经寻求借鉴之道，但较少深入思考在我们这个地方可以怎样集合地缘优势和资源，走出一条新路。而在2019年春《粤港大湾区发展规划纲要》出台后，这种景象终于发生了明显的变化：变化的不仅是硬件和投入，也不仅是规划的方式，更重要的是发展的思维。

关注高等教育转型，一直是我从事高等教育研究以来的主线。我的上一本书，还在写学术锦标赛制之下的大学竞争，包括大学组织层面与个体行动层面，竞争都是最为鲜明的主题。但在这本书中，我的思想也发生了转型，我意识到需要去捕捉粤港澳大湾区高等教育正在探索的新路，那就是竞争与合作并存。当广东的主要发达区域纳入作为国家战略的粤港澳大湾区展开新一轮建设之后，广东的高等教育也显然看到了和港澳“组团”并与追赶目标竞争的可能性，粤港澳三地高校的合作办学和联合科研在这几年的增幅更是肉眼可见。而这正是从“珠三角”到“粤港澳大湾区”之后，这片区域所具有的独特优势得到了高度激活。

另外，我国如今已经进入高等教育发展的新时代：高等教育不但早就经历了从乡村到市镇，再到五光十色的城市的种种发展跨越；更从早前的精英高等教育过渡到昨天的大众化高等教育，再进入到今天的普及化高等教育时代。无论是呼应新发展阶段还是新发展格局，都需要高等教育发展模式发生变革：大学不应再在一个封闭系统中孤独地进行人才培养，而是要走出“象牙塔”，积极回应时代的发展需求，服务国家战略及区域经济社会的发展。大学越来越走向社会的中心，在和经济社会高度融合互动的过程中培养人才、支撑产业、活跃社会、强大国家。而这也正是粤港澳大湾区高等教育初露峥嵘的典型特征：既在内部高等教育集群之间高度竞争与合作共生，又与外部企业集群形成融合互动。

很荣幸的是，作为粤港澳大湾区本土的教育研究者，我们算是赶上了早班车。感谢卢晓中教授具有前瞻性地创立了粤港澳大湾区教育发展高等研究院带领团队在此领域开拓耕耘，不但在《粤港大湾区发展规划纲要》出台后就带队奔赴美国旧金山湾区，开展为期两三个月的两大湾区高等教育比较调研，而且早早就启动和推进这套“大湾区建设国际教育示范区研究丛书”的研究和出版工作！我皆得以参与其中，并聚焦于自己最感兴趣的高等教育领域对这个重要而新鲜的话题进行研究和书写。我所在的华南师范大学教育学科，长期以来一直将港澳教育研究作为传统和特色，在此感谢学科众多前辈同仁的开拓和滋养！这本书作为国家社科基金教育学一般课题的主体成果得到全国教育科学规划办公室的资助，还有华南师范大学哲学社会科学优秀学术著作出版基金的资助，一并谢过！

非常感谢几位德高望重的学者对拙作的审读和肯定！北京师范大学原校长钟秉林教授对我国新时代区域高等教育集群建设有很前瞻性的研究和观点，对于我们研究粤港大湾区高等教育集群提供了大力支持和充分肯定。港澳教育学术界的几位重要学者——香港大学杨锐教授以及澳门城市大学李树英教授，都是对粤港澳教育合作研究不遗余力的“摆渡者”，对后辈研究者如我的鼓励更是盛意拳拳；李军教授尚在香港大学之时便鼓励我关注这个新兴的领域，如今虽已赴北美任教，但对推动中国教育改进和粤港澳教育发展之热情不减反增。感谢在著作申请资助时的匿名评审专家，在肯定选题和框架的前提下提出了不少宝贵意见，促使我在后期“装修”时更加用心用力。感谢光明日报、《高等教育研究》等诸多知名的报刊编辑部，允许我把曾经刊载过的一些论文进一步系统化后成书。还要感谢卢晓中教授以及周合兵等合作者，慷慨允许我把我们合作论文的部分内容在书中呈现。还要感谢这些年一起研究大湾区教育的小伙伴们——卓泽林、余晖、宋宇、秦琴、林姬佺、谢爱磊、黄炳超、全守杰……都在不同场合尤其是多次沙龙研讨中对本书多个部分的研究内容提出了很多宝贵的建议。

作为一个广东人，我青少年时期的成长是深受香港文化影响的。香港的经济繁荣、流行金曲、影视文化……在我这一代人的生命历程中有着深深的烙印。前几年，因缘际会我还赴香港大学教育学院访学一年，在那里我不但拥有一张平静的书桌，更有机会对香港社会、文化与教育进行更加深切的观察和思考。在访学合作导师李军教授的鼓励下，也萌生了研究大湾区这片非凡之地的念头，很高兴今天能够兑现成书。进入新时代，无论香港还是澳门都需要新的发展契机和转型动力，其高等教育发展也怀有新的期待并更上层楼。而粤港澳大湾区广阔的腹地，为此提供了更为广阔的空间。从近年的发展进程看，港澳尤其是香港高校与珠三角九市的合作可谓遍地开花，三地的需求和目标找到了交汇点。

从村小到大学，再到研究大学的大学教师；从深圳的小渔村到今天五光十色的大都市，再到欲与国际三大湾区试比高的粤港澳大湾区；从高等教育一穷二白到今天的世界高等教育大国，再迈向更高质量的高等教育体系和高等教育强国……无论是个体、区域、国家，我们都在经历从竞争到竞合的这样一条何其相似的发展道路。在竞争中合作并在合作中竞争，将会成为未来我们很多人、组织以及国家的共同生态。

写下后记之时，第24届冬奥会刚刚在北京开幕，标记了91个国家和地区名称的一朵朵小雪花连接而成一朵巨型雪花，冬奥火炬在其中闪烁升腾。在百年变局叠加世纪疫情的背景下，国际奥委会也在保持了百年之久的奥林匹克格言“更快、更高、更强”后面加入了“更团结”，希冀通过体育精神来鼓励地球村村民更加精诚团结。竞争，是为了战胜对手，也是为了超越自己，但最终的目的，是让人类成为一个更加团结的命运共同体。这朵巨型雪花承载的故事背后，所表达的也恰恰是这个转型时代的新主题——竞合。

陈先哲
2022 年 2 月